EUSTACE MULLINS

NOUVELLE HISTOIRE
DES JUIFS

&

Le juif biologique

ⓞMNIA VERITAS

EUSTACE CLARENCE MULLINS
(1923-2010)

NOUVELLE HISTOIRE DES JUIFS
& LE JUIF BIOLOGIQUE

Titres originaux :

New history of the Jews -1968
The biological Jew - 1992

Traduit de l'américain par Omnia Veritas Ltd

© Omnia Veritas Ltd

www.omnia-veritas.com

Tous droits réservés. Aucune partie de cette publication ne peut être reproduite par quelque moyen que ce soit sans la permission préalable de l'éditeur. Le code de la propriété intellectuelle interdit les copies ou reproductions destinées à une utilisation collective. Toute représentation ou reproduction intégrale ou partielle faite par quelque procédé que ce soit, sans le consentement de l'éditeur, de l'auteur ou de leur ayants cause, est illicite et constitue une contrefaçon sanctionnée par les articles L-335-2 et suivants du Code de la propriété intellectuelle.

À PROPOS DE L'AUTEUR 11
NOUVELLE HISTOIRE DES JUIFS 13
CHAPITRE UN **15**

    JUIFS ET CIVILISATION 15

CHAPITRE DEUX **21**

    LE JUIF BIOLOGIQUE 21

CHAPITRE TROIS **31**

    L'ORIGINE DES JUIFS 31

CHAPITRE QUATRE **42**

    LES JUIFS DANS L'HISTOIRE ANCIENNE 42

CHAPITRE CINQ **60**

    LES JUIFS ET LA PASSION DE JÉSUS-CHRIST 60

CHAPITRE SIX **68**

    LES JUIFS ET LE MEURTRE RITUEL 68

CHAPITRE SEPT **88**

    LES JUIFS EN EUROPE 88

CHAPITRE HUIT **122**

    LES JUIFS ET LE COMMUNISME 122

CHAPITRE NEUF **148**

    LES JUIFS ET LES ÉTATS-UNIS 148

CHAPITRE DIX **173**

    LES JUIFS ET NOTRE AVENIR 173

LE JUIF BIOLOGIQUE **187**
AVANT-PROPOS **189**
CHAPITRE PREMIER **192**

    Le parasite *192*

        La capacité de modifier *194*
        Connu sous le nom de juifs *196*
        Autres aspects biologiques *196*
        L'approche scientifique *198*
        Pas de commensalisme *199*
        Modification de l'organisme *200*
        Violer la nature *200*
        Parasites temporaires *201*
        Évolution et parasites *201*
        Spécialisation chez les parasites *202*
        Phases adultes du parasite *204*
        Changements prononcés sur la structure du squelette *206*
        Artefacts culturels *207*
        La haine *209*
        Modifications adaptatives *210*
        Phases de la reproduction *210*
        Réactions de défense *211*
        Dommages parasitaires *212*
        Autres parasites *212*
        Réactions contre le parasite *214*
        Connaissance du parasite *215*
        Toujours un ennemi *215*

CHAPITRE DEUX **218**

    Le juif biologique *218*

        Une théorie tardive *219*
        Importance de la biologie *221*
        Profil du parasite *222*
        L'emprise inextricable *223*
        Corps étrangers *224*
        L'attitude du parasite *225*
        Le complexe anal *226*
        Parasites dans de nombreux aspects de la vie *227*
        L'affaire Dreyfus *228*
        Nos propres affaires Dreyfus *229*
        Les opportunistes gentils *230*
        Nécessité du contrôle *231*
        Agressivité *231*

Budget du parasite *232*
Tendance à la dégénérescence *232*
Symbole de la victoire *233*
Le schéma biologique *234*

CHAPITRE TROIS **236**

   Le S*habbat goy* 236

      Les civilisations avancées *236*
      Une définition *238*
      Condamnation et expulsion *238*
      Faiblesse de l'hôte *239*
      Liés par aucun code *240*
      Paradoxe du parasite *240*
      Travail acharné *241*
      La théorie du parasitisme biologique *242*
      La fonction du gouvernement *243*
      Quelle justice ? *244*
      Influence directe *245*
      Le plus grand péril *246*
      Qu'est-ce que Shabbat goy ? *247*
      Dégénérescence sexuelle *248*
      Doux et traître *249*
      Une vie sans espoir *250*
      La joie d'une vie saine *251*
      Une profonde aliénation *253*
      Une souffrance intense *253*
      La tâche qui nous attend *254*
      Pas de héros *254*
      Le rapport Mullins *255*
      Prescience *261*
      Paralysé par des parasites *261*
      Une économie paralysée *262*
      Cour suprême *263*
      Les ordures de la terre *264*
      La fin du chemin ? *264*
      Les communistes vont-ils s'arrêter ? *265*
      L'effet ruineux *267*
      Planification des émeutes *267*
      L'influence communiste *268*
      Destruction massive *269*
      Garantie de sécurité *270*
      Pillage selon le plan *271*
      Pétitions des États-Unis *272*
      Programme de métisage *273*
      Une publicité fait marche arrière *274*

Lente paralysie *275*
Le rôle des Églises *276*
L'administration de l'église révélée *276*
Imbéciles désorientés *277*
Les étudiants sont mal informés *278*
Les étudiants sont trompés *278*
Le syndrome de MacLeish *279*
La crédulité *280*
Un réveil étudiant ? *281*
L'esclavage mental *281*
Catastrophes dans l'édition *283*
Buckley existe-t-il ? *284*
Bouffonneries de Shabbat goy *284*
Pourquoi pas ? *285*
Techniques éprouvées *286*
Le traitement du silence *287*
Les enfants des Shabbat goy *287*
Une réaction correcte *288*
Ils vivent dans l'ombre *289*
La trahison applaudie *289*
Pas de liberté *290*
Tout lui appartient *291*
Une loi de la nature *292*

BIBLIOGRAPHIE **295**
AUTRES TITRES **297**

À PROPOS DE L'AUTEUR

En quarante ans de recherches approfondies, **Eustace Mullins** a subi des représailles considérables. Il fut surveillé quotidiennement par des agents du FBI pendant trente-deux ans ; aucune accusation ne fut jamais portée contre lui. Il est le seul membre du personnel de la Bibliothèque du Congrès à avoir été congédié pour des raisons politiques. Il est le seul écrivain à avoir vu un de ses livres brûlé en Europe après 1945.

Après avoir servi trente-huit mois dans l'armée de l'air américaine pendant la Seconde Guerre Mondiale, **Eustace Mullins** fit ses études à l'Université de Washington et Lee, à l'Université de l'État d'Ohio, à l'Université du Dakota du Nord et à l'Université de New York. Il étudia ensuite l'art à l'Escuela des Bellas Artes, à San Miguel de Allende au Mexique, puis à l'Institute of Contemporary Arts de Washington, D.C.

Durant ses études à Washington, on l'invita à l'hôpital St. Elizabeth pour parler au plus célèbre prisonnier politique du pays, Ezra Pound. Figure littéraire exceptionnelle du XXème siècle, Pound vit trois de ses élèves recevoir le prix Nobel, alors qu'il lui fut refusé en raison de ses déclarations de patriote amérindien. Non seulement **Eustace Mullins** est devenu son protégé le plus actif, mais il est la seule personne qui maintient le nom d'Ezra Pound vivant aujourd'hui, grâce au travail du Ezra Pound Institute of Civilization, fondé peu après la mort du poète à Venise.

Eustace Mullins (1923-2010) est considéré comme l'un des plus grands historiens politiques du XXème siècle.

NOUVELLE HISTOIRE DES JUIFS

CHAPITRE UN

JUIFS ET CIVILISATION

À travers toute l'histoire de la civilisation, un problème spécifique est demeuré constant pour l'humanité. Dans toutes les grandes affaires de paix, de guerres ou de rumeurs de guerres, les grands empires ont dû faire face l'un après l'autre au même obstacle : le problème juif.

Malgré la persistance de ce problème, et malgré la masse considérable d'écrits sur le sujet, pas un seul auteur, qu'il soit pour ou contre, n'a jamais confronté le problème à son origine ; à savoir, qui sont les juifs et pourquoi sont-ils ici-bas ?

On ne peut répondre à cette question qu'en y employant toute son intelligence. Cette question doit aussi être abordée au plus haut niveau spirituel, motivé par une profonde charité chrétienne et, surtout, dans le plus grand respect de l'homme lui-même, de ce qu'il est, de ses origines et de son devenir.

L'histoire de l'homme est celle des conflits, des guerres entre nantis et démunis, de l'exploitation de l'homme par l'homme et de terribles massacres. Toutefois, dans ce dossier maculé de sang, le chercheur ne trouve qu'un seul peuple qui suscita les plus violents antagonismes, peu importe où il s'installait. Un seul peuple irrita les nations qui l'avaient accueilli dans toutes les parties du monde civilisé au point que le peuple hôte se retourna contre lui en tuant ou chassant ses membres. Ce peuple est celui des juifs.

Ce problème fut toujours plus ou moins mal compris parce que des antagonismes de groupe se rencontrent dans de nombreux pays. Les massacres des Grecs par les Turcs se sont produits sporadiquement durant des milliers d'années. Le dernier incident de ce genre étant survenu il y a à peine une génération, il affecte l'existence d'un grand nombre de personnes vivant encore aujourd'hui. Les massacres des huguenots en France il y a plusieurs centaines d'années ont prouvé que des personnes du même sang, opposées les unes aux autres par des différences religieuses, pouvaient être aussi terribles que les conflits entre différents groupes raciaux. Cela étant, la vie du groupe a toujours repris son cours à la suite de ces massacres. Soit les différents avaient été résolus, soit les victimes étaient parties vivre ailleurs. Dans le cas des huguenots, les réfugiés ont fourni la souche dont sont issus la plupart des grands penseurs de la Révolution américaine.

Il est un seul cas où l'on ne trouve aucune preuve de réconciliation ou d'émigration permanente des victimes vers d'autres pays. L'histoire des juifs démontre deux choses : premièrement, qu'il n'y a jamais eu de réconciliation entre eux et leurs hôtes ; deuxièmement, qu'aucune nation n'a jamais réussi à les bannir définitivement. Fait encore plus surprenant, dans tous les cas où les juifs furent expulsés d'une nation, souvent au prix de grandes souffrances, ils y sont toujours systématiquement revenus après quelques années ! Encore une fois, on ne trouve aucun parallèle à cette étrange aptitude dans les annales historiques d'autres groupes humains, cette incroyable persistance à se jeter dans la gueule du loup encore et encore. Il a été suggéré que l'explication résidait dans une étrange et perverse caractéristique des juifs : leur volonté de supporter la souffrance. Toutefois l'idée d'un masochisme collectif n'explique pas nombre d'autres aspects du problème juif.

Comme beaucoup des réponses aux problèmes de l'homme, la solution au problème juif est en réalité sous nos yeux depuis plus de deux mille ans. C'est nous qui n'avons pas été capable de la voir, car nous avons refusé d'affronter ce problème avec honnêteté. Le problème juif est un aspect essentiel du christianisme, et nous pouvons simplement le résoudre en acceptant la solution que le Christ nous a offerte, ce qui le poussa à abandonner sa vie humaine, il y a environ deux mille ans. L'histoire du Christ est celle de l'humanité, c'est l'exaltation de la poursuite de la rédemption, et du salut de l'âme. Le juif représente toutes les tentations de l'existence animale que nous devons transcender durant notre séjour sur terre. À cause du juif, le salut devient un choix conscient, au lieu d'une décision accidentelle ou fortuite. Sans le juif et les maux qu'il incarne, l'homme n'aurait pas ce choix placé devant lui de manière limpide. Il aurait l'excuse de ne pas comprendre le choix qu'on lui demande de faire. Grâce à la présence du juif, aucune excuse de ce genre ne demeure. Dans le monde civilisé, chaque homme est confronté à un moment donné de sa vie, à la tentation suprême ; il est emmené au sommet de la montagne par Satan, les plaisirs et les délices de l'existence physique sont exhibés devant lui, et Satan lui dit : « Tout cela, et davantage, sera à toi si tu m'obéis. »

Une majorité de ceux qui possèdent la richesse et le pouvoir du monde civilisé d'aujourd'hui sont ceux qui ont accepté l'offre de Satan, qui ont renoncé à la possibilité du salut de leur âme par Jésus-Christ. Ces hommes travaillent pour le juif. Winston Churchill fut simplement le pion de Bernard Baruch, Franklin D. Roosevelt le vassal déguisé de Bella Mosckowitz, et Staline l'instrument démoniaque de Kaganovich. Tous ces hommes furent emmenés au sommet de la montagne, on leur montra les fabuleuses splendeurs et richesses du succès terrestre, et on leur demanda d'obéir à Satan. Ces hommes acceptèrent, et à cause de leur pacte, il y eut des millions de morts violentes, de grandes guerres se répandirent à travers le monde comme une peste virulente, et une bombe d'origine juive explosa, menaçant la vie de chaque être humain sur terre.

Churchill, Roosevelt et Staline sont morts, mais leur héritage de terreur juive est encore vivace aujourd'hui. *Tout le pouvoir aux juifs !* Tel est le pacte satanique que Roosevelt et Churchill ont signé, et pour cela, chacun de ces hommes est mort, face à la damnation éternelle, en maudissant les juifs. Tout n'était que cendres dans leur bouche, et confrontés à l'éternité, ils réalisèrent qu'ils avaient vendu leurs peuples en esclavage aux juifs en échange de quelques jeunes filles et bouteilles de whisky.

Pour ceux qui connaissent l'histoire de l'humanité, il n'y a rien de nouveau ou de choquant à cela. Depuis cinq mille ans, les dirigeants politiques ont gouverné en suivant les calomnies des juifs, et ils ont tous fait s'échouer leurs nations contre ce même récif. Même dans les publications des juifs, on découvre des faits aussi peu connus que la surprenante révélation que Jules César, le maître du monde civilisé, fut assassiné par ses propres sénateurs car il avait vendu le peuple romain aux juifs. Durant des semaines, les juifs se rassemblèrent pour pleurer à l'endroit où il avait été tué, de la même façon qu'ils se rassemblèrent pour pleurer Roosevelt, Churchill, John F. Kennedy. Tout au long de l'histoire, cette fable sordide se répète encore et encore, et tout au long de l'histoire, autant pour les gouvernants que les gouvernés, le message de Jésus-Christ est resté identique : « Détournez-vous de Satan et suivez-moi. »

Malgré la simplicité de ce message, ces sept mots magiques qui offrent tout à l'humanité, des millions de personnes n'ont pu le comprendre et sont mortes sans salut. Pourquoi en est-il ainsi ? Tout d'abord, les juifs ont survécu parce qu'ils sont passés maîtres dans l'art de leurrer en faisant se confondre les enjeux. Après la crucifixion du Christ, lorsque son message de salut commença à attirer des milliers de disciples, les juifs agirent comme ils en avaient l'habitude. Plutôt que de s'opposer à lui, ils tentèrent de s'emparer de lui. Ils proclamèrent au monde entier que le Christ était juif. Par conséquent, on pouvait devenir chrétien simplement en faisant ce que les juifs nous ordonnaient de faire.

En faisant cela, les juifs ont ignoré Isaïe 5,20 :

> « Malheur à ceux qui appellent le mal le bien et le bien le mal ; qui font passer les ténèbres pour la lumière et la lumière

pour les ténèbres ; qui font passer l'amer pour le doux et le doux pour l'amer ! »

Chose incroyable, des millions de personnes furent piégées par ce stratagème des juifs. Malgré tous les témoignages prouvant que Jésus-Christ sous sa forme physique était un Gentil Galiléen aux yeux bleus et aux cheveux de lin, des milliers de pasteurs chrétiens disent à leurs congrégations : « *Vénérons Jésus-Christ le juif.* » Non seulement c'est le blasphème ultime contre Notre Sauveur, mais il viole aussi tous les canons du bon sens. Si le Christ était un si bon juif, pourquoi les juifs exigèrent-ils qu'il soit crucifié ? Pourquoi les Sages de Sion, réunis en secret dans la Synagogue de Satan, décidèrent-ils de sa mort physique ? Étonnamment, pas un seul pasteur soi-disant chrétien aux États-Unis n'est prêt à soulever cette question devant sa congrégation.

Au lieu de cela, certains pasteurs chrétiens dirigent aujourd'hui le programme de judaïsation du peuple.

Certains chefs religieux se réunissent en conclave solennel pour absoudre les juifs de toute complicité dans la crucifixion de Jésus-Christ. Les juifs avancent des millions de dollars pour atteindre cet objectif. En effet, cette exhortation des chefs religieux proclame au monde que le *Livre Saint*, la parole de Dieu lui-même, est un mensonge ! Qu'est-ce que cela signifie ? Le sens est clair. Les prêtres aussi sont des êtres humains. Eux aussi peuvent être conduits au sommet de la montagne par Satan. En définitive, aucun intermédiaire ne peut faire face au jugement de l'individu qui doit rencontrer Dieu face à face. La véritable fonction des prêtres est de nous révéler le message du Christ, l'offre de la rédemption de nos âmes.

Les documents peuvent être modifiés ou détruits, les hommes peuvent être persuadés de suivre de faux dieux, mais il est une seule place où la vérité ne peut jamais être falsifiée, et il s'agit de l'âme. Par conséquent, ceux qui écoutent la voix insondable du cœur, ceux qui suivent le précepte de ne pas se mentir à eux-mêmes, peuvent faire le bon choix, celui que nous a facilité la présence du juif sur terre. Nous pouvons vivre la vie comme un mensonge juif, et mourir sans salut, ou nous pouvons embrasser la vérité de Jésus-Christ et nous élever vers la gloire dans ses bras.

C'est cette connaissance de la rédemption qui a inspiré les grands artistes, musiciens et philosophes de notre civilisation. Dans les morceaux fulgurants de la musique de Jean-Sébastien Bach, dans les peintures de centaines d'artistes de la Renaissance, dans les écrits de nombreux philosophes chrétiens, la splendeur du mode de vie chrétien nous a été révélée. Mais là aussi, le juif n'a pas failli à lui faire concurrence. Il a inondé le monde de l'art de gribouillages insignifiants, dans certains cas réalisés par des chiens et des singes. Exprimant l'ultime mépris juif pour la crédulité du goy, ou gentil ; il a transformé le monde de la musique en une série de bruits cacophoniques de klaxons d'automobile et coups de tambour écervelés ; il a transformé le monde littéraire en catalogue de la débauche humaine.

Nous pouvons nous demander... comment le juif fait-il cela, comment peut-il commettre de tels outrages à la sensibilité humaine ? La réponse est que la vie juive ne peut être faite que de haine et de vengeance car, de par sa nature même, il ne peut accepter l'offre de la rédemption de l'âme par le Christ. C'est un animal hargneux, condamné à jamais à la sphère terrestre. Le ciel lui est refusé. Telle est la véritable tragédie du juif.

Les jeunes d'aujourd'hui, étourdis par cette marée de saletés juives, ont du mal à entendre le message de Jésus-Christ.

Mais, comme l'a dit le grand poète, Lord Byron : « *l'adversité est le premier pas vers la vérité.* » Pour ces jeunes qui parviennent à garder la tête haute en ces temps de dégradation universelle, qui entendent encore le message de Jésus-Christ, les récompenses sont grandes. Et à ceux dont le cœur n'est pas encore ouvert à Jésus-Christ, ce livre leur est adressé. C'est l'histoire factuelle des juifs, et si, après l'avoir lu, on peut encore nier le Christ, alors on est vraiment perdu.

CHAPITRE DEUX

LE JUIF BIOLOGIQUE

Nous avons déjà évoqué le rôle du juif dans la civilisation et la présence de la Synagogue de Satan. Mais l'homme, en tant qu'être pensant, en tant que créature de Dieu, si vous voulez, occupe sur terre un corps biologique. Quelle est la relation biologique entre le Gentil et le juif ? Nous avons déclaré, sans craindre la contradiction, qu'aucun écrivain n'avait jamais abordé ce problème juif à sa source. Pourquoi en est-il ainsi ? La réponse est claire. Aucun écrivain n'a jamais été capable d'affronter honnêtement le problème juif à cause d'une réaction émotionnelle ou biologique, que ce soit pour ou contre les juifs. Logiquement, il doit y avoir une explication du conflit entre juifs et Gentils sur des milliers d'années, et logiquement, un intellectuel devrait être capable d'écrire à ce sujet. Néanmoins, aucun écrivain ''gentil'' n'a jamais été capable de résoudre ce problème. Aucun écrivain juif n'a jamais été capable d'écrire rationnellement sur les juifs, mais cela ne les a pas empêchés d'écrire des centaines de livres sur le sujet.

Il est intéressant de noter que tous les livres écrits par un juif pour expliquer l'antisémitisme donnent la même réponse : « Les Gentils ne nous aiment pas à cause de notre religion. » Depuis la nuit des temps, c'est la seule réponse que les juifs ont pu apporter au problème de l'antisémitisme. N'est-il pas étrange qu'un peuple aussi intelligent et plein de ressources, qui a réussi à survivre pendant des milliers d'années dans des environnements hostiles, puisse offrir une réponse aussi illogique ?

Supposons que nous puissions rassembler mille Gentils qui n'aiment pas les juifs et qui seraient prêts à déclarer publiquement qu'ils n'aiment pas les juifs. Nous demanderions à chacun d'entre eux – Que savez-vous de la religion juive ? Et chacun d'entre eux répondrait – Je ne connais rien à la religion juive.

La seule chose que les Gentils savent de la pratique juive de la religion est qu'ils se réunissent dans des synagogues. Au vu de ce manque de connaissance, comment un Gentil pourrait-il haïr les juifs à cause de leur religion ? Si les Gentils pouvaient lire le livre saint juif, leur *Talmud*, et découvrir quelque chose sur la religion juive, ils deviendraient vraiment antisémites, parce que ce livre est rempli de qualificatifs ignobles pour désigner Jésus-Christ, de descriptions de rites sexuels étranges et de formules pour maudire les Gentils. Par conséquent, les juifs ont depuis des siècles une règle selon laquelle tout Gentil qui découvre le contenu du *Talmud*, ou qui en possède une copie, doit être immédiatement tué.

La vraie raison de l'antijudaïsme parmi les Gentils est expliquée dans la *Bible*, dans de nombreuses références aux juifs. Ainsi, Ézéchiel, 36, versets 31-32 :

> « Alors vous vous souviendrez de vos mauvaises voies et de vos mauvaises actions, et vous vous haïrez devant vos propres yeux à cause de vos iniquités et de vos abominations. »

> « Ce n'est pas à cause de vous que je fais cela, dit le Seigneur Dieu, que vous le sachiez : ayez honte de vos propres voies, ô Maison d'Israël. »

L'antisémitisme a donc été, tout au long de l'histoire, la réaction des Gentils aux actes des juifs au milieu d'eux. Qui sont donc les juifs et que font-ils à vivre au milieu des Gentils ? Pour le savoir, nous devons encore une fois revenir aux faits biologiques. Les juifs sont un peuple parasite dont les membres errent dans le monde civilisé, cherchant n'importe quel endroit où ils pourront s'installer au sein d'une communauté établie, et où ils pourront subsister et prospérer aux dépens des autres.

En tant que peuple parasite, les juifs ne peuvent survivre qu'en vivant du travail des autres.... Ils n'apportent rien avec eux, et ils existent en s'appropriant les biens de leurs hôtes. Peut-être que les souvenirs de nos lecteurs ne sont pas trop lointains. Ils se souviennent peut-être de 1948, lorsque, nous dit-on, de braves pionniers juifs sont allés dans le désert et ont fondé l'État d'Israël. Du moins, c'est ce qu'ils disent. Mais, en fait, les juifs n'ont-ils pas envahi un pays arabe pacifique et, avec l'aide de millions de dollars d'armes fournies par les banquiers juifs de nombreux pays, saisi les villes, les fermes et les entreprises d'une nation arabe qui travaillait dur ? L'origine même de la seule nation juive dans l'histoire du monde identifie ce peuple comme une tribu de bandits.

Puisque les juifs n'apportent rien avec eux, comment se fait-il que les nations hôtes les laissent rester ? Pourquoi laissent-ils les juifs s'approprier leurs biens, et même leur vie ? En réalité, le juif apporte quelque chose avec lui. Il apporte son intelligence et sa détermination à rester dans le pays d'accueil, malgré tous les efforts entrepris pour le déloger. Utilisant son intelligence, le juif prétend offrir quelque chose que le peuple hôte veut ou dont il a besoin. Le juif offre des liens commerciaux avec des pays étrangers, des informations sur des ennemis ou de potentiels ennemis ; ou bien il apparaît comme un comédien ou un magicien offrant du divertissement ; ou bien il apparaît comme un être occulte, offrant de nouvelles routes vers le ciel et des passeports garantis pour le paradis. Si l'hôte a besoin d'argent, il offre cela, ou la promesse d'argent. Quoi qu'il en soit, si le juif est autorisé à rester, même pour une courte période, il enfonce ses tentacules dans le peuple hôte, et il est bientôt impossible de le déloger.

Lorsque le peuple hôte revient à la raison et se rend compte qu'il a permis à un parasite dangereux d'entrer dans son être et de menacer sa santé et sa prospérité, le peuple hôte fait-il une pause pour analyser calmement le problème ? Bien sûr que non. Le peuple hôte réagit biologiquement. Dans la nature, on peut voir des animaux et des poissons se lancer de façon spasmodique, se jeter en l'air et faire des pirouettes sauvages. Dans de nombreux cas, il s'agit d'hôtes qui tentent de déloger leur parasites.

Chez les humains, l'hôte n'agit pas moins désespérément et sans réfléchir. La première réaction de la communauté des Gentils au juif est la panique. Puis vient la colère, et enfin, la violence. La panique s'installe lorsque la communauté découvre qu'elle en abrite un nombre inconnu et dangereux, ce qui signifie évidemment qu'il n'est pas bon. La colère suit – la communauté attaquera ce parasite et le chassera. Puis la violence a lieu, le pogrom traditionnel contre le juif. Comme dit le juif, « *Oy, gewalt !* » C'est l'une des plus anciennes expressions yiddish, qui se traduit par « Oh, violence ».

Le juif sait quand il entre dans la communauté des Gentils que tôt ou tard, sa présence provoquera la violence. Par conséquent, il s'y prépare. La communauté des Gentils attaque les juifs, mais fait peu de dégâts réels. Quelques juifs sont marqués du goudron et des plumes, certains de leurs édifices sont brûlés. Les juifs s'en fichent. Ils savent que les Gentils devront payer pour ça.

Puis les dirigeants des Gentils disent à leur communauté que les juifs ont compris la leçon. Ils se comporteront bien. Les Gentils s'installent à nouveau dans une existence tranquille. Mais le pogrom a été précieux pour les juifs. Il leur a révélé qui ils doivent craindre parmi les Gentils, les chefs naturels qui peuvent répondre à une menace de ce genre. Les juifs n'ont pas du tout été secoués par le soulèvement contre eux. Ensuite, ils peuvent à présent prendre le contrôle de la communauté des Gentils. Le parasite a étendu ses tentacules trop profondément pour être arrachées par une foule en colère, quelques bâtiments brûlés, ou un derrière calciné.

Le parasite commence à ronger et à détruire furtivement les leaders naturels de la communauté des Gentils, ceux qui ont mené le pogrom. Ces dirigeants constatent soudain que leur fortune est en train de disparaître. On découvre des papiers qui prouvent que leur propriété appartient à quelqu'un d'autre. Leurs filles sont débauchées et s'en vont dans d'autres villes. Leur réputation est ruinée et la communauté des Gentils se retourne contre eux. Ainsi, de nouveaux chefs émergent parmi les Gentils. Sans exception, ce sont des hommes qui jouissent soudainement de la bonne fortune, et sans exception, leur bonne fortune peut être attribuée aux juifs.

Quiconque ose s'opposer aux nouveaux dirigeants partage le sort des ruinés. Leurs biens sont confisqués, leurs familles sont dispersées, la communauté est persuadée qu'ils sont des hommes mauvais et dangereux, et ils sont chassés. Ainsi, le peuple d'accueil, privé de ses loyaux chefs autochtones, se retrouve maintenant sous la férule de fer des hommes qui, à leur tour, doivent rendre des comptes aux juifs. C'est ce qui s'est passé dans tous les pays, au fil des siècles, et lorsque cela s'est produit en Russie, la maladie juive reçut un nouveau nom : le communisme.

Si les nouveaux dirigeants devaient à un moment ou à un autre changer de sentiment, ils deviendraient rapidement incapables d'éprouver quoi que ce soit, car les juifs sont toujours prêts à faire face à un retournement éventuel. Cela arrive rarement, car les juifs ne permettent jamais à quiconque d'accéder à une position de dirigeant parmi les Gentils qui n'ont pas de scandale de Panama à se reprocher. Un Panama ne fait pas référence à un chapeau, mais à un canal. Bien que le canal de Panama ne soit généralement pas considéré comme un tournant dans l'histoire américaine, il l'est en réalité, car le canal de Panama marque la victoire finale des juifs dans leur maîtrise des dirigeants politiques des États-Unis. Par le biais de pots-de-vin, d'un montant de quarante millions de dollars, payés par le Trésor américain, bien sûr, et distribués aux politiciens à Washington, les juifs avaient ces hommes, et par leur intermédiaire, le peuple américain, à leur merci.

Les juifs tenaient des registres de ces pots-de-vin, et depuis ce temps, les politiciens n'ont jamais rien pu leur refuser. Par conséquent, tous les hommes politiques américains de premier plan des cinquante dernières années ont eu leur Panama. C'est-à-dire qu'aucun Américain n'a le droit d'accéder à un poste de direction politique à moins qu'il n'ait un scandale financier, un Panama, dans son passé, que les juifs puissent utiliser pour le mettre sur la touche à tout moment. C'est ainsi que la plupart des politiciens américains des cinq dernières décennies ont servi à illustrer la fable du *self made man*. Loin d'illustrer la légende d'Horatio Alger concernant le dur labeur et l'intégrité, chacune de ces carrières fructueuse émaillées d'une soudaine accession à la richesse, découle du pillage du bien public par les juifs.

Nous avons déjà souligné que le peuple hôte, en quelque cinq mille ans, n'a jamais été capable de déloger les parasites juifs par les réactions biologiques communes de panique, de colère et de violence. En raison de leur incapacité à déloger les parasites, la communauté des Gentils a de tout temps fini par sombrer dans l'oubli. Les preuves de ces continuels méfaits sont suffisamment abondantes, mais personne ne veut les voir. Malgré la falsification de l'histoire à grande échelle, malgré les incendies des bibliothèques pendant des milliers d'années, les juifs n'ont pas réussi à éradiquer les traces de leurs nuisances. La plupart des documents et témoignages qui sont parvenus jusqu'à nous sont à présent classés dans la catégorie des ''livres rares'', dissimulés dans des archives spéciales à l'abri du grand-public. Ces dossiers sont uniquement mis à la disposition des chercheurs approuvés par les juifs, pour qu'ils ne révèlent jamais ce qu'ils y découvrent. Malgré toutes ces précautions, il nous est pourtant possible de connaitre la véritable histoire des juifs.

Nous savons que Babylone était une grande civilisation, qu'elle a accueilli une importante communauté juive et qu'elle a été détruite. Nous savons que l'Égypte était une grande civilisation, qu'elle a accueilli une importante communauté juive et qu'elle a été détruite. Nous savons que Rome était une grande civilisation, qu'elle a accueilli une importante communauté juive et qu'elle a été détruite. Nous savons que l'Angleterre était pourvu d'un empire gigantesque, qu'elle est devenue l'hôte d'une communauté juive importante et que l'Empire Britannique a disparu en quelques décennies. Qu'il s'agisse ou non d'une simple coïncidence qui réapparaît tout au long de l'histoire de l'humanité, nous devons nous rappeler que les États-Unis ont accueilli au sein de leur nation une importante communauté juive...

Comment se fait-il que les juifs détruisent chaque nation des Gentils une fois qu'ils en obtiennent le contrôle ? Il s'agit là aussi d'un processus naturel. On ne peut pas s'attendre à ce que le parasite puisse administrer avec succès les affaires de l'hôte, même s'il le souhaite. Le juif ne veut pas le faire parce que sa première préoccupation est sa propre sécurité. Il doit rester arrimé à l'hôte, et tout le reste, y compris l'avenir de l'hôte, est sacrifié à ce but. Même s'il exerce une maîtrise totale sur l'hôte, le parasite juif ne peut jamais se sentir complètement en sécurité.

Sa propre santé dépend entièrement de l'hôte Gentil, et pour cette raison, le juif développe une haine terrible et irrationnelle à l'égard de ce même hôte. Le Livre saint juif, le *Talmud*, est rempli d'imprécations sauvages contre les Gentils et contre le Christ qui a offert de les conduire au salut, et de les sauver du juif. Ces expressions sont si viles que lorsque la communauté des Gentils en apprend l'existence, elle ne manque jamais de se révolter contre les juifs.

Ces expressions de haine, sont cependant des réactions biologiques, plutôt qu'une haine véritablement motivée. Le juif déteste le Gentil parce que l'hôte est tout ce que le parasite ne peut jamais être ; autonome, capable de se défendre contre ses ennemis physiques par la force plutôt que par la ruse, et capable d'accepter le salut de l'âme. Le juif ne peut jamais intégrer aucune de ces choses. Par conséquent, chaque rassemblement juif exprime le mépris pour le bétail Gentil, le *goyim*. Le juif considère les Gentils comme du bétail d'élevage broutant dans les champs, tout juste bon à être abattu. Ainsi, s'il s'agit bien d'un troupeau de bétail, qu'est-ce que le juif sinon une mouche mangeuse de fumier perchée sur le dos du bétail ? Cela aussi, le juif le sait, et s'il prend pour base son mépris et sa haine du bétail gentil, il a encore plus de mépris et de haine pour sa propre race. Aucun Gentil ne peut comprendre ce qu'est la grossièreté tant qu'il n'entend pas les juifs s'adresser les uns aux autres. Récemment, lorsqu'un rabbin a été abattu alors qu'il célébrait ses offices dans un temple de Detroit, ce n'est pas un Gentil antisémite qui le tua, mais un autre juif incapable de supporter la vue de son propre peuple.

Le juif, ressent donc à l'égard de son hôte Gentil de terribles sentiments mélangés de haine, d'envie et de mépris. Il nourrit tous ses mauvais sentiments bien qu'il sache que son propre bien-être dépend de l'hôte. Cela crée une étrange dichotomie dans l'esprit juif qui aboutit souvent à une schizophrénie violente, c'est-à-dire à une double personnalité nourrissant une folie sans espoir. D'un côté, le juif veut détruire le corps haï des Gentils dont il dépend ; de l'autre, il sait qu'il est suicidaire pour lui de le faire. À cause de cette schizophrénie présente chez le juif qui est devenu maître du destin des Gentils, il entraine la communauté des Gentils dans de folles péripéties. Souvent, il apporte une grande prospérité, mais pour une courte période, et par le gaspillage imprudent, comme la destruction délibérée des ressources naturelles, des aventures suicidaires dans des guerres étrangères, tout en favorisant la débauche chez les jeunes gens de sorte à ce qu'ils soient incapables d'élever des familles saines.

Les juifs se querellent toujours à l'étranger avec les ennemis de l'armée des Gentils, ne s'écartant jamais de leur modèle de subversion et de trahison. Lorsque Cyrus et ses armées arrivèrent aux portes de Babylone, ce furent les juifs qui les lui ouvrirent en grand pour lui livrer le passage. En un seul jour, il devint Cyrus le Grand, et la Perse devint la maîtresse du monde. Bien sûr Cyrus sut se montrer reconnaissant à l'égard des traitres qui lui avaient permis d'emporter la mise. Il accorda aux juifs de ce temps une infinité de privilèges. Hélas, il ne fallut pas longtemps avant que l'araignée ne tisse sa toile dans les ruines poussiéreuses du palais de Cyrus.

Les juifs formaient une communauté prospère et florissante à Babylone, et ils y ont vécu pendant des centaines d'années. Pourtant, ils détruisirent Babylone avec empressement parce qu'ils eurent l'occasion de conclure un marché avec les Perses.

Non seulement cela, mais dans leur anxiété de dissimuler la trace de leur trahison, ils détruisirent toutes les bibliothèques de Babylone, et depuis lors, ils ont fulminé contre les Babyloniens avec toute la haine dont ils sont capables. *"Babylone la Prostituée"*, Qui n'a pas entendu cette phrase ? Pourtant, les érudits classiques nous disent que les Babyloniens étaient un peuple sobre et décent, dévoué aux arts et à une vie gracieuse. Néanmoins, les juifs ont réussi à faire accepter au monde leur version déformée d'une nation qui ne vivait que pour la dépravation.

Dans toute l'histoire écrite, il n'y avait qu'une seule civilisation que les juifs n'avaient pu détruire. C'est pour cette raison qu'ils l'ont passée sous silence. Peu de diplômés universitaires américains titulaires d'un doctorat pourraient vous dire ce qu'était l'Empire byzantin. C'était l'Empire Romain d'Orient, créé par les dirigeants romains après la destruction de Rome par les juifs. Cet empire a fonctionné depuis Constantinople pendant douze cents ans, la plus longue existence de tous les empires dans l'histoire du monde. Tout au long de l'histoire de Byzance, comme on l'appela, par édit impérial, aucun juif ne fut autorisé à occuper un poste dans l'Empire, ni à éduquer la jeunesse. L'Empire byzantin est finalement tombé aux mains des Turcs après douze siècles de prospérité, et les juifs tentèrent évidemment d'effacer toute trace de son histoire glorieuse.

Pourtant, ses édits contre les juifs n'avaient rien de cruels ; en fait, les juifs ont vécu au sein de l'empire tout au long de son histoire en prospérant et sans être maltraités, sauf que le schéma du cercle vicieux de l'hôte et du parasite n'a pu se produire. C'était une civilisation chrétienne, et les juifs ne pouvaient exercer aucune influence. Les prêtres orthodoxes n'avaient pas non plus détourné leurs congrégations par des mensonges vicieux au sujet du fait que le Christ soit juif. Il n'est donc pas étonnant que les juifs veuillent éradiquer une telle culture de la mémoire collective. C'est Ezra Pound qui s'est lancé dans l'étude de la civilisation byzantine et qui a rappelé au monde l'existence de cette société non-enjuivée. Pound s'inspira des Byzantins pour énoncer sa formule non-violente pour contrôler les juifs :

> « La réponse au problème juif est simple. Gardez-les en dehors des banques, hors de l'éducation, hors du gouvernement. »

C'est aussi simple que cela. Il n'est pas nécessaire de tuer les juifs. En fait, chaque pogrom de l'histoire a joué en leur faveur et, dans bien des cas, a été habilement encouragé par eux. Sortez les juifs de la banque et ils ne pourront pas contrôler la vie économique des Gentils. Sortez les juifs du système éducatif et ils ne pourront pas pervertir l'esprit des jeunes avec leurs fausses doctrines subversives. Débarrassez le gouvernement des juifs et ils ne pourront pas trahir la nation.

CHAPITRE TROIS

L'ORIGINE DES JUIFS

Malgré les milliers d'ouvrages scientifiques écrits sur la *Bible* et sur l'histoire ancienne, l'origine des juifs reste entourée de mystère. Comme nous le verrons, ce n'est pas un hasard. Le révérend A. H. Sayce, un éminent érudit de la *Bible*, écrivait en 1897 :

> « L'historien des Hébreux se heurte dès le début à une étrange difficulté. Qui étaient les Hébreux dont il souhaite écrire l'histoire ? »

Les juifs ne se sont jamais souciés de l'opacité qui entoure le mystère de leurs origines. Ils nous ont simplement informés qu'ils sont le peuple élu de Dieu, un peuple très spécial, en effet. Ils revendiquent également le record historique de longévité parmi tous les peuples de la terre. Certains historiens, comme Dubnow, font des déclarations génériques, comme « Toute l'histoire n'est que l'histoire juive. » Ces historiens modernes nous demandent d'ignorer les grandes civilisations de la Chine, de l'Égypte, de l'Inde, de la Grèce et de Rome, car ces civilisations n'étaient pas importantes. Seule la grande civilisation des juifs est importante, déclarent-ils.

Il nous serait plus facile d'accepter cette revendication s'il y avait réellement eu une civilisation juive. Nous connaissons les développements de l'art de l'imprimerie en Chine, la floraison des beaux-arts et de la philosophie au sein de la Grèce antique, l'évolution du droit Romain. Mais qu'avons-nous au juste hérité des juifs ? Ils ont tout fait pour nous empêcher de le découvrir, mais une fois que nous connaissons la véritable origine des juifs, nous savons ce qu'ils nous ont apporté, et ce n'est dès lors plus un secret.

Bien que les juifs apparaissent et réapparaissent dans l'histoire des autres nations depuis cinq mille ans, ils n'ont jamais été capables ou désireux d'établir leur propre nation. C'est un triste bilan pour une race aussi distinguée, et formidable quand on sait qu'elle était le peuple préféré de Dieu. En effet, aucun autre peuple n'a un bilan de civilisation aussi pathétique. Même les pygmées africains ont développé leur propre civilisation.

La plupart des documents sur les juifs sont un tel mélange de faits et de fiction que la recherche de la vérité devient une affaire de détective. L'*Histoire des juifs* de Josef Kastein est acceptée comme l'histoire la plus fiable de ce peuple, écrite par l'un des leurs. Kastein, juif allemand, a abrégé son nom de Katzenstein et a passé une grande partie de sa vie à scruter les sources bibliques. Pourtant, il écrit dans son *Histoire des juifs*, page 130 :

« Les dix tribus, le premier grand groupe de juifs emmenés en captivité, ont disparu sans laisser de trace. »

Les historiens n'ont pas l'habitude d'écrire des choses aussi simplistes sur un peuple qui a disparu sans laisser de traces. La plupart des historiens travaillent à partir de matériaux de base, pourtant Kastein nous lance l'une des nombreuses traditions orales des juifs, qui ne peut être acceptée que sans la moindre preuve d'aucune sorte.

L'origine des juifs est révélée par l'origine de leur nom tribal. Le mot ''juif'' était inconnu dans l'histoire ancienne. Les juifs étaient alors connus sous le nom d'Hébreux, et le mot *Hébreu* nous révèle tout ce que nous devons connaître de ce peuple. L'*Encyclopædia Britannica* définit l'hébreu comme provenant du mot araméen *Ibhray*, mais, curieusement, n'offre aucune indication quant à la signification du mot. La plupart des références, comme le *Webster's International Dictionary*, 1952, donnent la définition acceptée de l'hébreu. Webster dit que l'hébreu dérive de l'*Ebri* araméen, qui à son tour dérive du mot hébreu, *Ibhri,* littéralement : « qui vient de l'autre côté de la rivière. Membre d'un groupe de tribus de la branche nord des Sémites, y compris les Israélites. »

C'est assez clair. Hébreu signifie « celui qui vient de l'autre côté de la rivière. » Les rivières étaient souvent les frontières des anciennes nations, et l'autre côté de la rivière signifiait tout simplement, une nation étrangère. Dans tous les pays du monde antique, les Hébreux étaient connus comme des étrangers. Le mot signifiait aussi, dans l'usage populaire, « quelqu'un en qui on ne doit pas avoir confiance tant qu'il ne s'est pas identifié ». Dans toute la littérature ancienne, l'hébreu s'écrivait *"Habiru"*. Ce mot apparaît fréquemment dans la *Bible* et dans la littérature égyptienne. Dans la Bible, Habiru est utilisé de façon interchangeable avec ''sagaz'', signifiant ''égorgeur''. Dans toute la littérature égyptienne, partout où le mot Habiru apparaît, il est écrit avec le mot ''sagaz'' accolé. Ainsi, les Égyptiens ont toujours écrit que les juifs étaient « les bandits égorgeurs de l'autre côté du fleuve. » C'est ainsi que les scribes égyptiens ont identifié les juifs pendant cinq mille ans. Il est important de noter qu'ils ne sont mentionnés *que* par ces deux personnages. Le grand savant égyptien, C. J. Gadd, note dans son livre, *The Fall of Nineveh,* Londres, 1923 : « Habiru est écrit avec un idéogramme... sa-gaz... signifiant ''égorgeurs''. »

Dans la Bible, partout où le mot Habiru, qui signifie les Hébreux, apparaît, on l'utilise pour signifier bandit ou égorgeur. Ainsi, dans Isaïe I:23, « Tes princes sont rebelles et compagnons des voleurs », le mot pour voleurs est ici Habiru. Proverbes XXVIII : 24, « Qui vole son père ou sa mère, et dit : ''Ce *n'est pas* une transgression'', est le compagnon d'un destructeur », sa-gaz est utilisé ici pour détruire, mais le mot destructeur apparaît aussi parfois dans la Bible comme Habiru. Josuée VI : 9, « Et comme des troupes de brigands attendent un homme, ainsi la compagnie des prêtres assassine sur le chemin par consentement, car ils commettent l'obscénité. » Le mot pour les voleurs dans ce verset est Habiru.

Dans son *Histoire des juifs*, Kastein identifie beaucoup des grands noms de l'histoire juive comme des bandits. Il mentionne Jepthah comme l'un des sauveurs du peuple juif, et à la page 21, il dit :

> « Jepthah était un chef brigand de Galaad, que ses compagnons de tribu ont chassé. »

Encore une fois, Kastein, page 31 :

> « Au moment de la mort de Saul, nous trouvons David le chef d'un groupe de clandestins, vivant à Ziklag. Entendant que le trône était vacant, David se hâta immédiatement d'aller à Hébron en Judée. Personne ne l'avait convoqué, mais il présenta sa demande d'accession à la royauté, déclarant que Samuel l'avait nommé en secret. » Voilà pour l'un des grands noms de l'histoire juive, un usurpateur qui a divisé la tribu juive en deux et ouvert la voie à sa chute. Kastein nous indique aussi, page 34 : « Shelmo, Salomon le paisible, inaugura son règne en commettant trois meurtres qui lui laissait la voie libre en se débarrassant de son seul frère, et il le fit sans le moindre scrupule ni mauvaise conscience. »

Le fait est que Salomon et David, qui étaient des bandits assoiffés de sang, étaient tous deux des chefs typiquement juifs. Les juifs font partie de l'histoire depuis l'aube de la civilisation, simplement parce que le crime fait partie de l'histoire depuis les tout premiers temps. Ce n'est pas un hasard si les juifs ont été remarqués pour la première fois en Palestine, car c'était le carrefour de toutes les routes commerciales, tant maritimes que terrestres, du monde antique. Inévitablement, les riches caravanes étaient infestées de pirates et de bandits, qui pouvaient se dissimuler dans l'une des nombreuses criques de la mer ou dans les montagnes inaccessibles, profitant des cachettes naturelles de la région que l'on appelle « le centre physique des mouvements historiques dont le monde est né ».

Le récit des Hébreux est en grande divergence avec les prétentions juives à une ''grande culture''. Mais toutes les revendications juives de la culture sont entièrement sans fondement. L'*Horizon Book of Christianity*, un ouvrage de référence faisant autorité, indique, page 10 :

> « Les juifs ont commencé comme une agglomération de petites tribus qui plus tard ont atteint l'indépendance seulement dans l'interlude entre l'ascension et la chute des grands empires. Ils n'ont légué aucun monument témoignant de leur magnificence. Il n'y a pas de tombes de rois hébreux avec des chapiteaux d'or et des chars parsemés de bijoux. L'archéologie palestinienne n'a mis au jour aucune statue de David ou de Salomon, mais seulement des marmites comme celle avec lesquelles Rebecca arrosait les chameaux des serviteurs d'Abraham. »

L'*Oriental Institute of Chicago* contient l'une des collections d'art les plus importantes au monde, spécialisée dans les cultures du Proche-Orient égyptienne, syrienne et autres, se situant toute dans la région que les juifs revendiquent comme leur patrie originelle. On pourrait donc s'attendre à ce que la contribution juive à la civilisation soit bien représentée ici. Après avoir parcouru de vastes salles remplies de grandes œuvres d'art, de statues splendides, de bijoux exquis et d'autres objets provenant des tombes des conquérants égyptiens et assyriens, nous arrivons à l'espace de l'exposition consacré aux réalisations juives. Voici une boîte en verre remplie de morceaux de pots d'argile cassés, d'ustensiles bruts, non décorés et non émaillés qui remontent peut-être à l'âge de pierre. Voici la manifestation de la fameuse grande culture juive dont on nous a tant vanté le prestige. C'est tout ce dont elle peut se prévaloir.

Le fait est que les juifs n'étaient connus dans le monde antique que comme destructeurs. Ils n'ont produit aucun art, n'ont fondé aucune dynastie, n'ont construit aucune grande ville et, seuls parmi les peuples anciens, n'avaient aucun talent pour les plus belles choses de la vie civilisée. N'est-ce pas en contradiction avec l'affirmation juive selon laquelle eux, et eux seuls, seraient les porteurs du flambeau de la civilisation ?

Il est également avéré que les juifs, qui n'étaient pas toujours des bandits prospères, vivaient dans la précarité en Palestine, et qu'ils se trouvaient souvent au bord de la famine. Leur alimentation se composait principalement de gros gâteaux d'orge, et l'histoire d'Ésaü, qui a vendu son droit d'aînesse pour un plat de lentilles, est une preuve typique de leur précarité. Ce n'était qu'un bol de soupe aux lentilles, mais Ésaü était bien heureux de vendre son droit d'aînesse pour pouvoir s'en rassasier.

Il y a quelques années, l'historien Arnold Toynbee, a définitivement catégorisé les juifs, lorsqu'il les a décrits comme un peuple ''fossile''. Il voulait dire qu'il s'agissait d'un peuple qui n'avait pas réussi à se développer depuis l'âge de pierre, comme nous l'ont prouvé leurs pots d'argile primitifs. Ils étaient incapables de maîtriser l'agriculture, l'élevage, l'architecture ou tout autre art civilisé.

Kastein dit de son peuple, page 7 :

> « Ils (les juifs) firent d'abord leur apparition sur les rives basses de l'Euphrate, puis voyagèrent vers le nord en Mésopotamie, et suivirent la route empruntée par tous les groupes de personnes à cette époque et dans cette partie du monde... la route vers Canaan via la Syrie et le désert au-delà ; lorsque la faim les poussa, ils entrèrent même en Égypte. Les nations qu'ils rencontraient les appelaient les gens « de l'autre côté » du fleuve. L'hébreu pour ''l'autre côté'' est *''eber''*. Ceux qui venaient de l'autre côté étaient des ''Ibrim'' ou, en français, des Hébreux.
>
> « Certains (des juifs) restèrent dans les confins de Canaan, d'autres s'installèrent le long de la grande route militaire de l'Orient, et dans les déserts et les régions sauvages voisines, où ils menèrent une existence nomade, tandis qu'une plus petite partie, poussée par la faim, réussit finalement à atteindre l'Égypte, où les pharaons les prirent sous leur protection. »

Il peut paraître étrange à certains lecteurs que les juifs demeurassent dans les déserts et les régions sauvages, mais ces régions sont à l'évidence les habitats naturels des bandits. Il suffit de se rappeler que les hors-la-loi de l'Ouest américain ont toujours fui vers le désert ou vers les étendues inexplorées des montagnes. Pour continuer avec Kastein,

> « Tout était favorisé pour que ces bandes d'émigrants en Égypte se dispersent dans tout le pays, ou pour être amalgamées au sein d'autres branches de la race sémitique qui y avaient aussi trouvé refuge.... Pourtant, l'assimilation n'eut pas lieu. »

Bien que les distinctions raciales n'aient pas été de rigueur en Égypte, les juifs seuls se sont tenus à l'écart. Ils occupèrent bientôt des positions élevées dans le pays des pharaons, et simultanément, comme cela se produisit dans tant d'autres pays, l'empire commença à se désintégrer. Les groupes de bandits aux avant-postes de l'empire se firent plus audacieux ; ils semblaient savoir quand frapper, et lesquelles des villes étaient mal gardées. Au même moment, l'empire commençait à se délabrer de l'intérieur. Son leadership était devenu apathique et le moral de la population était miné.

L'une des grandes sources de l'histoire de cette période sont les lettres de Tell El Amarna, écrite par le gouverneur d'une province éloignée. La découverte et la traduction de ces lettres ont ouvert une toute nouvelle ère de l'égyptologie. Elles ont également révélé l'effet destructeur des juifs. Ces lettres sont remplies d'appels à l'aide adressés à un pharaon apparemment sourd. Ils décrivent les raids des Habiru et l'impossibilité de défendre les villes frontalières plus longtemps. Peut-être que le pharaon n'a jamais reçu les lettres ; peut-être qu'il était trop occupé à écouter son premier ministre juif, qui interprétait ses rêves pour lui. Nous ne savons pas exactement ce qui s'est passé, mais nous savons que l'empire est tombé. Dans la lettre n° 76, le gouverneur dit :

> « Voici qu'il (Abdi-Ashirta, un chef bandit Habiru), a maintenant rassemblé tous les *amelut gaz* contre Sigata et Ambi. »

Le gouverneur signifiait qu'une grande alliance de bandits et d'égorgeurs menaçait l'empire. Amelut gaz était synonyme dans l'ancien égyptien d'amu et de sa-gaz, et amu était le mot par lequel les Égyptiens désignaient souvent les Hébreux. Amelut gaz signifiait : "les bandits juifs". Sayce nous dit que « l'équivalent égyptien de l'hébreu est *amu*. »

Une partie considérable de la littérature égyptienne traite de la détresse sociale de cette période, lorsque les juifs rongeaient la plus grande civilisation jusqu'alors connue de l'homme. Ainsi, nous avons les « Avertissements d'un sage égyptien dans un papyrus hiératique à Leiden », traduites et publiées par Alan H. Gardiner en 1909. Gardiner traduit :

> « L'Égypte était en détresse, le système social s'était désorganisé, la violence remplissait le pays. Les envahisseurs s'en prenaient aux populations sans défense ; les riches étaient dépouillés de tout et dormaient dehors, et les pauvres prenaient leurs biens. Il ne s'agit pas ici d'une simple perturbation locale, mais d'une grande et écrasante catastrophe nationale. Le pharaon était étrangement inactif. »

Une autre source, le célèbre *Papyrus d'Ipuwer*, déclare :

> « Les villes sont détruites... des années de tumulte. Il n'y a pas de fin au tumulte. Les poissons des lacs et des rivières meurent et les vers, les insectes et les reptiles se multiplient. »

Quel événement étrange ! Aucune bataille n'est décrite ; l'empire n'a pas été attaqué de l'extérieur. La description ressemble étrangement aux révolutions communistes française et russe... les riches ont été dépouillés de tout et ont dormi dehors. Il y a aussi des parallèles avec l'Amérique moderne... les poissons dans les lacs et les rivières meurent... il n'y a pas de fin au tumulte.

L'une des grandes sources de l'égyptologie est *l'Histoire de l'Égypte* de Manéthon. Il décrit la chute de l'empire comme suit : « Un peuple ignoble originaire de l'Est, qui a eu l'audace d'envahir le pays, qu'il a maîtrisé par la force, sans difficulté ni même une bataille. »

Bien que tout cela paraisse incroyable, ce schéma destructeur s'est sans cesse reproduit dans le monde antique. Comment l'empire le plus puissant jamais connu a-t-il été subjugué ? De la même manière qu'à Babylone. Les juifs ont ouvert la voie aux conquérants. Ces conquérants de l'Égypte étaient les Hyksos, ou Rois-Berger, qui ont conquis l'Égypte sans livrer bataille et ont exercé leur dictature féroce sur le peuple pendant 511 ans. Certains érudits croient que les Hyksos étaient les juifs, parce que le mot égyptien *amu* est parfois utilisé pour désigner les Hyksos, bien que dans la plupart des papyrus il désigne les juifs. Cette confusion existait même chez certains historiens égyptiens ultérieurs de la période Hyksos, et elle est due au fait que les juifs, qui avaient ouvert les portes du pays aux envahisseurs, sont devenus une minorité privilégiée pendant leur règne. Manetho explique :

 « Les Hyksos étaient connus pour être les protecteurs des juifs. »

Pendant cette période de 511 ans, les juifs vivaient tels des princes en Égypte, prenant ce qu'ils voulaient aux Égyptiens asservis, et s'exposant à leur inimitié par leur arrogance vicieuse envers la population trahie. Enfin, les dirigeants originels des Égyptiens menèrent une révolte victorieuse et expulsèrent les Hyksos pour toujours. Manéthon écrit qu'après que les Hyksos eurent été chassés, les Égyptiens punirent les juifs pour leur trahison et les réduisirent en esclavage les contraignant à vie aux travaux forcés.

Ceci nous amène à la période de Moïse, quand les juifs se plaignaient de leur sort difficile en Égypte. Avant de vendre la nation aux Hyksos, ils avaient joui de toutes les libertés et il était tout naturel qu'ils soient punis pour leur trahison. Plutôt que de subir cet esclavage, ils demandèrent au Pharaon de les laisser retourner en Palestine et de reprendre leur vie de banditisme nomade. Mais le peuple égyptien indigné exigea qu'ils purgent leur peine, et le pharaon fut forcé d'accepter. Or, les juifs utilisaient tous les moyens possibles pour obtenir leur liberté, provoquant des fléaux sur le peuple égyptien par l'utilisation de poisons et la contamination de l'eau. Ils furent finalement autorisés à quitter l'Égypte.

Bien qu'il s'agisse des faits du séjour juif en Égypte, un sordide témoignage de trahison et de destruction, ces faits sont relatés ici pour la première fois, malgré que ces sources aient été connues depuis des siècles. La véritable origine des juifs, et la définition de *Habiru* et de *sa-gaz* telle qu'elle décrit la nature de ce peuple, sont connues depuis longtemps par les spécialistes bibliques. Pourquoi ont-ils délibérément omis de mentionner le fait que, dans le monde antique, les juifs étaient connus et craints comme des assassins et des bandits ? Tout d'abord, ils adhéraient au mensonge juif selon lequel le Christ était juif. S'ils publiaient leurs découvertes sur l'origine des juifs, ils identifieraient le Christ comme un descendant de hors-la-loi sanguinaire. Évidemment, cela ne pouvait pas être vrai. Par conséquent, ils ont omis toute référence aux *Habiru* et aux *sa-gaz* dans leurs œuvres. Des milliers d'érudits ont littéralement caché cette information vitale dans les milliers de livres publiés sur l'histoire ancienne tout au long des siècles passés. Nous devons maintenant réévaluer toute l'histoire des premières civilisations à la lumière de ce que nous savons des juifs.

Un autre domaine dans lequel les chercheurs et les universités ont été très négligents est leur incroyable glorification de la langue hébraïque. On nous a dit que l'hébreu est l'une des plus grandes langues de tous les temps, qu'une grande partie de la grande littérature mondiale y a été écrite et que c'est une langue formulée pour exprimer les sentiments les plus nobles. Pourtant, il suffit d'ouvrir l'*Encyclopædia Britannica* pour constater que l'hébreu est une langue très limitée avec seulement 500 mots de base, un peu comme l'anglais basique avec lequel on conversait pendant la Deuxième Guerre Mondiale. De plus, selon *Britannica*, l'hébreu n'est pas vraiment une langue du tout, mais un composite d'autres langues du Proche-Orient. *Britannica* dit :

> « Langue composite des peuples sémitiques, composée d'araméen, de cananéen, d'arcadien et d'assyro-babylonien. »

En termes simples, l'hébreu était simplement le yiddish du monde antique, un jargon polyglotte que les juifs utilisaient dans leurs activités clandestines. C'est ainsi qu'un autre mensonge juif explose. Et la grande littérature censée avoir été écrite dans cette langue est un autre mythe, sans fondement factuels. Les évangiles du Nouveau Testament, nous disent la plupart des érudits bibliques, ont été écrits en grec, plutôt qu'en hébreu. Les écrivains juifs admettent que la plupart des écrits ''hébreux'' proviennent de sources babyloniennes et égyptiennes. Les Psaumes, supposément une série de grands poèmes hébraïques, sont tirés mot pour mot des *Hymnes au Soleil d'Akhenaton*, écrits 600 ans auparavant en Égypte. Horace Meyer Kallen, professeur à la *Jewish New School of Social Research*, dit que le *Livre de Job* a été extrait mot pour mot d'une ancienne et obscure pièce grecque. Velikovsky admet qu'il y a « de nombreux parallèles » entre les Hymnes védiques et les *Livres de Joël et d'Isaïe*. Le *Décalogue* est entièrement tiré du *Livre des Morts* égyptien. Et ainsi de suite, à travers toute la liste des ''grands écrits juifs''. Pourtant, les étudiants de nos universités ne savent rien de tout cela. Ils acceptent sans broncher les déclarations de leurs professeurs (qui sont, de nos jours, pour la plupart juifs), le mythe de la grande langue hébraïque et de la grande littérature hébraïque. Le fait est que les juifs, dépourvus de tout talent créatif, ont volé la littérature comme ils ont volé tout le reste aux peuples qui les toléraient parmi eux.

CHAPITRE QUATRE

LES JUIFS DANS L'HISTOIRE ANCIENNE

Nous avons déjà vu comment les juifs ont affaibli et détruit la civilisation égyptienne, mais quel a réellement été le processus utilisé ? C'était la conséquence biologique de la croissance d'un parasite, l'étranger juif, qui s'était attaché à la nation égyptienne et qui faisait tout son possible pour détruire son hôte, même s'il tirait toute sa subsistance de ce même hôte. Ce processus fut répété par les juifs dans chacune des anciennes civilisations au sein desquelles ils se sont infiltrés.

Dans l'Ancien Testament, les juifs tentent de justifier leur état de sans-abri nomades en soulignant que Dieu était mécontent d'eux, et ensuite qu'Il les a condamnés à errer à travers la terre à cause de leur propre méchanceté. Ce thème est répété de nombreuses fois dans la *Bible*. (*biblos* en grec, ou livre). Les versets XXXVI : 17-20 d'Ézéchiel sont caractéristiques :

> « Fils de l'homme, ceux de la maison d'Israël, quand ils habitaient sur leur terre, l'ont souillée par leur conduite et par leurs œuvres ; leur conduite était devant moi comme la souillure d'une femme. Et j'ai versé sur eux mon courroux, à cause du sang qu'ils ont versé sur le pays, et parce qu'ils l'ont souillé par leurs infâmes idoles. Je les ai dispersés parmi les nations, et ils ont été disséminés dans les pays ; je les ai jugés selon leur conduite et selon leurs œuvres. Arrivés chez les nations où ils sont allés, ils ont déshonoré mon saint nom, quand on disait

d'eux : "c'est le peuple de Yahweh, c'est de son pays qu'ils sont sortis" »

Ainsi, Dieu déclare que c'est un blasphème pour les juifs de prétendre être "le peuple du Seigneur", et considérant leurs antécédents, c'est une affirmation inconcevable. Il affirme également qu'ils ont été expulsés à cause du sang versé devant les idoles, la coutume séculaire connue sous le nom de "meurtre rituel". Bien que la colère de Dieu soit donnée ici comme raison de la Dispersion juive, il est remarquable que l'accusation du sang versé, qui a toujours été faite quand ils ont été expulsés d'une nation, est également utilisée. À cet égard, il ne faut pas ignorer la prédilection des juifs pour leur frénésie la plus profonde à se répandre dans le monde civilisé, et il est encore plus étrange qu'aucun historien ou philosophe des temps modernes n'ait jugé bon de commenter ce phénomène mondial, qui a eu un effet dévastateur sur toute culture qu'ils ont empoisonnée. Un homme d'affaires de premier plan, J. J. Cavanagh, a comparé la dissémination des juifs aux effets physiologiques du cancer.

Il a déclaré dans un discours devant un groupe d'hommes d'affaire à Chicago :

> « Les juifs peuvent être mieux compris comme une maladie de la civilisation. On peut les comparer à la propagation du cancer dans le corps humain. Tout comme les juifs se répandent dans le monde civilisé, suivant les routes commerciales, les cellules cancéreuses se répandent à travers le corps, voyageant le long des artères et des veines vers toutes les parties de l'organisme, et tout comme les juifs se rassemblent dans des régions critiques du monde et commencent à se multiplier, à étrangler et à empoisonner des communautés et des nations entières, de même les cellules cancéreuses se rassemblent, se multiplient et détruisent les organes du corps, et finalement, le corps lui-même. »

De nombreux historiens du monde antique ont remarqué le phénomène juif et l'ont commenté, mais la plupart de ces œuvres ont depuis été détruites par les juifs eux-mêmes. Parmi les quelques commentaires sur les juifs qui ont survécu à la destruction des bibliothèques par les juifs, figurent ceux de Philon et de Strabon. Philon, un historien important, a écrit que

> « les communautés juives se sont répandues sur tous les continents et dans toutes les îles. »

Les commentaires de Strabon sur les juifs, écrits à l'époque de l'empereur Auguste de Rome, sont encore plus révélateurs :

> « Il y avait quatre classes dans l'état de Cyrène. La première était composée de citoyens, la seconde d'agriculteurs, la troisième d'étrangers résidents et la quatrième de juifs. Ce peuple a déjà pénétré dans toutes les villes, et il n'est pas facile de trouver dans le monde habitable un endroit qui n'a pas reçu cette nation et dans lequel elle n'a pas fait sentir son pouvoir. »

L'observation de Strabon est probablement le commentaire le plus éclairant sur le problème juif dans le monde antique. Il prend soin de souligner que les juifs occupaient un statut inférieur à celui des étrangers résidents – en d'autres termes, ils formaient un groupe d'étrangers résidents qui étaient considérés comme tellement dangereux qu'ils étaient traités comme un groupe à part. Comme Strabon le fait remarquer, les juifs étaient déjà connus comme les destructeurs des nations, et on ne leur permettait d'exercer que peu ou pas du tout de pouvoir politique, mais ils réussissaient quand même à faire sentir leur pouvoir. Grâce à leur commerce de pierres précieuses et d'or, et à leurs relations internationales en tant que banquiers et receleurs de biens volés. Le prêt d'argent était une entreprise fondamentale de ce peuple, parce qu'il lui donnait un levier de pouvoir sur les aristocrates dépensiers qu'ils pouvaient ensuite utiliser pour asservir le peuple aux finalités de la nation juive.

Bien que les juifs avaient plutôt tendance à s'établir dans les grandes villes, on les trouvait dans les avant-postes les plus reculés de l'empire. Le révérend Chas. H. H. Wright, dans son livre *Light from Egyptian Papyri'*, paru à Londres en 1908, page 3, écrit :

> « Peu d'années après la destruction de Jérusalem par Nabuchodonosor, une colonie de juifs se rendit à Assouan, aux frontières sud de l'Égypte. Ils y ont acquis pour eux-mêmes des maisons et des champs. Certains d'entre eux faisaient du trafic comme prêteurs sur gages et même comme banquiers, pourrait-on dire. C'est ce que prouve le papyrus marqué L, dans lequel une affaire régulière pour un prêt d'argent est dûment enregistrée. Il est soigneusement stipulé que les intérêts devaient être payés mensuellement pour l'argent ainsi prêté. Cinq témoins ont apposé leur signature sur le document. Dans ces papyrus, il est fait mention de la Maison de Yahvé (Jéhovah) et d'un autel sur lequel des sacrifices étaient offerts quotidiennement. »

Ainsi, il y a des milliers d'années, les juifs exerçaient des activités de prêt d'argent dans la province reculée d'Assouan, et ces activités faisaient partie intégrante de la vie économique et religieuse de la communauté juive. En ce temps-là, les juifs adoraient ouvertement Baal, leur Dieu d'or, mais les orgies qu'ils pratiquaient devant son autel étaient si viles et obscènes que la religion juive fut forcée de se cacher à cause du ressentiment populaire. Les idoles de Baal furent fondues, et les juifs le rebaptisèrent Yahu, ou Jéhovah, puis ils dissimulèrent plusieurs de leurs célébrations religieuses en son honneur.

Malgré les affirmations des juifs qui prétendent avoir été « la civilisation la plus importante du monde antique », en fait, la tribu juive de Palestine n'a guère laissé beaucoup de trace dans les documents anciens. Dans *L'histoire des juifs*, Kastein écrit à la page 54 :

> « Le petit État insignifiant de Palestine était un vassal de l'Assyrie et, en raison de son caractère minime, il était laissé à ses propres ressources. Toute les fables au sujet de sa puissance colossale provient de ceux qui aurait souhaité qu'il soit un empire. »

Comment réconcilier l'historien des juifs, Kastein, avec sa définition de la Palestine comme « un petit état insignifiant », avec les savants et les professeurs de nos universités modernes qui disent à leurs étudiants que les juifs avaient la plus grande civilisation jamais connue de l'homme ? Le fait est qu'il n'y a jamais eu de civilisation juive. Il n'y a eu que des infections de civilisations saines par des croissances parasitaires juives, infections qui se sont toujours révélées mortelles pour leurs hôtes.

Le destin de Babylone fut typique. Nabuchodonosor, le dirigeant le plus puissant du monde antique, avait reçu de si nombreuses plaintes au sujet des bandits juifs opérant en Palestine qu'il se résolut à marcher contre eux. Les armées babyloniennes poursuivirent sans relâche les juifs dans les déserts et les étendues sauvages, jusqu'à ce qu'ils les aient tous tués ou capturés. Cela eut lieu en l'an 586 av. J.-C. Comme il était d'usage à l'époque, Nabuchodonosor ramena les survivants chez lui comme esclaves. Ces 30 000 captifs juifs furent installés dans l'Empire babylonien et autorisés à former leurs propres colonies. L'historien juif Gershom Scholem, écrit que

> « Beaucoup de cités de Babylone avaient une population exclusivement juive. »

En moins de cinq décennies, Babylone n'existait plus. Malgré la liberté dont ils jouissaient, les juifs commencèrent à comploter pour le renversement de l'empire. À cette époque, Cyrus, chef des Perses, souhaitait attaquer Babylone et saisir ses richesses, mais il savait que son armée n'était pas assez puissante. Des émissaires juifs se rapprochèrent de lui et déclarèrent qu'ils étaient prêts à lui ouvrir les portes de la cité. Au début, Cyrus soupçonnait un piège, et il fit mettre à mort le premier messager juif de ce genre, mais les juifs le convainquirent par la suite qu'ils étaient sincères. Ils lui demandèrent en retour de restituer leurs terres en Palestine.

En l'an 539 av. J.-C., l'armée de Cyrus apparut devant Babylone. À la page 65 de *L'histoire des juifs*, Kastein écrit : « La conquête de Babylone s'est faite sans difficulté ; la ville est tombée sans combat. » Quelle coïncidence ! C'est exactement ce que Manethon a écrit sur la chute de l'Égypte face aux envahisseurs Hyksos. Il n'y a pas eu de bataille. Bien que l'histoire ancienne soit remplie de récits de longues et désespérées batailles entre nations et de sièges de villes qui ont duré de nombreuses années, quand une ville avait une importante communauté juive, ces batailles ne semblaient pas avoir lieu. Il ne fait aucun doute que les juifs ne voulaient pas voir leurs maisons et leurs commerces endommagés par une attaque.

Kastein continue à la page 65 de *L'histoire des juifs*

« Les juifs ont accueilli Cyrus à bras ouverts. »

Voici un autre thème qui se répète tout au long de l'histoire des juifs. Dans chaque nation qui tombe sans lutte, les juifs se précipitent pour accueillir les envahisseurs. Kastein nous dit que Cyrus a permis aux juifs de retourner dans leur propre pays, mais beaucoup d'entre eux ont préféré rester à Babylone. Sous la protection de Cyrus, les juifs furent autorisés à dépouiller les indigènes de Babylone, et tout ce que Cyrus n'emporta pas en Perse devint la propriété des juifs. Par conséquent, les juifs formèrent une classe dirigeante riche et puissante à Babylone, et ils consacrèrent leur temps et leur argent à la rédaction d'une éthique juive, qui fut écrite sous le nom de *Talmud* babylonien. Dans l'édition anglaise, publiée à Londres en 1935 sous le nom de *Soncino Talmud*, Rabbi Hertz écrit, page 31 :

« Quand nous arrivons à la Gemara babylonienne, nous avons affaire à ce que la plupart des gens comprennent quand ils parlent ou écrivent à propos du *Talmud*. Son lieu de naissance, Babylonia, a été un foyer juif autonome pendant une période plus longue que toute autre terre, à savoir, de peu après 586 avant l'ère chrétienne à l'an 1040 après l'ère chrétienne - 1626 ans. »

Notez que Rabbi Hertz affirme fièrement qu'après avoir été conquise par Cyrus, la Babylonie est devenue un foyer juif autonome, ou autogéré ! Aucune déclaration ne pourrait être plus révélatrice du rôle joué par les juifs dans la trahison de la nation au bénéfice de Cyrus.

Non seulement les juifs ont pris le contrôle de l'empire babylonien, mais ils ont également suivi Cyrus et ont formé de grandes colonies en Perse. Max Radin, dans *Les juifs parmi les Grecs et les Romains*, écrit la page 61 :

> « L'autonomie virtuelle de la période persane a permis le développement d'une classe dirigeante bien organisée de prêtres, les Soferim ou Scribes, hommes instruits en droit, qui n'avaient pas de fonctions sacerdotales définies. »

Ce que Radin ne nous dit pas, c'est que ces scribes n'étaient pas des prêtres, ils étaient les dirigeants de la communauté juive autonome. Ce sont des scribes de ce type qui se sont réunis pour condamner Jésus-Christ à être crucifié.

L'influence des juifs dans l'empire persan lui fit bientôt suivre le chemin des civilisations antérieures. L'un des livres les plus courts de la *Bible* est le *Livre d'Esther*, le plus juif des livres, et le seul dans lequel Dieu n'est pas mentionné. L'histoire d'Esther a donné naissance à la cérémonie religieuse la plus importante des juifs, la fête de Purim qui célèbre la victoire des juifs sur les Gentils, quand Esther réussit à faire exécuter Haman. À cette époque, Assuérus était roi de Perse, et son premier ministre était un gentil, travailleur et consciencieux nommé Haman. Haman s'était inquiété de la puissance et de l'impertinence croissantes des juifs perses. Ainsi Esther III ; 8-9 :

> « Haman dit au roi Assuérus : Il y a un peuple dispersé et disséminé parmi le peuple dans toutes les provinces de votre royaume ; et ses lois sont différentes de celles de tous les peuples ; et il n'observe pas les lois du roi ; c'est pourquoi il est dans les intérêts du roi qu'il ne soit pas toléré. S'il plaît au Roi, qu'il soit anéantis. »

Cette demande parut assez raisonnable au roi Assuérus, et il autorisa Haman à appliquer sa solution au problème juif peu de temps après. Or ils ignoraient que l'épouse favorite du roi, Esther, était en réalité une juive nommée Hadassah qui avait conservé son identité secrète. Elle était la nièce d'un chef juif, Mardochée, qui l'avait fait entrer clandestinement dans le palais pour offrir ses charmes au roi. La prostituée juive fut ainsi changé en reine.

Les juifs apprirent bientôt le plan du roi Assuérus, et Mardochée se précipita au palais, où il informa Esther du péril qui menaçait les juifs. Esther se présenta déterminé devant le roi, lui avoua qu'elle était juive, et le défia de poursuivre le plan d'Haman. Le Roi ne parvint pas à résister à ses charmes, et il accepta de faire tout ce qu'elle lui demandait. Esther demanda seulement que la potence qu'Haman faisait construire pour pendre Mardochée et les autres conspirateurs juifs soit achevée, et que le roi y fasse exécuter Haman lui-même.

Le roi accepta, et lorsqu'Haman fut pendu, Esther força le roi à inaugurer un règne de terreur sur ses sujets gentils. Esther VIII:7,

> « Le roi Assuérus dit à la reine Esther et à Mardochée, le juif : Voici, j'ai donné à Esther Haman, et il fut pendu à la potence, parce qu'il avait touché aux juifs. »

Les juifs firent d'autres demandes, et le Roi accepta de nouveau, parce qu'il était incapable de refuser quoi que ce soit à Esther. Esther VIII ; 11 :

> « Ainsi le Roi a accordé aux juifs qui *étaient* dans chaque ville de se rassembler, de défendre leur vie, de détruire, de tuer et d'anéantir tout le pouvoir du peuple et de la province qui allait les attaquer, petits et grands, et de *prendre* leurs dépouilles comme butin. »

Ce verset révèle la soif de sang congénitale des juifs, dans leur souhait d'être autorisés à massacrer des femmes et des enfants qui ne leur avaient fait aucun mal. L'initiative d'Haman contre eux avait été planifiée comme un programme gouvernemental, mais la contre-attaque juive se transforma en un massacre sauvage des innocents. Le massacre commence, comme décrit dans Esther VIII, 17 :

> « Et dans chaque province et dans chaque ville, partout où l'ordonnance du roi et son décret arrivaient, les juifs fêtaient cette belle journée dans la joie et l'allégresse. Et beaucoup de gens du pays devinrent juifs, car la crainte des juifs tomba sur eux. »

À la demande d'Esther, le roi Assuérus pendit ensuite les dix fils d'Haman, leur seul crime ayant été d'avoir eu Haman pour père, et sa maison et ses biens furent donnés aux parents d'Esther. Les massacres des Gentils furent perpétrés dans tout l'empire persan, et les effusions de sang des chefs locaux affaiblirent tellement la nation que peu après, l'empire fut facilement conquis par Alexandre le Grand. Parce qu'Haman avait préparé le terrain, ou *Pur*, en attaquant les juifs, les juifs victorieux prirent le nom de *Purim*, ou Jour du Pur, pour célébrer leur victoire sur les Gentils. Le dernier verset d'Esther décrit leur heureuse communauté juive, X, 3 :

> « Quant à Mardochée, le juif *était* proche du roi Assuérus, et grand parmi les juifs, et accepté par la multitude de ses frères, et faisant la richesse de son peuple, et semant la paix dans tous ces actes. »

Les civilisations de l'Égypte, de Babylone et de la Perse s'étaient à présent effondrées à cause de la subversion juive. La Grèce fut la victime suivante du parasitisme juif. Dans toute l'histoire, aucun peuple ne fut plus diamétralement opposé que les juifs et les Grecs, et les juifs ont toujours éprouvé une grande haine pour la culture grecque. Les Grecs représentaient le raffinement de l'homme civilisé et de l'individu, tandis que le juif continuait d'être une brute, terre-à-terre, non créatif, non artistique et anonyme venant d'une tribu bandit.

Ralph Marcus écrit, dans *Great Ideas of the Jewish People*, page 103 :

> « Nous savons par les récentes découvertes architecturales que les villes hellénistiques aux confins de la Judée étaient riches en architecture et en art grecs. »

La culture grecque s'étendait jusqu'aux confins du désert et s'arrêtait là où les bandits juifs commençaient.

Dans son *Histoire des juifs*, Kastein écrit à la page 92 :

> « Les Grecs avaient une vaste expérience du monde, leur imagination avait été fertile et ils avaient énormément bâti... ainsi, dans ces circonstances, tomber sur un peuple imprégné d'une certitude calme et parfois insouciante, bucolique même quant à ses possessions spirituelles, provoqua chez des barbares sans âme ni culture, un mépris doublé d'une rage impuissante. Le résultat logique et inévitable de cette attitude à l'égard des Grecs fut la montée de l'antisémitisme, de la haine des juifs. »

Kastein attribue donc l'antisémitisme aux juifs, mais ne dit rien de la haine juive pour la culture grecque. À la page 88 de son *Histoire des juifs*, il donne une raison plus plausible à l'antisémitisme :

> « La Judée paralysa l'attaque grecque tandis que les juifs d'Alexandrie provoquèrent la désintégration de la civilisation hellénique. »

C'est le constat le plus surprenant qu'un historien juif ait jamais fait de l'impact destructeur des juifs. Alexandrie était le centre intellectuel de l'ancien empire grec, et sa bibliothèque était la plus grande du monde. C'est ici, comme le dit Kastein, que les juifs provoquèrent la désintégration de la civilisation hellénique. Plus tard, ils brûlèrent la grande bibliothèque, parce qu'elle contenait des centaines de références historiques sur les activités destructrices des juifs.

Avec le déclin de la civilisation grecque, les juifs commencèrent à infecter Rome. Dès le début de l'influence juive dans l'empire, les Romains furent conscients du danger, mais ils semblèrent impuissants à contrecarrer l'effet insidieux des juifs. L'historien romain Diodore a écrit :

> « Les juifs, seuls parmi tous les peuples, refusent catégoriquement d'avoir des relations avec un autre peuple, et considèrent tous les hommes comme des ennemis. »

Ce n'était pas tout à fait exact. Les juifs considéraient tous les autres hommes comme une espèce distincte d'eux-mêmes, point sur lequel ils semblent avoir raison. Ils considéraient aussi les autres hommes comme des bêtes ignorantes qui pouvaient être utilisées comme du bétail et massacrées pour leur plus grand profit. L'universitaire romain Williamson déclarait à ce propos :

> « La séparation n'était pas entre les races ; c'était entre ceux qui faisaient allégeance à la loi de Moïse et ceux qui la rejetaient... un homme de toute race pourrait être accepté (par les juifs). L'essentiel était l'acceptation de la circoncision, pour laquelle les Romains les méprisaient. »

Ainsi, on constate que les juifs n'excluaient personne de leur gang s'il pouvait accepter la loi barbare de Moïse, œil pour œil et dent pour dent. Dans le monde souterrain international, le juif avait besoin d'un signe irréfutable de reconnaissance, un mot de passe physique qui lui permettrait d'identifier immédiatement ceux qui étaient avec lui. Cette identification, sur laquelle les juifs ont toujours insisté pour cette raison même, était celle de la circoncision. Non seulement elle identifiait ceux qui étaient des juifs actifs, mais elle identifiait aussi les Gentils que les juifs avaient réduits en esclavage ; c'était l'insigne des juifs.

Par conséquent, lorsque les juifs arrivèrent au pouvoir dans l'Empire romain et commencèrent à posséder de nombreux esclaves, la première chose qu'ils firent fut de circoncire leurs esclaves gentils comme le symbole de leur possession. Cette circoncision des Gentils souleva les Romains contre eux. En l'an 315 de notre ère, l'empereur Constantin publia le premier édit contre les juifs, les qualifiant de ''secte honteuse''. Cet édit interdisait aux juifs de circoncire leurs esclaves Gentils, et il limitait également l'autonomie des juifs en leur interdisant de punir les membres de leur propre race. Jusque-là, les juifs se considéraient au-dessus de la loi romaine et tenaient leurs propres tribunaux. Les juifs qui se rebellèrent contre le règne des anciens furent sévèrement punis. Pour cette intrusion dans leur gouvernement, les juifs se retournèrent contre Constantin, et le forcèrent à quitter Rome. Il se rendit à Constantinople, où il fonda l'Empire byzantin.

L'un des plus grands historiens de la Rome antique fut Tacite.

Il écrivit sur les juifs :

> « Les coutumes des juifs sont basses et abominables et doivent leur persistance à leur dépravation. Les juifs sont extrêmement loyaux les uns envers les autres, toujours prêts à faire preuve de compassion, mais envers chaque autre peuple ils ne ressentent que haine et hostilité. En tant que race, ils sont enclins à la luxure ; entre eux, rien n'est illégal. »

Comme le montrent les commentaires de Tacite, les Romains étaient bien conscients de la nature des juifs en tant que groupe criminel et immoral. Pourquoi alors les Romains, un peuple fier et ambitieux, ne furent-ils pas capables de résister à l'effet insidieux des juifs ? La réponse, assez curieusement, réside dans la nature romaine. Race forte, les Romains avaient conquis le monde, y compris le désert de Palestine. Mais Rome n'avait aucune défense contre les juifs, qui avaient formé leur habituelle communauté parasitaire au cœur de Rome. Les Romains essayèrent encore et encore de s'en débarrasser. Chaque fois, les juifs revenaient. Rome était le centre de la richesse du monde. Il était impossible d'éloigner les juifs d'une telle richesse. Les historiens parlent de l'expulsion des juifs par l'empereur Tibère comme du « premier exemple connu d'intolérance religieuse dans les affaires internationales ». C'est aussi le premier exemple connu de l'adaptation juive de leur excuse favorite lorsqu'il s'agit d'eux-mêmes : ''l'intolérance religieuse''.

L'historien romain Valerius Maximus écrivit en 139 av. J.C. que le Préteur de Rome avait forcé les juifs à retourner dans leur patrie parce qu'ils avaient essayé de corrompre la morale romaine. L'historien romain Marcus affirme que l'Empereur Trajan avait accueilli très cordialement une délégation juive à

Rome, « ayant déjà été rallié à leur cause par l'impératrice Poltina ». N'est-ce pas encore une fois l'histoire d'Esther ? Comme la plupart des histoires sur les juifs, les mêmes thèmes reviennent sans cesse tout au long des cinq mille ans de l'histoire écrite.

Dans un papyrus trouvé à Oxyhynchus, en Égypte, un Romain nommé Hermaiscus fut jugé pour trahison, apparemment parce que, comme Haman dans l'Empire perse, il protestait contre le pouvoir croissant des juifs. Le papyrus déclare que lors de son procès, Hermaiscus déclara à l'empereur Trajan : « Cela m'attriste de voir votre gouvernement et votre conseil privé remplis de juifs. » Bien sûr, il fut exécuté, après avoir prononcé sa propre condamnation à mort par cette déclaration audacieuse. Combien d'autres Gentils sont morts pour les mêmes délits au cours des siècles passés ?

Les érudits et les historiens ont donné de nombreuses raisons à la chute de l'Empire romain. L'une des principales théories est que la chute de Rome est le résultat d'une dissolution progressive des anciennes valeurs. Cette théorie ne dit pas qui a dissous ces valeurs, mais les faits parlent d'eux-mêmes. Une autre théorie veut que les barbares aient balayé Rome. C'est vrai, c'est ce qu'il s'est produit, mais pourquoi ? Pourquoi la meilleure armée du monde a-t-elle perdu sa volonté de se battre et permis à des tribus dénudées de prendre Rome sans combattre ? C'est la même histoire que l'on retrouve à la chute de l'Égypte, à la chute de Babylone, à la chute de la Perse.

Et là aussi, comme dans le cas des civilisations précédentes, nous constatons que la communauté parasitaire des juifs avait développé une terrible haine pathologique envers leur hôte Gentil. Dans son *Histoire des juifs*, Kastein écrit à la page 192 :

> « Pour les juifs, Rome constituait la quintessence de tout ce qui était odieux et devait être balayé de la surface de la terre. Ils nourrissaient une haine inhumaine à l'égard de Rome et de son système, ses armes et ces *leges*. C'est vrai, Rome avait des *leges*, des lois, tout comme les juifs. Mais c'est dans leur ressemblance

même que résidait leur différence ; car les lois romaines n'étaient que l'application pratique des armes, mais sans les armes, ces lois n'étaient que des formules vides de sens. »

Dans ce paragraphe extraordinaire, Kastein admet le sentiment que le parasite juif éprouve toujours à l'égard de l'hôte Gentil, ''une haine inhumaine''. Cette haine est si terrible, que la chose la plus importante pour le juif est de dissimuler ses sentiments. Par conséquent, il apparaît toujours avec une branche d'olivier. Son mot d'ordre est ''Shalom *ou* Paix''. C'est cette nécessité de cacher ses véritables sentiments qui conduit le juif à mener ses affaires et ses réunions en secret.

Nous avons déjà vu comment le juif continue à haïr les gens qu'il a détruits. Des siècles après que Babylone ne soit plus, le juif fulmine à nouveau contre ''la prostituée de Babylone''. Mais de toutes les nations, c'est Rome que le juif détestait le plus, et même aujourd'hui, l'épithète favorite du juif pour son adversaire est ''fasciste''. Que signifie le mot ''fasciste'' ? Il se réfère aux *fasces*, ou baguettes reliées ensemble, que le juriste romain portait pour exécuter sa punition du malfaiteur. Cela signifie simplement la règle de droit, c'est-à-dire la loi des Gentils, par opposition à la loi juive sanguinaire de Moïse. Pourtant, il n'y a pas une seule université dans le monde aujourd'hui où l'étudiant puisse apprendre cette définition simple et précise du fascisme. Les professeurs juifs disent aux étudiants qu'une ''bête fasciste'' est la chose la plus terrible et la plus mauvaise que l'on puisse imaginer, mais ils ne l'expliquent jamais davantage.

Peu d'historiens font référence au rôle joué par les juifs dans la chute de Rome, et encore moins donnent une indication du pouvoir que les juifs avaient acquis au sein de l'empire. Ce n'est que dans les livres publiés par les juifs eux-mêmes que l'on découvre ces faits peu connus, mais aussi des évènements retentissant comme l'assassinat de Jules César. Comment cela a-t-il pu se produire ? Tout d'abord, les Romains avaient tenté à maintes reprises de chasser les juifs de Rome, mais ils étaient revenus à chaque fois. Dans son livre *Les juifs de la Rome antique*, Harry J. Leon, de l'Université du Texas, écrit à la page 3 :

> « Le préteur Hispanus obligea les juifs, qui tentaient de contaminer les Romains, à retourner dans leurs propres maisons. »

Ce livre, publié par la Société de publication juive, poursuit, page 5 :

> « Selon Philon (Légation 23.155), le noyau de la communauté juive de Rome était constitué principalement de prisonniers de guerre esclaves. Leur rançon fut payée par des compatriotes juifs ou bien ils furent libérés par leurs propriétaires, qui avaient dû les considérer impossibles à vendre comme esclaves à cause de leur insistance à observer leurs lois diététiques, à s'abstenir de travailler le jour du sabbat, et à pratiquer leurs rites religieux exotiques... en l'an 59 après JC, les juifs de la cité constituaient déjà un élément redoutable dans la politique romaine. »

L'ambitieux Jules César reconnaissait le pouvoir des juifs, ce dernier découlait d'un fait incontestable : Rome était composée de nombreux groupes et sectes politiques opposés. Pour prendre le pouvoir, l'homme politique avait besoin de l'appui d'un groupe qui le soutiendrait résolument et encouragerait ainsi d'autres groupes à le soutenir. Tout comme dans nos démocraties actuelles, ce groupe était composé de juifs. Ils garantiraient leur soutien à tout politicien qui, à son tour, ferait ce qu'ils demanderaient.

Lorsque César découvrit cette simple vérité, il se rapprocha des juifs et gagna leur soutien. À la page 8 de *Les juifs de la Rome antique,* Léon déclare :

> « Les juifs dans les ''Populares'', le parti libéral-démocrate ou le parti du peuple, soutenaient César et il rendait des verdicts en leur faveur. »

Les choses n'ont pas beaucoup changé depuis deux mille ans. Nous avons encore le parti libéral-démocrate dans tous les pays, et il représente toujours l'ambition et les projets des juifs.

Grâce au soutien des Juifs, César devint bientôt le dictateur de Rome et le souverain incontesté du monde. Alarmé par sa soumission croissante aux juifs, un groupe de sénateurs loyaux, dirigé par Brutus, un ancien ami de César à l'époque pré-juive, décida de l'assassiner. À la page 9, Léon écrit :

> « En échange du soutien qu'il avait reçu des juifs, César leur montra ostensiblement sa reconnaissance en promulguant des décrets en leur faveur, qui consignés par Josèphe, furent appelés la *Magna Carta* des juifs. César les exempta du service militaire obligatoire, leur permit d'envoyer des cargaisons d'or au Temple de Jérusalem et reconnut l'autorité des tribunaux d'exception juifs. »

Nous pouvons ainsi constater que César avait fait des juifs un groupe de privilégiés qui était au-dessus des lois de Rome. Tout comme aujourd'hui, le trafic de l'or entre les nations, était la pierre angulaire de la puissance internationale juive il y a deux mille ans. Elle s'est perpétuée sous le prétexte d'être une occupation ''religieuse'', et si nous comprenons que la religion des juifs était et demeure l'or, c'est une description parfaitement adéquate. Le temple juif de Jérusalem était encore le siège de Baal, le Veau d'Or, bien qu'il s'appela maintenant Jéhovah. Plusieurs sénateurs romains avaient essayé d'interdire le trafic de l'or, avant d'être renversés par le pouvoir juif.

À la page 10, de *Les juifs de la Rome antique*, Léon déclare :

> « Pendant de nombreuses nuits après le meurtre de César, des groupes de juifs vinrent pleurer sur le lieu de son bûcher funéraire. »

Là encore, rien n'a changé. Nous avons vu les juifs pleurer aux funérailles de Roosevelt, aux funérailles de Kennedy, aux funérailles de Churchill. Ils pleurent toujours quand un homme politique engagé dans les machinations du monde juif disparait.

Léon déclare que l'empereur Auguste, qui hérita de l'empire après la chute des généraux de César, restaura les privilèges spéciaux accordés aux juifs. Cela explique probablement pourquoi il émergea des autres factions qui s'étaient divisées Rome après la mort de César. À mesure que la décadence juive se poursuivit, l'empire s'affaiblit rapidement. Après la mort de Domitien en 96 après J.-C., les empereurs de Rome n'étaient plus d'origine romaine ; ils étaient donc tous étrangers.

Le pouvoir des juifs était tel qu'aucun homme politique romain n'osait les attaquer. Léon restitue le discours de Cicéron en octobre 59 devant un jury romain. Cicéron défendait Lucius Valerius Flaccus, un aristocrate romain et ancien gouverneur d'Asie. Flaccus avait essayé de faire respecter l'interdiction des expéditions d'or juives, ce qui eut pour résultat de le faire révoquer par les juifs de Rome avant d'être rapatrié pour faire face à une accusation truquée de détournement de fonds. Cicéron déclara :

> « Nous en venons maintenant à la diffamation concernant l'or, l'or juif. C'est évidemment la raison pour laquelle la présente affaire est jugée ici sur les Marches Auréliennes. C'est à cause de cette accusation particulière que vous avez souhaité cet endroit, Laelius (le procureur), et cette foule (en référence à la foule bruyante de juifs que Laelius avait rassemblée pour créer une agitation au procès). Vous savez à quel point ils (les juifs) forment un groupe important et à quel point ils ont de l'influence dans le domaine politique. Je vais baisser la voix et parler juste assez fort pour que le jury m'entende ; car il y a beaucoup d'individus pour monter ces juifs contre moi et contre tout bon Romain, et je n'ai pas l'intention de leur rendre la tâche plus facile. Comme l'or était régulièrement exporté chaque année au nom des juifs d'Italie et de toutes nos provinces vers Jérusalem, Flaccus publia un décret interdisant son exportation d'Asie. Qui parmi vous, messieurs les jurés, ne peut sincèrement approuver cette action ? L'exportation de l'or a été interdite par le Sénat à de nombreuses reprises par le passé, et plus strictement pendant mon mandat consulaire. De plus, le fait que Flaccus se soit opposé à cette superstition barbare juive est une preuve de son fort caractère, démontrant qu'il a défendu la République en subissant fréquemment l'agressivité des foules juives dans les

rassemblements politiques, ce qui est une preuve de son sens aigu des responsabilités. »

Ce discours de Cicéron est l'une des rares révélations de la subversion juive qui a survécu à l'incendie des bibliothèques. Le grand consul de Rome, Cicéron, dut baisser la voix pour éviter de provoquer les récriminations des juifs. Un aristocrate romain, Flaccus, fut démis de ses fonctions et traîné devant les tribunaux de Rome pour faire face à une fausse accusation. Pourquoi ? Parce qu'il avait essayé d'appliquer la loi romaine interdisant le trafic d'or juif. Le résultat de ce procès fut l'acquittement de Flaccus sur l'accusation de détournement de fonds, mais l'interdiction du Sénat sur l'expédition de l'or fut levée. Ainsi, les juifs atteignirent leur objectif, et Flaccus eut la chance d'en réchapper vivant après s'être opposé à eux.

Face à ce pouvoir des juifs, les aristocrates romains n'étaient plus capables de maintenir l'ordre dans l'empire, et Rome tomba aux mains des barbares.

CHAPITRE CINQ

LES JUIFS ET LA PASSION DE JÉSUS-CHRIST

À présent que de nombreuses civilisations se retrouvaient sous l'emprise des juifs, quel recours l'humanité avait-elle ? Il n'y avait qu'une seule réponse, et cette réponse était et demeure Jésus-Christ. C'était la mission du Christ d'effectuer une renaissance spirituelle complète de tous les peuples, et un seul peuple sur terre est demeuré sourd à son message. Ce peuple, ce sont les juifs.

Les prophètes du monde antique étaient bien conscients des effets destructeurs des communautés juives parasites. Jean dénonçait les Pharisiens comme « une génération de vipères » (Matthieu III : 17). Jésus appela les juifs « la Synagogue de Satan », et leur révéla qu'il était bien conscient qu'ils étaient nés du diable. La Passion de Jésus-Christ est l'évènement le plus important de l'histoire de l'humanité. Aujourd'hui, face à la menace de destruction du monde par la bombe atomique juive, nous réalisons que c'est là le seul moyen de salut, tout comme il y a maintenant plus de deux mille ans. En quoi consiste cette passion ? C'est, premièrement, la volonté de renoncer au mal en soi-même ; deuxièmement, de dénoncer le mal en autrui ; et troisièmement, de rapporter aux autres le message de Jésus-Christ tel qu'il l'a offert au monde, non contaminé par toutes les distorsions que les propagandistes juifs n'ont cessé de lui adjoindre pour servir leurs propres fins.

Jésus-Christ était un Galiléen blond aux yeux bleus, né de Joseph et de Marie. L'érudit biblique Williamson affirme que les juifs ne formaient qu'une infime partie de la population galiléenne, et qu'ils étaient rarement vus dans la province. Williamson dit aussi que « la région était entièrement helléniste par sa sensibilité », ce qui signifie que les habitants de Galilée, la famille et les amis de Jésus, préféraient la culture grecque et s'opposaient à la barbarie juive. Jésus parlait araméen au peuple, avec un accent galiléen. Tous ces faits sont bien connus des érudits chrétiens, mais ils insistent pour embrouiller les gens avec le terrible mensonge et blasphème juif affirmant que « le Christ était juif ». Pourquoi ces soi-disant ''chrétiens'' font-ils cela ? De tels hommes ne croient en réalité en rien du tout, mais ils trouvent que la religion est une bonne affaire et que colporter les mensonges juifs est une affaire profitable entre toutes.

Ils ont même inventé un nouveau mot pour décrire toute la culture occidentale. Ils l'appellent ''civilisation judéo-chrétienne'', et aucun chercheur ne peut aujourd'hui obtenir un poste universitaire à moins qu'il n'écrive des articles faisant l'éloge de la culture pluraliste ''judéo-chrétienne''.

Que signifie la culture judéo-chrétienne ? Cela signifie deux forces diamétralement opposées. C'est comme dire culture ''noire-blanche'', ou culture ''Asiatique-européenne''. Et par-dessus tout, cela signifie la culture du ''bien-mal'', le judéo signifiant le mal et le chrétien, venant ensuite, signifiant le bien. C'est le mot de passe par lequel les propagandistes juifs professionnels de nos églises et universités s'identifient mutuellement. Ils mentionnent rarement, voire jamais, le nom de Jésus-Christ, si ce n'est en ricanant à propos d'un « prêcheur en haillons » ou d'un « révolutionnaire itinérant ».

Pourquoi ces chrétiens autoproclamés haïssent-ils tant Jésus-Christ ? Parce qu'il les a connus et qu'il les a désignés une fois pour toutes.

Matthieu VI, 24-25 :

> « Nul ne peut servir deux maîtres : ou bien il haïra l'un et aimera l'autre, ou bien il s'attachera à l'un et méprisera l'autre. Vous ne pouvez pas servir Dieu et Mammon. »

Ces ministres dits ''chrétiens'' dans leurs limousines avec chauffeur ne peuvent servir qu'un seul maître, et ils le servent de leur plein gré. Leur maître s'appelle Mammon. Ils disent à leurs congrégations que le Christ était juif et que nous vivons dans une culture judéo-chrétienne ; les paroles de Jésus-Christ ne sont bien entendu jamais sur leurs lèvres.

Lorsque Jésus décida d'aller prêcher aux juifs, le diable se hâta de le dissuader de sa mission. Matthieu IV : 8-11 :

> « Le diable, de nouveau, le transporta sur une montagne très élevée, et lui montrant tous les royaumes du monde, avec leur gloire ; il lui dit : ''Je vous donnerai tout cela, si, tombant à mes pieds, vous m'adorez.'' Alors Jésus lui dit : ''Retire-toi, Satan, car il est écrit : Tu adoreras le Seigneur, ton Dieu, et tu ne serviras que lui seul.'' Alors le diable le laissa, aussitôt des anges s'approchèrent, et ils le servirent. »

Ayant rejeté le diable, Jésus se rendit dans les villes et prêcha contre la Synagogue de Satan, les Pharisiens et les scribes qui compranaient les anciens de Sion, et dont la vie était consacrée au malin. Matthieu XXIII, 13 :

> « Malheur à vous, scribes et pharisiens hypocrites, parce que vous fermez aux hommes le royaume des cieux ! Vous n'y entrez pas *vous-mêmes,* et vous ne laissez pas entrer ceux qui y viennent. »

Jésus continua sa critique de l'hypocrisie juive : Matthieu XXIII, 27-28 :

> « Malheur à vous, scribes et pharisiens hypocrites ! Car vous ressembliez à des sépulcres blanchis, qui au dehors paraissent beaux, mais au dedans sont pleins d'ossements de morts et de toute sorte de pourriture. Ainsi vous, au dehors, vous paraissez

justes aux hommes, mais au dedans vous êtes pleins d'hypocrisie et d'iniquité. »

Quand les anciens de Sion apprirent que Jésus prêchait ces paroles à la foule, ils se rencontrèrent et projetèrent de le tuer. Jean VII, 1 :

« Après cela, Jésus parcourut la Galilée, ne voulant pas aller en Judée, parce que les juifs cherchaient à le faire mourir. »

Les juifs cherchaient à le tuer ! Comment peut-on croire que le Christ était juif, après avoir lu ces paroles dans la Bible ?

Jésus se rendit au temple des juifs, et renversa leurs tables couvertes d'argent, car peur eux le temple n'était qu'une bourse, et leur religion était l'or. Ils faisaient leurs échanges devant le Veau d'Or, l'idole de Baal. Jésus entra dans le temple, et prêcha aux scribes et aux pharisiens, qui furent stupéfaits de son courage. Enfin, les Sages de Sion en eurent assez et, complotant en secret, ils décidèrent de porter plainte auprès du souverain romain et de faire exécuter Jésus.

Jésus savait tout ce qui se passait, Il priait dans le Jardin de Gethsémani quand les soldats vinrent l'arrêter. Lorsqu'il fut amené devant les anciens de Sion, il déclara : Luc XXII, 53 :

« J'étais tous les jours avec vous dans le temple, et vous n'avez pas mis la main sur moi. Mais voici votre heure et la puissance des ténèbres. »

C'est par ces paroles que commence la Passion de Jésus-Christ, l'événement le plus importants pour l'âme de l'homme. *Voici votre heure, et la puissance des ténèbres*, adresse-t-il aux juifs, et chacun de nous peut dire, en cette terrible époque de crise et de puissance juive : Voici votre heure, et la puissance des ténèbres. Mais la lumière du Christ resplendira, et les ténèbres se dissiperont.

Jésus fut jugé trois fois, parce qu'il y avait trois pouvoirs temporels en Palestine. Bien que les Romains régnaient « par l'intermédiaire du roi Hérode », décrit par Kastein à la page 114, comme « un métis juif bestial et néfaste », et par un gouverneur romain, Ponce Pilate, le pouvoir réel était exercé en Palestine par deux groupes rivaux de rabbins juifs. L'un, dirigé par Ananias, était soutenu par les Romains, et l'autre, dirigé par Caïphe, était soutenu par les juifs. Jésus fut jugé devant chacun d'eux pour satisfaire les Romains et les juifs.

Le Nouveau Testament décrit la comparution de Jésus devant Caïphe, chef du Sanhédrin juif, ou tribunal sacerdotal. Marc XIV, 55 :

> « Cependant les Princes des prêtres et tout le conseil cherchaient un témoignage contre Jésus pour le faire mourir, et ils n'en trouvaient point. Car plusieurs témoignèrent faussement contre lui, mais les dépostions ne s'accordaient pas. »

Les juifs étaient de si fantastiques menteurs que leurs mensonges étaient en conflit les uns avec les autres, et qu'aucun de leurs témoignages ne put être utilisé. C'est pourquoi, les Sages juifs de Sion résolurent de pousser Jésus à témoigner contre Lui-même. Marc XIV, 61-65 :

> « Le grand prêtre l'interrogea de nouveau, et lui dit : ''Es-tu le Christ, le Fils de celui qui est Béni ?'' Jésus lui dit : ''Je le suis, et vous verrez le Fils de l'homme siéger à la droite du Tout-Puissant, et venir environné des nuées du ciel.'' Alors le grand prêtre déchira ses vêtements, et dit : ''Qu'avons-nous donc besoin de témoins ? Vous avez entendu le blasphème, que vous en semble ?'' Tous prononcèrent qu'il méritait la mort. Et quelques-uns se mirent à cracher sur lui et, lui voilant le visage, ils le frappaient du poing, en lui disant : ''Devine'' ; et les valets le souffletaient. »

C'est ainsi que nous voyons les juifs cracher sur le Christ et se moquer de lui, parce qu'ils étaient ravis de pouvoir à présent le faire tuer. Lorsqu'il fut jugé devant Ponce Pilate, une formalité nécessaire car les procédures de la cour juive n'avaient aucune valeur légale, Pilate ignora les deux premiers chefs d'accusation : provoquer l'agitation parmi le peuple, et lui interdire de payer l'impôt à César. Le troisième chef d'accusation, que le Christ prétendait être roi, il le trouvait inoffensif, parce que Christ ne revendiquait pas la royauté au sens romain du terme. C'est pourquoi il déclara le Christ innocent, mais pour ne pas subir la colère des dirigeants juifs, il envoya son prisonnier à Hérode. Hérode le renvoya, et Pilate proclama l'innocence de Jésus pour la troisième fois et se « lava les mains » des suites de l'affaire. Les juifs exigeaient la crucifixion du Christ, et Pilate fut contraint de leur céder. Cette scène est décrite dans Matthieu XXVII, 20 26 :

> « Mais les Princes des prêtres et les Anciens persuadèrent au peuple de demander Barabbas, et de faire périr Jésus. Le gouverneur, prenant la parole, leur dit : ''Lequel des deux voulez-vous que je vous délivre ?'' Ils répondirent : ''Barabbas''. Pilate leur dit : ''Que ferai-je donc de Jésus, appelé Christ ?'' *Ils* lui répondirent : ''Qu'il soit crucifié !'' Le gouverneur leur dit : ''Quel mal a-t-il donc fait ?'' Et ils crièrent encore plus fort : ''Qu'il soit crucifié !'' Pilate, voyant qu'il ne gagnait rien, mais que le tumulte allait croissant, prit de l'eau, et *se lava les mains* devant le peuple, en disant : ''Je suis innocent du sang de ce juste ; *à vous* d'en répondre !'' Et tout le peuple dit : ''Que son sang *soit* sur nous et sur nos enfants !'' Alors il leur relâcha Barabbas, et, après avoir fait battre de verges Jésus, il *le* livra pour être crucifié. »

La foule de juifs vociférant, encouragée par les Sages de Sion, était résolue à obtenir la mort de Jésus, même s'il était innocent. Et les juifs assument volontiers leur sanglante culpabilité dans la crucifixion du Christ. Ces paroles restent véridiques, malgré les millions de dollars dépensés par les juifs ces dernières années pour soudoyer les dirigeants chrétiens afin qu'ils déclarent la Bible mensongère, les incitant à se vendre pour trente pièces d'argent. Il est triste de constater qu'une grande partie de l'Église chrétienne d'aujourd'hui est tombée entre les mains de ces Judas modernes.

Après la crucifixion, lorsque Jésus fut ressuscité, les juifs firent également tout pour nier qu'il était ressuscité. Matthieu XXVIII, 11-16 :

> « Pendant qu'elles étaient en chemin, quelques-uns des gardes vinrent dans la ville et annoncèrent aux Princes des prêtres tout ce qui était arrivé. Ceux-ci rassemblèrent les Anciens, et, ayant tenu conseil, ils donnèrent une grosse somme d'argent aux soldats, en leur disant : ''Publiez que ses disciples sont venus de nuit, et l'ont enlevé pendant que vous dormiez. Et si le gouverneur vient à le savoir, nous l'apaiserons et nous vous protégerons.'' Les soldats prirent l'argent, et firent ce qu'on leur avait dit ; et ce bruit qu'ils répandirent se répète encore aujourd'hui parmi les juifs. »

Sur ce passage, Schaff écrit en 1879 dans *Commentaries on the New Testament,* un ouvrage de référence paru chez Scribner :

> « Avoir pris conseil se réfère à une réunion du Sanhédrin pour traiter de cet alarmant développement. Ils donnèrent ''beaucoup d'argent'', c'est-à-dire plus qu'ils n'avaient payé Judas pour trahir le Christ. C'est là un exemple de leur (les juifs) méchanceté la plus profonde. »

Schaff indique également que les soldats risquaient la peine de mort en déclarant qu'ils s'étaient endormi à leur poste. Pour écarter ce danger, les juifs promirent de soudoyer Pilate s'il cherchait à en faire une affaire.

Après la Résurrection, les juifs continuèrent leur œuvre malfaisante, mais le châtiment ne tarda pas. Des bandits juifs attaquèrent un esclave de César sur la grande route à environ onze milles de Jérusalem, et lui dérobèrent tous ses bagages. Les Romains décidèrent de mettre fin à ce banditisme, et ils lancèrent une campagne contre les juifs qui prit fin lorsque Titus détruisit le temple en 70 après J.C. Josèphe décrit les juifs de cette période dans son livre, *La guerre juive* :

> « D'un côté, une petite minorité de révolutionnaires, d'insurgés, de voleurs et d'assassins, menés par des tyrans

maudits et des bandits sans scrupules, de l'autre les propriétaires et les bourgeois. »

Tels étaient les juifs du temps de Jésus, voleurs et assassins, menés par des bandits sans scrupules. Josèphe prétend que la guerre juive débuta comme une guerre civile entre les juifs, et que les Romains, ne parvenant pas à rétablir l'ordre, furent contrait de tous les exterminer. Quand le palais d'Agrippa fut brûlé par les bandits, détruisant toutes les archives fiscales, l'empereur romain donna l'ordre d'en finir avec les juifs en Palestine.

CHAPITRE SIX

LES JUIFS ET LE MEURTRE RITUEL

À l'aube de la civilisation, le rite du sang, au cours duquel le sang humain est bu au-dessus du corps de la victime encore vivante, était connu de nombreuses tribus. Cependant, un seul peuple, qui n'a jamais dépassé l'âge de pierre, continue à pratiquer le rite du sang et le meurtre rituel. Ce peuple, ce sont les juifs. Nous avons déjà mentionné qu'Arnold Toynbee, un chercheur émérite avait décrit les juifs comme « un peuple fossile ». Ainsi, il devait avoir connaissance du fait qu'ils pratiquent encore le meurtre rituel et la consommation de sang humain. En bon intellectuel, il n'a pas pu manquer de noter les nombreux récits attestés de cette pratique des juifs, car des centaines d'exemples de meurtres rituels par les juifs sont cités dans les livres catholiques officiels, dans toutes les publications européennes et dans les archives judiciaires de toutes les nations européennes.

C'est l'historien officiel des juifs, Kastein, dans son *Histoire des juifs*, qui donne la raison sous-jacente de cette coutume barbare. À la page 173, il écrit :

> « Selon la vision juive originelle, le sang est le siège de l'âme. »

Selon les juifs de l'âge de pierre, le réceptacle de l'âme n'était donc pas le cœur, mais le sang lui-même. Ils croyaient qu'en buvant le sang d'une victime chrétienne parfaite en tous points, ils pouvaient dépasser leurs faiblesses physiques et devenir aussi puissants que les êtres intelligents et civilisés parmi lesquels ils avaient formé leurs communautés parasites. Les juifs sont connus pour avoir pratiqué la consommation de sang depuis leur première apparition dans l'histoire en raison de cette croyance. Les gens civilisés trouvent cette pratique si odieuse qu'ils ont du mal à y croire, malgré les centaines de pages de preuves contre les juifs que l'on trouve dans les archives judiciaires. Des documents historiques datant de cinq mille ans ont fourni la preuve irréfutable de la culpabilité sanglante des juifs.

Les autres peuples devenant de plus en plus civilisées, le rite du sang devint symbolique, un liquide symbolisant le sang, habituellement du vin, était bu pendant le rituel, tandis que la pratique barbare qui consistait à tuer une victime fut complètement abandonnée. Un seul groupe, celui du culte juif, continue à pratiquer le rite du sang à l'époque moderne. Les spécialistes du rite du sang, comme le célèbre intellectuel catholique James D. Bulger, affirment que les juifs pratiquent le rite de la consommation de sang parce qu'ils sont un peuple parasite qui doit boire le sang de l'hôte gentil s'ils veulent survivre. Bulger affirme également que la consommation de sang est un rituel de magie noire qui permet aux rabbins juifs de prédire l'avenir lorsque que le sang de leur victime Gentil coule dans leurs veines.

C'est pourquoi, de temps en temps, les dirigeants juifs attirent un enfant gentil, de préférence de sexe masculin, et âgé de six à huit ans. Selon le rituel juif, l'enfant gentil doit être parfaitement formé, intelligent et sans défaut. Il doit aussi être plus jeune que l'âge de la puberté, parce que les juifs considèrent que le sang devient impur après le début de la puberté. L'enfant est emmené dans la synagogue, ou, si les juifs sont sous surveillance, dans un lieu de rassemblement plus secret, l'enfant enlevé est attaché sur une table, déshabillé, et son corps percé à l'aide de couteaux rituels aiguisés, aux endroits du corps où les clous furent plantés sur le Christ en croix.

Le sang est versé dans des coupes, les dirigeants juifs soulèvent les coupes et en boivent, tandis que l'enfant Gentil expire lentement dans une atmosphère d'horreur sans répit. Les juifs invoquent le Christ et tous les Gentils et célèbrent leur victoire symbolique sur les Gentils alors qu'ils continuent à boire le sang de l'enfant agonisant. Selon les juifs, ce n'est qu'en accomplissant ce rituel, qu'ils pourront subsister et continuer à prospérer au sein de l'hôte Gentil.

Bien que tous les juifs aient connaissance du rite du sang et de son importance pour le culte juif, seuls les dirigeants juifs les plus importants, les rabbins et les membres les plus riches de la communauté juive, sont autorisés à participer au rituel de consommation du sang. Kastein écrit, à la page 173, qu'il est interdit aux juifs ordinaires de participer au rituel. L'une des raisons est que la pratique du meurtre rituel est dangereuse pour l'ensemble de la communauté juive. La plupart des soulèvements contre les juifs au cours des deux derniers millénaires ont découlé de la découverte de cette pratique et des tentatives des Gentils pour punir les juifs d'avoir assassiné des enfants Gentils.

La raison majeure pour laquelle ce crime fut si souvent découvert est que le corps de l'enfant gentil nu et transpercé, une fois vidé de son sang, doit être jeté sur un tas de déchets. Le rite juif interdit l'inhumation du corps, bien que cela dissimulerait toute preuve de leur crime. Le Talmud, le livre saint des juifs, définit tous les Gentils comme des bêtes, et selon la loi juive, l'enterrement des bêtes est interdit. Par conséquent, les juifs tentent de dissimuler leur crime en jetant le corps de l'enfant assassiné dans un puits abandonné, où il ne sera peut-être pas découvert, ou en le cachant d'une manière qui ne constituera pas une sépulture. Dans de nombreux cas, le corps est découvert, ensuite soit les juifs sont attaqués par les Gentils, soit ils dépensent des milliers de dollars pour soudoyer des témoins et des fonctionnaires, en essayant de faire passer un Gentil pour un ''meurtrier pédophile''. La corruption et l'intimidation d'agents publics et de journalistes est toujours la première étape d'une telle campagne. Aux États-Unis, comme beaucoup d'entre eux sont juifs, aucun pot-de-vin n'est nécessaire, car chaque juif sait que son premier devoir est de dissimuler les preuves d'un meurtre rituel. Il est également d'usage pour les juifs de payer aux parents de l'enfant assassiné une grosse somme d'argent, ce qui leur évite dans de nombreux cas d'être poursuivis en justice.

Il y a tellement de milliers d'exemples avérés de meurtres d'enfants par des juifs qu'il suffit d'en citer quelques-uns. Dans *Excavations at Gezer*, l'archéologue R.A.S. Macalister révèle que les corps de jeunes enfants sacrifiés sont retrouvés dans les vestiges de chaque strate de sites juifs depuis les temps les plus reculés. Des photographies des corps des enfants sont publiées dans le livre de Macalister, même si le livre lui-même, comme la plupart des œuvres qui témoignent de la nature criminelle des juifs, est aujourd'hui quasiment introuvable. Il fait partie de la catégorie des ouvrages rares, et la plupart des marchands de livres rares sont juifs.

Dans la *Bible*, Isaïe LVII, 3-5 le prophète dit :

> « Mais vous, approchez ici, fils de la magicienne, race de l'adultère et de la prostituée. De qui vous moquez-vous ? Contre qui ouvrez-vous la bouche, et tirez-vous la langue ? N'êtes-vous pas des enfants de prévarication, une race de mensonge ? Vous vous échauffez près des térébinthes sous tout arbre vert, vous égorgez les enfants dans les vallées sous les grottes des rochers ? »

Par l'expression « enfants de la magicienne », Isaïe attire l'attention sur le fait que le meurtre rituel juif est un rite de magie noire.

Il est d'usage pour le rabbin, lorsqu'il boit du sang, d'invoquer la présence de Satan, qui vraisemblablement exécutera alors les souhaits des juifs. Les buveurs de sang jurent aussi l'obéissance éternelle à Satan pendant le rite du sang.

Isaïe insiste aussi sur le fait qu'ici les enfants sont tués ''sous les grottes des rochers''. Il s'agit de l'interdiction juive d'enterrer l'enfant Gentil tué et de cacher le corps dans les rochers dans l'espoir que les Gentils ne découvrent pas leur crime.

Dans la *Encyclopedia of Biblical Literature*, publiée en 1895, le Révérend J. Kitto décrit les juifs :

> « Leurs autels maculés de sang humain depuis l'époque d'Abraham jusqu'à la chute des royaumes de Judée et d'Israël. »

L'Encyclopédie juive, vol. VIII, page 653, publiée en 1904, indique :

> « Par conséquent le fait est aujourd'hui généralement accepté par les érudits critiques, que dans les derniers jours du royaume, des sacrifices humains furent offerts à Yhwh (Yahu, ou Jéhovah), en tant que Roi ou Conseiller de la Nation, et que les prophètes le désapprouvaient. »

Yahu est aussi interchangeable avec Baal, l'idole du veau d'or, et Satan, qui est considéré comme un dieu mineur des juifs, et un instrument de Baal. Les deux thèmes de l'histoire juive sont le sang et l'or, et toute l'activité des juifs est inextricablement liée à ces deux facteurs.

Jésus dénonça les juifs comme des meurtriers rituels, et se fit également un devoir d'en protéger les petits enfants. « Laissez les petits enfants venir à moi », comme un moyen de les sauver des juifs. Il dit aussi, Saint Jean VIII :

> « Le père dont vous êtes issus, c'est le diable, et vous voulez accomplir les désirs de votre père. Il a été homicide dès le commencement »

Ce passage fait référence à la soif de sang de Satan et des juifs. Comme il est de coutume dans l'histoire juive, chaque fois qu'un Gentil les critique pour leur pratique du meurtre rituel, les juifs décident officiellement de le tuer et à l'époque de cette accusation, les Sages de Sion se réunirent et décidèrent de crucifier Jésus.

Chez les juifs eux-mêmes, le rite du sang fait partie intégrante de la cérémonie de circoncision des hommes juifs. Selon *l'Encyclopédie juive*, Vol VI, page 99, lors de la circoncision, le *mohel*, ou circonciseur,

> « prend du vin dans sa bouche et applique ses lèvres sur la partie concernée par l'opération et exerce une aspiration, après quoi il expulse le mélange de vin et de sang dans un récipient prévu à cet effet. »

Ce que *l'Encyclopédie juive* ne nous dit pas, c'est que ce mélange de vin et de sang est alors bu par le rabbin, comme une fine gourmandise. Aucun autre peuple au monde ne pratique aujourd'hui un rite du sang aussi étrange, à l'exception, peut-être, de quelques indigènes de l'âge de pierre dans les jungles les plus profondes du Congo ou de la Nouvelle Guinée.

Le lien entre le meurtre rituel juif et la pratique de la magie noire est évoqué par Bernard Lazare. Juif lui-même, Bernard Lazare a écrit en France un livre, *L'Antisémitisme, son histoire et ses causes*, qui tente d'examiner ce phénomène. Dans l'édition de 1934, vol. II, page 215, il parle de meurtre rituel :

> « À cette croyance générale s'ajoutent les soupçons, souvent justifiés, à l'encontre des juifs, concernant des pratiques magiques. En fait, au Moyen-Âge, le juif était considéré par le peuple comme le magicien *par excellence* ; on trouve de nombreuses formules d'exorcisme dans le Talmud, et la démonologie talmudique et cabalistique est très complexe. À présent, on connaît la position que le sang occupe toujours dans la pratique de la sorcellerie. Dans la magie chaldéenne, il avait une très grande importance.... Or, il est très probable, voire certain, que des magiciens juifs aient sacrifié des enfants, d'où l'origine de la légende du sacrifice rituel. »

Ainsi, Lazare tente d'absoudre les juifs de l'accusation de meurtre rituel en disant qu'ils étaient coupables, mais que cela était pour des motifs de sorcellerie, plutôt qu'un élément clé de la pratique de la religion juive. Il n'a apparemment pas lu la *Bible*, ni noté les dénonciations d'Isaïe contre les juifs qu'il qualifie de sorciers et assassins d'enfants. Bien sûr, comme le reconnaît Lazare, les juifs ont tué des enfants pendant leurs rites de sorcellerie, mais ces horreurs furent commises au cours des rites essentiels de la religion juive.

Le Dr Éric Bischoff, un célèbre intellectuel allemand, a découvert l'autorisation explicite de la pratique du meurtre rituel juif dans le *Thikunne Zohar*, Edition Berdiwetsch, 88b, un livre de rituel cabalistique :

> « De plus, il y a un commandement concernant le meurtre des étrangers, considéré comme des bêtes. Cet assassinat doit se faire selon la méthode légale (juive). Ceux qui ne se donnent pas à la loi religieuse juive doivent être offerts en sacrifice au Dieu Supérieur. »

Les meurtres d'enfants chrétiens par les juifs se produisent généralement pendant les jours de fête importants, Purim, un mois avant Pâques, et Pessah, à Pâques. La loi juive prescrit que lors de Purim, une fête juive décrite dans un chapitre précédent comme la victoire juive sur les Gentils, la victime Gentil peut être un adulte. De même, si aucune victime Gentil ne peut être obtenue, le sang séché d'une victime précédente peut être utilisé. Cependant, la loi juive est tout à fait spécifique : à ''Pessah'', la victime doit être un enfant blanc de moins de sept ans, qui doit être saigné à blanc, couronné d'épines, torturé, battu, poignardé, et finalement tué par un dernier coup au côté, la dague devant être tenue par un rabbin, dans une reconstitution complète de la crucifixion du Christ. Cette cérémonie de pure vengeance rappelle aux juifs que même si quelques-uns des Gentils étaient instruits de la nature de ce peuple, tout comme le Christ le fut, les juifs l'emporteront toujours en assassinant celui qui les aura critiqués et dénoncés. Par conséquent, beaucoup d'opposants aux juifs sont tués lors de ces terribles cérémonies. La victime peut-être la plus célèbre du meurtre rituel juif aux États-Unis, fut le fils de Charles Lindbergh, le 1er mars 1932, pendant le nouvel an juif.

Le fils de Lindbergh avait été choisi parce que Lindbergh lui-même était la personne éminente la plus désignée pour prendre la direction de la lutte des Gentils contre les juifs. Son fils fut tué pour l'avertir de refuser d'endosser ce rôle. Le père de Lindbergh, un membre du Congrès, avait mené la lutte contre Paul Warburg de la banque Kuhn, Loeb & Co, lorsque Warburg fit adopter le Federal Reserve Act par un Congrès entièrement aux ordres des banquiers juifs. L'aîné Lindbergh avait publié un livre, brûlé par des agents fédéraux pendant la Première Guerre Mondiale, bien qu'il ait été membre du Congrès à l'époque. Il avait bien conscience de la nature du problème juif. À présent que son fils était un homme célèbre dans le monde entier, après son exploit de la traversé de l'Atlantique en solo, les juifs craignaient qu'il soit persuadé de mener une révolte des Gentils contre leur pouvoir. Ils préparaient déjà la Seconde Guerre Mondiale, dont l'Allemagne devait être la victime sacrifiée, et c'est pour cela qu'ils firent venir un Allemand pratiquement analphabète, Gerhart Hauptmann, puis le condamnèrent pour ce meurtre. Hauptmann, comme le Christ, était charpentier, profession qui faisait de lui une victime logique pour les juifs et leur symbolique. La défense de Hauptmann se basait sur le fait qu'un juif nommé Isidor Fisch l'avait engagé pour faire des travaux de menuiserie, et l'avait payé avec des billets qui s'était avérés être ceux de la rançon versée par Lindbergh. Bien que l'existence de Fisch ait été prouvée, il ne put être localisé pendant le procès. Ce tribunal fut comme celui qui avait condamné Jésus, car il n'accepta que les preuves que les juifs permettaient qu'on lui présente. En réalité, bien sûr, on ne peut rien croire de ce qui est accepté comme preuve par un tribunal américain, en raison de la facilité avec laquelle les juifs fabriquent des preuves et en raison de la présence d'avocats et de juges juifs au sein de toutes les juridictions américaines.

Bien que l'on puisse citer des milliers de pages authentifiant les célèbres meurtres rituels d'enfants par les juifs, nous nous contenterons de n'en mentionner que deux. À Lincoln, en Angleterre, se dresse l'une des cathédrales gothiques les plus magnifiques du monde, avec ses arcs en plein cintre, une merveille d'ingénierie et d'art. On raconte aux touristes qu'elle fut construite pour commémorer un enfant nommé Hughes de Lincoln, mais on ne leur dit pas pourquoi il fut martyrisé, ni par qui. Néanmoins, l'histoire est bien connue, car elle a été racontée par de nombreux écrivains remarquables, dont le grand poète Chaucer, qui raconta l'histoire de Hugh O'Lincoln dans son poème, *The Prioress' Tale*.

Le petit Saint Hughes fut assassiné par les juifs à Lincoln en 1255, et les habitants de la ville décidèrent d'ériger une grande cathédrale qui servirait d'avertissement à tous les parents gentils de protéger leurs enfants des juifs. Le corps de Hughes fut trouvé dans un puits sur la propriété d'un juif nommé Copinus. Le roi Henri III dirigea lui-même l'enquête, pour montrer son impartialité. Il refusa d'accorder son pardon à Copinus, après avoir recueilli les preuves contre lui, et Copinus fut exécuté, mais les autres juifs impliqués dans l'acte échappèrent au châtiment. On raconte maintenant aux touristes qu'aucun enfant tel que Hughes n'a jamais existé, et l'histoire fut effacée des guides touristiques sur la cathédrale.

Beaucoup de professeurs d'anglais ont également retiré Chaucer de leurs cours parce qu'il a révélé ce crime juif.

De nombreuses autres églises européennes furent érigées pour commémorer les victimes de meurtres rituels juifs, près de quatre cents rien qu'en Europe. Beaucoup de ces enfants furent élevés au rang de saints à cause des souffrances qu'ils ont endurées aux mains des juifs. L'un d'eux était Saint Simon de Trente. Nous citons son histoire tirée d'un livre paroissial catholique officiel, *Lives of the Saints* du Père Alban Butler :

> « En 1472, lorsque les juifs de Trente se réunirent dans leur synagogue le mardi de la Semaine Sainte, pour délibérer des préparations de la prochaine fête de la Pâque, qui tombait cette année-là le jeudi suivant, ils prirent la résolution de sacrifier à leur haine invétérée du nom chrétien, un enfant chrétien le vendredi suivant, ou Vendredi Saint. Un médecin juif s'engagea à procurer un tel enfant pour ce sinistre projet. Et, le mercredi soir, tandis que les chrétiens étaient à l'office des vêpres, il trouva un enfant nommé Simon, âgé d'environ deux ans, qu'il

attira sur le seuil d'une maison par des caresses et en lui montrant de l'argent, le maître et la maîtresse des lieux étant à l'église, il l'emmena. Le jeudi soir, les dirigeants juifs s'enfermèrent dans une salle attenante à leur synagogue, et *à minuit* leur cruelle boucherie commença sur cette innocente victime. (note : le Christ n'a-t-il pas dit aux juifs : « C'est votre heure, et la puissance des ténèbres »). Après l'avoir bâillonné avec un tablier pour l'empêcher de crier, ils firent plusieurs incisions dans son corps, recueillant son sang dans une bassine. Durant tout ce temps, certains tenaient ses bras tendus en croix, d'autres tenaient ses jambes. L'enfant étant à moitié mort, ils le soulevèrent et, tandis que deux d'entre eux le tenaient par les bras, les autres lui transpercèrent le corps de tous côtés avec leurs piques et leurs dagues. Lorsqu'ils virent que l'enfant était mort, ils chantèrent autour de lui : « De la même manière que nous avons traité Jésus, le Dieu des chrétiens, que nos ennemis soient confondus à jamais. » Les magistrats et les parents recherchant activement l'enfant perdu, les juifs le cachèrent d'abord dans une grange de foin, puis dans une cave, et enfin le jetèrent dans une rivière. Mais Dieu confondit tous leurs efforts pour empêcher la découverte de leur crime, pour lequel ils furent condamnés et mis à mort. Les principaux acteurs de la tragédie furent roués puis brûlés. La synagogue fut détruite et une chapelle érigée à l'endroit où l'enfant avait été martyrisé. Dieu honora cette victime innocente par de nombreux miracles. Les reliques reposent dans un majestueux tombeau de l'église Saint-Pierre de Trente, et son nom est inscrit dans le *Martyrologe*. »

Au cours de cette cérémonie, les juifs identifient le Christ comme le Dieu des chrétiens ; ils ne le revendiquent pas comme un juif, comme le font tant de nos soi-disant chefs religieux chrétiens. De plus, ils ne pouvaient pas cacher le corps et dissimuler leur crime, car le Talmud interdit l'enterrement d'un ''animal'' Gentil. Comme dans nombre de ces cas de meurtres rituels, un médecin juif fournit la victime, parce que les médecins juifs ont toujours de nombreuses occasions d'enlever les enfants des gentils. Il y a aujourd'hui de nombreux hôpitaux juifs aux États-Unis, qui appartiennent et sont dirigés par des médecins juifs et des infirmières juives. Les parents qui confient leurs enfants à ces établissements pour des affections mineures sont stupéfaits d'apprendre, un jour ou deux plus tard, que l'enfant est soudainement décédé. Dans de nombreux cas, l'enfant est emmené dans une synagogue et assassiné selon le rituel prescrit. Le corps exsangue de la victime est ensuite remis aux parents. Cette procédure obéit également à l'interdiction juive d'enterrer un Gentil, car les juifs permettent simplement aux parents de s'occuper de l'enterrement.

Il revient donc aux parents américains d'éviter de laisser leurs enfants sans surveillance en présence d'un médecin juif ou d'emmener l'enfant dans un hôpital géré par des juifs. Tout parent devrait réfléchir à deux fois avant d'abandonner un enfant sans défense à un peuple qui traine une histoire de cinq mille ans de meurtre d'enfants dans des circonstances aussi horribles. Et tout parent devrait être capable de visualiser l'horreur du joli corps parfaitement formé de l'enfant auquel il a prodigué tant d'amour, dépouillé et couché nu sur une table tandis que les juifs, les yeux assoiffés de sang et de leur haine à l'égard des Gentils, se rassemblant autour de l'enfant et transperçant sa chair, buvant son sang, et maudissant le nom de Jésus-Christ. Un parent peut-il vraiment accepter de mettre son enfant en danger et le faire mourir dans d'aussi terribles circonstances ?

Aux États-Unis, les juifs peuvent pratiquer le meurtre rituel d'enfants gentils en toute impunité, parce qu'ils contrôlent la presse et qu'ils occupent beaucoup de hautes fonctions publiques. Selon les estimations d'un haut responsable de la police, quatre mille enfants disparaissent chaque année aux États-Unis. Il ne fait aucun doute que la majorité d'entre eux sont victimes de meurtres rituels juifs. La coutume est devenue si répandue dans ce pays que les juifs sont capables d'expédier de grandes quantités du sang des enfants en Israël pour leurs cérémonies dans ce pays. L'un des problèmes de la patrie juive en Israël demeure la pénurie d'enfants gentils qui peut être utilisés dans les cérémonies rituelles, et les États-Unis, qui fournissent la majeure partie du financement d'Israël, ne manque pas de fournir également une grande partie du sang des enfants requis pour ces ignobles sacrifices humains.

Comme la plupart de ces enfants sont enlevés à des familles pauvres, il n'est jamais fait mention de leur disparition dans la presse. Ce n'est que dans de rares cas que les juifs osent prendre l'enfant d'une personnalité publique célèbre, comme dans l'affaire Lindbergh, et cela se fait dans un but politique précis et dans le cadre d'une stratégie plus vaste.

En raison des risques encourus par la communauté juive lorsque le corps d'un enfant païen est retrouvé assassiné de manière rituelle, et du tollé général provoqué chez les Gentils, de nombreux Gentils se sont soudainement trouvé couvert de gloire et de fortune en se liant aux juifs dans ces situations. Le cas typique fut celui de Jan Masaryk, le président de la Tchécoslovaquie. Masaryk était un avocat méconnu lorsque le corps d'Agnez Hruza fut retrouvé en Bohême en 1899. Un juif nommé Hilsner avoua le meurtre et impliqua deux autres juifs. Néanmoins, un nouveau procès fut organisé. Bua, avocate de la mère de la jeune fille assassinée, qui réclamait justice dans cette affaire, prononça un discours au Parlement de Bohême, le 28 décembre 1899, accusant le gouvernement d'avoir fait preuve d'une extrême partialité envers les juifs dans cette affaire. Un deuxième corps fut retrouvé, celui de Maria Klima, également assassinée à l'aide d'un poignard rituel retrouvé en possession de Hilsner.

L'avocat de Hilsner à ce procès était Jan Masaryk. Lors de la Conférence de paix de Versailles, vingt ans plus tard, les juifs manifestèrent leur gratitude en créant une nouvelle nation, la Tchécoslovaquie, nommant Masaryk président au titre de fondateur de la Tchécoslovaquie. Tout au long de sa vie, Masaryk fut un instrument volontairement dévoué aux élites juives.

Aux États-Unis, de nombreux Gentils trouvèrent soudainement d'importantes sommes d'argent à leur disposition pour faire campagne, après avoir aidé à étouffer un nouveau scandale de meurtre rituel juif. Le chemin vers le mandat de gouverneur, un siège au Sénat et même vers la Maison Blanche est facilité par magie lorsque le candidat montre qu'il est prêt à couvrir les meurtres d'enfants gentils par les juifs.

Le directeur du FBI (Federal Bureau of Investigation), J. Edgar Hoover, mène chaque année une campagne de prévention avertissant les enfants aux États-Unis de ne jamais parler à des étrangers et de ne jamais monter dans la voiture d'un étranger. Il n'est pas de notoriété publique que Hoover doivent le faire à cause de la fréquence du meurtre rituel juif. La campagne de Hoover est apparemment dirigée contre les agresseurs d'enfants, bien qu'une douzaine seulement de cas de ce type soient signalés chaque année dans tout le pays.

La vraie raison derrière la campagne de Hoover, est que les dirigeants juifs craignent l'insouciance de certains juifs du commun, qui tentent de s'emparer des enfants des Gentils à des fins rituelles sans couvrir leurs traces. Par conséquent, J. Edgar Hoover dépense chaque année des centaines de milliers de dollars de l'argent des contribuables pour mettre en garde les enfants contre tous les étrangers, alors qu'il ne devrait le faire que contre les juifs. Il n'ose pas révéler le véritable but de cette campagne, qui vise uniquement à empêcher que des enfants ne tombent entre les mains de meurtriers juifs non autorisés. Cela induit non seulement que l'enfant américain est élevé dans un climat de peur et d'horreur, de sorte qu'on lui apprend à se méfier de tous les adultes, provocant beaucoup de névroses plus tard dans sa vie, mais cela empêche aussi d'affronter le véritable problème : le goût des juifs pour le sang des gentils...

Certains journalistes supposent que J. Edgar Hoover accomplit cette tâche annuelle, et bien d'autres faveurs, pour les juifs par reconnaissance en reconnaissance envers l'Anti-Defamation League pour lui avoir fait rédiger l'ouvrage *Masters of Deceit*, et d'en avoir vendu des centaines de milliers d'exemplaires. Ce livre fut écrit par un communiste juif nommé Jay Liebstein, qui prétendait avoir des informations personnelles choquantes sur le 'Grand Trompeur' lui-même.

La véritable raison pour laquelle Hoover utilise le FBI pour harceler tous les Gentils qui connaissent la vérité sur les juifs est peut-être liée à l'emprise de Liebstein sur lui.

Parce que la ville de Chicago est un centre de pouvoir financier juif et qu'elle est entièrement contrôlée par les juifs, certains des cas les plus flagrants de meurtre rituel d'enfants gentils s'y sont produits ces dernières années. Chicago serait devenu l'un des centres mondiaux d'approvisionnement en sang d'enfants utilisé dans les rites juifs. Le chef de la police a récemment admis que trois cents enfants gentils disparaissent chaque *mois* à Chicago, mais il affirme qu'ils sont tous des fugueurs. Il est étrange que ces fugueurs ne se manifestent jamais, que ce soit à Chicago ou ailleurs. En octobre 1955, la vague de meurtres rituels fut à son comble lorsque les corps de deux garçons Schuessler, d'un garçon Peterson et des deux filles Grimes furent découverts.

Les fonctionnaires de police ont immédiatement qualifié ces meurtres de ''crimes pédophiles'', comme les juifs leur ont appris à le faire. Des efforts frénétiques furent mis en œuvre pour amener à la chaise électrique plusieurs Gentils pauvres et mal éduqués, mais aucune preuve ne put être utilisée contre eux, ce qui leur permit de se défendre au tribunal, et ils furent libérés. Comme dans l'épreuve du Christ, les mensonges des juifs étaient en conflit les uns avec les autres.

Bien que ces meurtres aient eu lieu au cœur d'une grande ville, AUCUNE PREUVE NE FUT JAMAIS DÉCOUVERTE DANS CES AFFAIRES ! Ou plutôt, nous devrions dire qu'aucun indice ne fut jamais présenté au public. Bien que des centaines de policiers et de détectives aient travaillé jour et nuit, en raison de l'horreur ressenti par le grand public face à ces crimes, rien n'en ressortit jamais. Il y eut de nombreuses accusations de camouflage et de destruction ou dissimulation par les autorités de Chicago de tous les éléments de preuve qui avaient été découverts.

En raison de cet intérêt de la part du public, la presse de Chicago publia de nombreux articles sur ces meurtres, considérés dès le début comme des meurtres rituels typiquement juifs. Dans ces affaires-là, les corps avaient été déshabillés et jetés sur des tas d'ordures. Les experts médicaux ont convenu qu'aucun d'entre eux n'avait été sexuellement agressé. Cependant, il y avait beaucoup de ponctions étranges sur les corps, qui ne pouvaient pas être expliquées. Le *Daily News* publia une édition de l'après-midi dans laquelle un diagramme du corps du garçon Peterson montrait des marques de perforation dans chacun des endroits où le corps du Christ en Croix avait été blessé. En moins de dix minutes, l'édition fut retirée des kiosques à journaux et ramenée d'urgence au siège du journal, où elle fut brûlée. Cependant, huit exemplaires de ce numéro furent obtenus par Mrs Lyrl Clark Van Hyning, courageuse éditrice de la revue patriotique *Women's Voice*. Lorsqu'elle téléphona au journal pour demander pourquoi l'édition avait été retirée des kiosques, on lui répondit qu'il y avait eu des plaintes à ce sujet et que cela risquait de causer des ''troubles raciaux''. Pendant toute cette affaire, Mrs Van Hyning publia la vérité sur les meurtres. Les rapports de police montraient que les corps des filles Grimes portaient d'étranges blessures sur la poitrine, trop peu profondes pour causer la mort. De plus, aucune cause de décès ne put être établie. On prétendit même qu'ils étaient morts de peur ! En réalité, comme Mrs Van Hyning le soulignait dans son article, ils étaient morts pour une raison très simple, la perte de sang, le *Daily News* ayant déjà publié l'étrange fait que les corps aient été retrouvés exsangues.

Un exemplaire du livre d'Arnold Leese, *Jewish Ritual Murder*, fut envoyée à Arnold Schuessler, le père des garçons assassinés. Il le lut et commença à poser des questions à la police. Le shérif juif de Chicago, Lohman, avait désigné un adjoint juif, Horowitz, pour rester auprès des Schuesler nuit et jour au cas où ils soulèveraient la question du meurtre rituel. Quand M. Schuessler demanda à Horowitz si ses garçons avaient été tués pour leur sang, lors d'une cérémonie religieuse juive, le juif l'accusa immédiatement d'avoir tué ses propres fils ! Il fut emmené au quartier général de la police et on le passa au détecteur de mensonges, ce qui l'innocenta complètement. Au lieu de le relâcher, la police le remit à un juif, le Dr Steinfeld. Il fut emmené dans un ''sanatorium'' dirigé par Steinfeld dans la ville voisine de Des Plaines, dans l'Illinois. M. Schuessler y reçut des *traitements* par électrochocs et décéda l'après-midi même.

Une enquête eut lieu et le Dr Steinfeld fut forcé de témoigner. Il prétendit que M. Schuessler souffrait "d'hallucinations", mais il refusa de décrire ces visions. Il refusa également de donner toute autre information, et il fut évident pour le Dr Thomas McCarron, médecin légiste de la ville de Chicago, que Steinfeld cachait la vérité. McCarron dénonça Steinfeld, et déclara aux journaux que l'affaire était très étrange. Les patients ne reçoivent jamais de traitement de choc immédiatement après leur admission dans un asile. McCarron savait que Schuessler avait été assassiné, mais il ne pouvait rien y faire, et les fonctionnaires de la ville lui ordonnèrent de ne rien dire de plus sur cette affaire. Pendant quelques jours, il y eut un réel danger que lui aussi soit assassiné. Depuis, il refusa de discuter de l'affaire avec qui que ce soit.

Le Dr McCarron connaissait la sinistre histoire de Steinfeld. Pendant la Seconde Guerre Mondiale, le Dr Steinfeld avait été reconnu coupable d'avoir donné des médicaments spéciaux à des garçons juifs de la région de Chicago, qui leur avait causé des palpitations au cœur. Ils avaient été exemptés du service militaire en tant que 4-F. Steinfeld toucha des honoraires de 2 000 $ pour chacun de ces cas. Après la guerre, Steinfeld ouvrit son sanatorium à Des Plaines, qui devint le lieu principal des meurtres rituels juifs dans le Midwest. L'ironie voulut que M. Schuessler, censé être protégé par la police, soit assassiné à l'endroit même où ses garçons avaient été tués, et que son meurtre, comme celui de ses fils, demeura impuni, à un détail près. Plusieurs patriotes se rendirent à Des Plaines l'après-midi suivant et distribuèrent cinq cents exemplaires d'un tract accusant le Dr Steinfeld du meurtre de M. Schuessler, et l'accusant de diriger un centre de meurtre rituel juif. Un de ces tracts fut remis au chef de police, mais il ne prit aucune mesure. Les distributeurs de ces tracts auraient pu être arrêtés et accusés de diffamation criminelle, encourant une possible peine de dix ans de prison ; pourtant, Steinfeld refusa de porter plainte contre eux. Quelques jours plus tard, il s'envolait pour la Suisse, et on annonça qu'il partait pour une "cure de repos". Le lendemain, son corps fut retrouvé pendu dans un placard de sa chambre d'hôtel. Le verdict fut qu'il s'agissait d'un "suicide", bien que les lieux du décès présentaient des signes probants d'un crime... Curieusement, aucun journal de Chicago ne fit état de la mort de cette célèbre personnalité locale.

Quelques semaines plus tard, Arnold Leese, qui préparait un livre décrivant l'affaire Schuessler comme exemple classique de meurtre rituel juif, mourut subitement. Il avait reçu par la poste des copies de tous les comptes-rendus de l'affaire parus dans les journaux durant la longue enquête, une centaine de pages de coupures de journaux, mais on ne les retrouva pas dans ses effets personnels après sa mort. Au même moment, un chroniqueur juif du *Sun-Times*, Irv Kupcinet, dont la fille était décédée d'une overdose sur un trottoir d'Hollywood, recueillait 100 000 $ auprès de la communauté juive et les remettait à Mme Schuessler. L'adjoint juif était encore auprès d'elle, et quelques jours plus tard, Mme Schuessler révélait à un journaliste qu'il avait pris tout l'argent et était parti à Las Vegas. Le shérif Lohman quitta également Chicago, et se vit accorder une bourse de 20 000 $ au titre de criminologue consultant à l'Université de Californie.[1] Ce poste avait été créé par un éminent banquier juif. Les affaires Schuessler et Grimes demeurent à ce jour ''non résolues'' à Chicago.

Il est du devoir de tout parent américain dont l'enfant disparaît de faire tous les efforts possibles pour le retrouver. Cependant, de nombreuses familles pauvres qui ont trop d'enfants à nourrir acceptent le fait qu'un enfant disparaisse dans la nature pour suivre son propre chemin, et elles ignorent la probabilité que l'enfant ait été tué par les juifs pour son sang. Par conséquent, aucun effort n'est fait pour enquêter sur ces crimes juifs, malgré le fait qu'ils perdurent depuis des siècles. Il nous faut utiliser toutes les armes pour nous défendre contre les juifs et respecter

---

[1] Quelques semaines après la diffusion en Californie d'une édition antérieure de ce livre qui relatait intégralement l'histoire des meurtres de Schuessler, un autre nom s'ajoutait à la liste des morts. Joseph Lohman mourut subitement à Los Angeles de cause inconnue. La notice nécrologique, curieusement, ne mentionnait pas le mandat de Lohman en tant que shérif du comté de Cook, mais l'identifiait à tort comme ''un ancien trésorier de l'État de l'Illinois'' !

la divinité de Notre Seigneur et Sauveur Jésus-Christ, au nom duquel le salut nous attend.

Récemment, une nouvelle implication horrible d'une agence officielle américaine dans la pratique répandue du meurtre rituel juif fut étouffée. Un chef adjoint de la CIA se suicida à Washington. Le verdict fut ''surmenage'', dissimulant ainsi une terrible tragédie. Ce fonctionnaire s'était retrouvé en arrêt de travail pendant trois mois à la suite d'une dépression nerveuse. Il avait souffert d'une crise de remords en découvrant qu'il avait par inadvertance été responsable du meurtre de nombreux enfants Gentils lors de cérémonies religieuses juives. Cet homme, un Gentil, s'était fait connaître au sein d'une cellule de l'agence composée à soixante pour cent de juifs, grâce à un don particulier. La plupart des agents juifs voyageaient à travers le monde avec des notes de frais illimitées, séjournant dans les meilleurs hôtels, *à la James Bond*, tandis qu'ils effectuaient des missions d'espionnage pour Israël, les contribuables américains réglant la note.

Le talent spécial de ce Gentil consistait en un don particulier pour attirer des garçons homosexuels pouvant être utilisés pour le bon plaisir d'officiels étrangers. Du moins, c'était ce qu'on lui disait, et il ne voyait aucune raison de soupçonner le contraire, car l'utilisation de jeunes garçons à des fins d'espionnage international était une vieille pratique, et la plupart des gouvernements l'avaient employée à un moment ou à un autre pour faire chanter des hauts fonctionnaires de gouvernements étrangers. En début de soirée, ce cadre de la CIA se promenait dans le centre-ville jusqu'à ce qu'il aperçoive un beau garçon. Il engageait une conversation et, si le garçon n'avait pas d'autre engagement, il l'emmenait dans une chambre d'hôtel, où il le confiait à un autre agent. Ce cadre de la CIA partait alors, après avoir promis au garçon une somme d'argent, généralement une vingtaine de dollars.

Entre 1947 et 1952, ce cadre de la CIA avait ainsi ramassé 86 garçons dans les rues de Paris et de Vienne. Il n'eut aucune nouvelle d'eux, bien qu'il aurait dû lui sembler étrange de ne jamais les avoir revus après les avoir laissés dans cette chambre d'hôtel. En 1963, un agent juif du quartier général de la CIA à Washington, qui avait appris l'ancienne spécialité de ce fonctionnaire, lui demanda s'il pouvait lui trouver un garçon. À ce moment-là, le Gentil avait été promu bien plus haut dans la hiérarchie de la CIA, et il refusa, disant qu'il n'avait désormais plus besoin de se livrer à de telles activités. Le juif le stupéfia alors en disant que puisqu'il avait déjà 86 meurtres sur la conscience, un de plus ne lui ferait pas de mal. Il ne pouvait pas croire que le Gentil ne savait pas que chacun de ces garçons avait été utilisé comme victime d'un meurtre rituel juif, et il lui décrivit la cérémonie entière. Le juif finit par le menacer, disant que s'il ne lui obtenait pas un garçon pour une cérémonie prévue pour la fête pascale qui approchait, il serait dénoncé. Le Gentil rentra chez lui ce soir-là, et s'effondra dans une complète dépression nerveuse, dont il ne se remit jamais. Quelques mois plus tard, il se suicida.

Cependant, la plupart des Gentils qui aident les juifs à commettre des meurtres rituels, les couvrent dans les services de police, dans les journaux et dans les bureaux du gouvernement, ne sont pas aussi sensibles. On estime qu'au moins un tiers de tous les titulaires d'une charge publique aux États-Unis sont bien conscients de la prévalence du meurtre rituel juif d'enfants, et que leur maintien aux fonctions dépend de leur soutien et de leur complicité avec les juifs dans la pratique de ces crimes.

Au cours d'une conversation avec le père Bulger en 1956, il nous révéla avoir travaillé toute sa vie sur un livre qui devait être l'ouvrage ultime sur le meurtre rituel juif. Le père Bulger fournit une grande partie des informations présentées ici. Ses supérieurs lui ont cependant interdit de faire publier son propre livre. Dans le passé, la plupart des informations sur ce genre de crime avaient été publiées dans des encyclopédies catholiques et des publications paroissiales officielles, mais d'autres écrits sur le meurtre rituel juif avaient été interdits à cause des pressions juives exercées sur le Vatican.

Le père Bulger nous a déclaré que, selon ses estimations, six millions d'enfants gentils avaient été sacrifiés de manière rituelle par les juifs depuis la crucifixion du Christ. Ces six millions de victimes non seulement demeurent non-vengées, mais chacune d'entre elles, méritant d'être élevée au rang de saint pour ses souffrances aux mains des juifs, est morte sans que la société des Gentils ne fasse le moindre effort pour empêcher les autres enfants de subir le même sort. Le père James E. Bulger déclara : « La soif de sang des juifs et leur haine de Jésus-Christ se combinent dans cette horrible cérémonie. Non seulement six millions d'âmes innocentes ont été tuées par les juifs dans le cadre d'un meurtre rituel, mais chacun d'entre nous doit se demander quel genre de chrétien, quel genre d'être humain suis-je, si je ne fais rien pour protéger les enfants d'un tel sacrifice si horrible dans une société supposément chrétienne et moderne ? »

CHAPITRE SEPT

LES JUIFS EN EUROPE

Après la chute de Rome, les juifs se dispersèrent dans le monde civilisé, fourmillant sur les routes commerciales que les armées de Rome leur avaient ouvertes. Dans chaque ville ayant des relations avec le reste du monde, on trouvait une communauté juive, fermement implantée tel un parasite en croissance, que l'hôte gentil haïssait et craignait, et tentait souvent de chasser, par une réaction biologique instinctive.

Ces efforts se révélaient inutiles, car les juifs revenaient toujours. Pour des raisons de sécurité collective, les juifs s'entassaient dans de petits quartiers résidentiels étriqués, qu'on appelait des ghettos. Ces dernières années, les juifs ont prétendu, avec leur effronterie typique, avoir été forcés de vivre dans les ghettos à cause des préjugés que leurs hôtes avaient à leur encontre, mais tous les intellectuels juifs reconnus conviennent que ce sont les juifs eux-mêmes qui ont toujours insisté pour vivre à l'écart au sein d'une zone séparée, probablement pour cacher leurs mauvaises coutumes aux gentils.

Parce que l'Europe était le centre de la richesse du monde, les juifs s'y rassemblèrent en grand nombre. Toutes les nations européennes firent des efforts répétés pour les évincer, et l'histoire du Moyen-Âge est une chronique des protestations permanentes des Gentils contre les juifs. L'érudit Williamson déclare à ce sujet :

« Pourquoi y avait-il cette haine féroce ? Pourquoi les juifs, pays après pays, époques après époques, ont-ils été haïs et méprisés, entassés dans des ghettos, des camps de concentration et des chambres de torture, accusés de crimes monstrueux, et désignés responsable du malheur des nations ? Ont-ils mérité cela ou bien ont-ils été victimes de malentendus, de préjugés ou de jalousie ? Une telle question dépasse le cadre de ce livre, mais elle nécessite une réponse. »

En effet, cette question nécessite une réponse, mais aucun intellectuel gentil n'ose y répondre. Comme nous l'avons vu, la seule réponse que les juifs puissent offrir, est que les Gentils ne les aiment pas à cause de leur religion. Mais quels sont les faits ?

Les juifs clamèrent qu'au Moyen-Âge, les dirigeants de l'Europe avaient adopté la vicieuse habitude de leur permettre d'accumuler de vastes richesses, puis d'inciter aux pogroms contre eux, afin que les dirigeants puissent s'emparer de ces richesses. Même si cette affirmation était vraie, nous sommes toujours confrontés à la question de savoir comment les juifs ont réussi à accumuler d'immenses fortunes dans un pays après l'autre, en un très court laps de temps. Bien sûr, les juifs ne veulent pas discuter de cet aspect du problème.

Les faits sont totalement différents. Il est vrai que, pays après pays, la communauté juive s'est emparée de la majeure partie de la richesse monétaire en très peu de temps. De l'or, des bijoux et d'autres objets de grande valeur, tout cela semblait converger vers de petits ghettos juifs, comme attiré par un aimant invisible, tandis que les Gentils découvraient rapidement qu'ils n'avaient pas assez d'argent pour mener leurs activités quotidiennes. Dans tous les cas, ce ne fut pas le dirigeant qui protesta contre les oppresseurs juifs, mais les travailleurs.

Le souverain trouvait les juifs utiles pour lui de bien des façons. Il s'en servait pour obtenir des prêts, pour espionner à l'étranger, pour conclure des ententes avec d'autres pays et, plus important encore, pour percevoir des impôts. En raison de son avarice, de sa cruauté et de son absence de compassion humaine, le juif était le collecteur d'impôts idéal. À travers les âges, c'est le juif qui exigea la livre de chair pour le gouvernement, avec, bien sûr, toujours quelques onces au passage pour le juif. Les États-Unis ressemblant de plus en plus à une dictature juive, les dirigeants actuels de l'administration fiscale sont les juifs, Morris Caplin et Sheldon Cohen. Par conséquent, le souverain avait de nombreuses raisons de protéger les juifs et de leur permettre de demeurer dans son pays. Mais dans tous les cas, le peuple étant au bord de la révolution, les juifs les opprimant et assassinant leurs enfants, le dirigeant dut accepter leur expulsion. Dès qu'ils étaient expulsés, les juifs conspiraient pour revenir. Ils rencontraient les agents du souverain dans d'autres pays, ou bien ils envoyaient leurs propres agents faire d'extraordinaires promesses au souverain ou à ses héritiers. Pourquoi ce désespoir de retourner là où ils étaient haïs et méprisés ? Le parasite juif ne pouvait exister que s'il se nourrissait de l'hôte Gentil, à la fois symboliquement, dans la vie quotidienne, et littéralement, en buvant le sang des enfants Gentils.

Le souverain européen était toujours heureux d'accueillir à nouveau ses juifs, et il les réhabilitait. Une fois de plus, le cercle vicieux de l'hôte et du parasite commençait, les collecteurs d'impôts juifs opprimant sans pitié le peuple et les rabbins s'emparant des enfants gentils et les tuant pour boire leur sang. Comme toujours, les juifs se réunissaient dans leur synagogue de Satan et conspiraient contre les travailleurs, tout en maudissant le nom de Jésus-Christ. En tant que relais des aristocrates, les juifs ont toujours été les ennemis de la démocratie. L'éminent historien Charles Beard estimait que la démocratie serait arrivée en Europe trois cents ans plus tôt, sans la présence des juifs. Les aristocrates étaient trop consanguins et empreints de folie héréditaire pour gouverner sans leurs vicieux surveillants juifs.

L'affinité entre les juifs et les aristocrates est simple à expliquer. Comme les juifs, les aristocrates européens formaient une petite communauté internationale, étroitement ancrée sur une période de plusieurs siècles, avec des liens familiaux très forts qui transcendaient les frontières géographiques. En 1914, le roi d'Angleterre, le tsar de Russie et l'empereur d'Allemagne étaient tous trois cousins. Les aristocrates et les juifs ont toujours eu le même but, celui d'opprimer et d'exploiter brutalement les travailleurs. En effet, le continent américain fut colonisé uniquement à cause du désir des travailleurs européens d'échapper à l'exploitation exercée par les juifs du continent.

Les siècles pendant lesquels l'alliance des juifs et des aristocrates a tenu l'Europe en esclavage ont été qualifiés ''d'âge des ténèbres'' par les historiens. En raison des intrigues juives, les nations furent incessamment impliquées dans des guerres absurdes causant de grandes pertes en vies humaines et générant d'énormes profits pour les juifs. Frédéric le Grand, qui est considéré comme le monarque le plus éclairé ayant jamais gouverné en Europe, écrivit à ce propos :

> « L'étude de l'histoire nous amène à penser que de Constantin à la date de la Réforme, le monde entier était fou. »

Et en effet, il était gouverné par des aristocrates fous et des juifs schizophrènes. Non seulement les juifs étaient schizophrènes à cause de leur mode de vie contre-nature, subsistant grâce à l'hôte Gentil, mais les aristocrates montraient quant à eux une forte tendance à la folie héréditaire. Cela peut être dû à la contamination raciale, parce que les aristocrates se marièrent avec des juifs et des Noirs dans un processus d'auto-dégradation qui commença avec la chute de l'Empire romain.

Le résultat apparut très clairement chez les nombreux aristocrates européens qui avaient le nez plat et large, les cheveux crépus et la peau terne et grisée. Ils étaient également réputés pour leur cruauté insensée.

Beaucoup d'aristocrates européens étaient plus juifs en apparence que les juifs. Frédéric le Grand, d'origine allemande, était exempt de cette souillure raciale, et il était écœuré par le fait que tant de ses compagnons monarques montraient de fortes traces de sang juif et noir. L'aristocratie de l'Espagne, de l'Italie et de la France était particulièrement juive dans sa physionomie. Au cours des cinquante dernières années, une forte souche juive se manifesta dans la monarchie anglaise, de sorte que la Reine

Elizabeth ressemble beaucoup à la reine du cinéma yiddish, Elizabeth Taylor.

À maintes reprises, les rois d'Angleterre, confrontés à une révolution s'ils refusaient, furent forcés d'expulser les juifs pour répondre aux exigences du peuple ouvrier. En octobre 1290, seize mille juifs quittèrent l'Angleterre à bord de navires, pour aller vivre avec leurs compagnons parasites en France, en Flandre, en Allemagne et en Espagne. Ils furent maintenus hors d'Angleterre pendant trois cents ans, et durant cette période, l'Angleterre est devenue la plus grande nation du monde.

Les juifs ont finalement réussi à revenir, en finançant une révolution menée par un fanatique nommé Oliver Cromwell. Ayant des fonds illimités à sa disposition, Cromwell engagea des troupes et s'empara du pays. Il décapita le roi Charles Ier et amorça une campagne d'extorsion et de crimes impitoyables contre le peuple anglais. En apparences, le parti de Cromwell était chrétien, et on l'appelait les Puritains, mais en réalité, il fut juif dès ses débuts, financé avec de l'argent juif tout ça dans le but de regagner leur emprise sur Angleterre. Tous ses commanditaires étaient juifs, et ses adhérents vénéraient les juifs comme le peuple élu de Dieu. Le lieutenant de Cromwell, le major Gordon, présenta une résolution au Parlement pour interdire la langue anglaise et instaurer l'hébreu comme la langue du pays. La résolution ne fut rejetée que par quatre voix, car quatre membres ayant précédemment approuvé la mesure furent frappés de mauvaise conscience et votèrent finalement contre. Grâce à quoi, ce livre est écrit en anglais et non en hébreu. L'oppression des chrétiens par Cromwell et son groupe juif fut si cruelle que le peuple anglais se rebella et restaura le roi Charles II sur le trône. La première chose qu'ils réclamèrent fut l'expulsion des juifs que Cromwell avait ramenés dans le pays. Charles II était un débauché à la vie dissolue ne se souciant que de la compagnie des prostituées. Il avait besoin d'argent pour ses orgies sexuelles, et besoin des juifs pour l'aider à réunir cet argent. Il refusa d'expulser les juifs, et ils demeurèrent en Angleterre et consolidèrent leur pouvoir, bien qu'haïs et craints par tous les bons véritables Anglais.

Tout au long du Moyen-Âge, les Gentils ont réagi biologiquement contre les juifs, se soulevant et les chassant périodiquement par colère et par peur. En aucun cas les Gentils ne tentèrent d'examiner le problème intelligemment, ou de mettre en place un programme pour contrôler les juifs. Comme nous l'avons vu, durant cette même période, l'Empire byzantin n'avait aucun problème juif parce qu'aucun juif n'était autorisé à y occuper une fonction gouvernementale ou à enseigner aux jeunes. La nation était protégée contre la traitrise juive et la subversion du peuple. Incapables de faire de réels dégâts au peuple byzantin, les juifs vivaient tranquillement, telle une minorité de plus au sein d'un vaste empire.

En Europe, cependant, le problème juif n'était considéré que du point de vue religieux. Il ne fit jamais l'objet d'un examen biologique. Les juifs portaient la culpabilité sanglante de l'exécution physique du Christ, et c'était le principal grief à leur encontre. Voilà pourquoi, l'expulsion des juifs d'un pays à l'autre se produisait sans que l'on comprenne vraiment ce qui se passait. C'était en réaction à un meurtre rituel particulièrement horrible, comme celui de Saint Hughes de Lincoln, ou à cause d'un autre problème passager. Il n'y eut véritablement jamais aucune étude approfondie sur l'effet destructeur que les juifs exerçaient sur la communauté des Gentils.

Les juifs étaient également craints à cause de leur pratique de la médecine. En l'an 833, les mahométans interdirent aux juifs d'exercer la profession de médecin, et en 1335, le Saint Synode de Salamanque déclara que les médecins juifs étaient entrés dans cette profession uniquement pour les occasions qu'elle leur offrait de mettre à mort des chrétiens.

L'une des plus grandes calamités qui frappa l'humanité fut la peste bubonique, ou peste noire, comme on l'appelait au Moyen-Âge. Les juifs furent désignés pour avoir apporté ce fléau en Europe et provoqué ainsi par leur malveillance l'anéantissement d'un quart de la population. Dans ce cas-ci, le parasite juif faillit dangereusement détruire son hôte Gentil, mais ce ne fut pas d'intention délibérée. L'histoire de l'arrivée de la peste en

Europe a été étudiée par l'érudit Jacques Nohl. Il écrivit qu'un groupe de commerçants juifs de Gênes et de Venise avait établi une colonie en Crimée, à un endroit appelé Kaffa. Les juifs y entreposaient des fourrures, des bijoux et d'autres objets de valeur qu'ils avaient obtenus par le commerce, jusqu'à ce que les navires marchands génois puissent les rapporter en Europe.

Connaissant ces richesses à Kaffa, les tribus nomades faisaient souvent des incursions dans la ville. En conséquence, Kaffa fut solidement fortifiée. En 1346, une armée de tribus Tartares attaqua la ville, déterminée à s'emparer d'elle et de ses richesses. Cependant, les juifs étaient bien implantés, et les semaines passèrent, avec peu de chance que les Tartares atteignent leur objectif. La peste bubonique éclata parmi les Asiatiques dans leurs villes surpeuplées, qui n'avaient aucun assainissement, ainsi cette maladie se répandit parmi les assiégeants. Leur commandant élabora un plan particulièrement diabolique pour chasser les juifs. Il hissa les cadavres des soldats malades sur ses catapultes et les jeta par-dessus les murs de Kaffa. La peste éclata bientôt parmi les défenseurs, et plus de la moitié des juifs moururent. Les survivants se replièrent sur un navire et rentrèrent chez eux, emportant avec eux le bacille de la peste.

Leur première escale fut Constantinople. Cette ville d'un million d'habitants fut rapidement balayée par la peste, un tiers d'entre eux mourut en deux mois. Le navire mortel juif débarqua ensuite en Sicile, où sa terrible cargaison répandit la mort parmi les Gentils. Puis en Sardaigne et à Gênes ; enfin, le navire mortel juif accosta à Marseille. Les survivants juifs partirent s'installer dans de nombreuses villes européennes, et partout où ils allèrent, le peuple fut décimé par la peste.

Les Gentils se rendirent vite compte que la peste n'apparaissait que là où il y avait des juifs, mais ils n'avaient aucune idée que les juifs avaient rapporté la maladie d'Asie Mineure. Leur première réaction fut que les juifs avaient empoisonné leurs puits, car la peste affectait ses victimes par les symptômes des poisons bien connus de l'époque. La victime était saisie de douleurs atroces, vomissait du sang et mourait en deux jours. Le cadavre devenait immédiatement noir, suggérant la présence d'un poison virulent.

Une rumeur courait parmi les Gentils que le Sanhédrin, le conseil secret du pouvoir juifs, s'était réuni à Tolède, en Espagne, et avait donné l'ordre de détruire les Gentils en empoisonnant leurs puits. Cette rumeur était fondée, car les juifs s'étaient rapidement débarrassés des victimes juives de la peste en jetant les corps dans un puit, pour éviter d'être accusés d'avoir propagé la peste. Ceci, bien sûr, infecta des centaines de personnes ayant consommé cette eau. Au fur et à mesure que de nombreuses communautés prenaient des mesures contre les juifs, elles commençaient à fuir de pays en pays, ce qui accélérait la propagation de la peste. À Naples, une horde de juifs fut noyée dans l'océan par les Gentils en colère. Leurs corps s'échouèrent sur des kilomètres le long des côtes italiennes et contaminèrent davantage la population. Des cargaisons de juifs naviguaient le long des côtes de l'Europe, interdites de débarquement, car tous les pays avaient été avertis que les juifs étaient porteurs de cette maladie. Lorsque les juifs mouraient à bord, leurs corps étaient jetés à l'eau et eux aussi s'échouaient sur le rivage, infectant les mêmes villes qui avaient refusé de les laisser accoster. Les juifs continuèrent à errer en Europe, et la peste fit rage sans relâche pendant cinquante ans. Vingt-cinq millions de personnes, soit un quart de la population de l'Europe, sont mortes à cause de cette horrible épidémie de peste. Ce fut la calamité la plus terrible jamais endurée par une civilisation et, dans ce cas précis, les juifs avaient presque réussi à anéantir leur hôte.

La peste, cependant, ne fut qu'un incident dans l'histoire juive au Moyen-Âge. De nombreux événements choquants de cette époque se révélèrent d'origine juive. Le schéma suivi par les juifs était cohérent. Ils vivaient dans un pays pendant peut-être cent ans, ils étaient chassés par les Gentils enragés, et ils négociaient leur retour. En 1066, les juifs furent expulsés de Grenade, en Espagne, pour avoir tué un garçon, bu son sang et dévoré son cœur. En 1254, le peuple français expulsa les juifs. En 1290, ils furent chassés par les Anglais. Les Allemands expulsèrent les juifs en 1283 et 1298. En 1306, le roi Philippe IV expulsa les juifs de France. En 1394, le roi de France ordonna à nouveau que tous les juifs soient expulsés de France "pour toujours". Quelques siècles plus tard, les juifs prenaient le contrôle total de la France. Le peuple espagnol expulsa les juifs en 1492, et le Portugal les expulsa en 1496. Le savant John William Draper affirme que les scandales concernant les pratiques des médecins juifs avaient provoqué l'expulsion de tous les juifs de France en 1306.

Dans toute l'histoire connue, rien n'est comparable à cette liste d'expulsions juives. Aucun autre groupe racial ou politique n'a jamais suscité une telle haine. Comment, alors, les juifs ont-ils survécu ? Les juifs ont survécu parce que la survie est leur spécialité, et qu'elle est une partie intégrante de leur religion. Sachant que tôt ou tard, ils seraient expulsés, leurs premiers actes, en entrant dans un pays, étaient de se faire des alliés parmi les Gentils, par des offrandes et des pots-de-vin, et plus tard, par le chantage. Peu importe où ils se trouvaient, les juifs avaient toujours des partisans gentils qui les cachaient pendant les pogroms.

Quand les juifs étaient chassés d'un pays, ils allaient dans des communautés juives d'autres pays, ou bien ils entraient dans un pays qui ne connaissait par leurs habitudes destructrices. Pendant le Moyen-Âge, Amsterdam devint un refuge juif constant pour les réfugiés d'autres pays, et devint aussi le berceau de leur richesse bancaire. La plupart de l'argent pour équiper les armées de Cromwell venait d'Amsterdam, les fonds étant fournis par les juifs d'Amsterdam.

Les juifs ont survécu parce qu'ils ont toujours su maintenir une discipline de fer sur leur propre peuple. À l'étroit dans les petits quartiers des grandes villes européennes, chaque juif devint un *Fagin*, un instrument maléfique désigné. Leur réputation d'émissaires de Satan était si terrible que les bons chrétiens se signaient par mesure de précaution lorsqu'ils rencontraient un juif dans la rue. Peu de Gentils avaient l'audace de regarder un juif en face, car ils étaient toujours confrontés à l'éclat haineux du mauvais œil.

L'enseignement de la discipline juive, connu depuis des milliers d'années, fut rarement mis par écrit. Finalement, les Gentils trouvèrent ce manuel et le publièrent après la découverte des manuscrits de la mer Morte, au grand désarroi des juifs. Le *Manuel de Discipline*, tel qu'il figure dans les *Manuscrits de la Mer Morte*, indique :

> « Si l'esprit d'un homme s'éloigne des institutions de la communauté, qu'il devient un traître à la vérité et agit selon l'obstination de son cœur ; s'il se repent, il sera puni de deux ans. Pendant le premier, il ne touchera pas la nourriture sacrée des maîtres et, pendant le second, il ne touchera pas la boisson des maîtres. »

On notera que le Manuel prescrit cette peine si le membre de la communauté juive ne fait qu'hésiter, c'est-à-dire s'il ne tient même pas compte de ce que lui dicte son propre cœur. S'il se retournait contre ses compatriotes juifs, il serait bien entendu tué. Le châtiment prescrit ici, lui interdisant de toucher la nourriture sacrée des maîtres, se réfère aux galettes utilisées dans la cérémonie rituelle du meurtre ; la boisson des maîtres, bien sûr, est le sang des enfants innocents des Gentils.

En tant qu'unité tribale soumise à une discipline absolue, les juifs ont pu survivre dans les zones les plus hostiles aux Gentils. L'érudit juif, Kaufmann, dans le livre *Les grandes idées du peuple juif*, déclare page 38 :

> « L'unité sociopolitique israélite après la conquête (romaine), comme avant, était la tribu. La tribu elle-même constitue l'unité territoriale autonome. »

Notez que l'unité israélite ne fut jamais rompue malgré les efforts des Romains pour éradiquer leurs groupes de bandits en Palestine. Il s'agit d'une tribu dotée d'une mentalité primaire depuis les débuts de l'histoire écrite. Ils n'ont jamais été capables de progresser vers le concept de cité, encore moins de la cité-état et la nation que les Gentils ont bâti. Au lieu de cela, les juifs ont cherché à étendre leur forme d'organisation tribale au monde entier, par le biais d'institutions telles que les Nations Unies, gouvernées par un Conseil, tout comme les juifs de l'âge de pierre étaient gouvernés par un Conseil des sages, le Sanhédrin.

Kaufmann déclare aussi, à la page 80 :

> « La Diaspora juive (ou Dispersion) constituait une forme de nation/religion telle que le monde païen n'en avait jamais connue. »

Il s'agit d'un doux euphémisme. Aucun autre groupe humain tels que les juifs n'est parvenu à subsister dans toute l'histoire du monde, tout en maintenant son parasitisme au sein des nations des gentils.

L'historien grec Strabon déclara que dans l'ancienne cité d'Alexandrie, les juifs étaient gouvernés par un *ethnarque*, ou grand prêtre,

> « qui gouverne le peuple, est juge aux procès et supervise les contrats et les décrets, tout comme s'il était le chef d'un État souverain. »

Tout au long de l'histoire, les intellectuels furent étonnés de la manière dont les juifs se gouvernaient eux-mêmes comme une communauté à part, quelle que fut la forme de gouvernement sous laquelle ils se trouvaient vivre. Leur *Manuel de Discipline* leur interdit de reconnaître les juridictions des Gentils, les ''bêtes''. C'est une des raisons pour lesquelles les juifs sont toujours de zélés révolutionnaires. Puisqu'ils ne reconnaissent pas le gouvernement des Gentils, ils sont toujours en révolte contre lui. Leur première action est de saper les lois et le gouvernement légitime de tout État gentil dans lequel ils s'établissent, et ils le font par tous les moyens à leur disposition. Corruption, pots-de-vin, déloyauté, sont des armes courantes dans l'arsenal de la traîtrise juive. C'est pourquoi, selon Kaufmann à la page 12 :

> « La religion d'Israël a révolutionné la vision du monde de l'homme. »

En réalité, le manuel juif cherchait à détruire la foi du Gentil dans ses propres institutions, et l'affaiblir ainsi pour mieux laisser place au contrôle juif total.

Dans l'un des commentaires les plus frappants sur le secret fondamental de la "religion" juive, Kaufmann déclare page 12 :

> « L'idée israélienne n'est nulle part explicitement énoncée dans la *Bible*, pas plus qu'elle ne fut jamais exprimée dans la littérature juive postérieure. Elle apparaît plutôt comme une intuition primitive émanant de toute la créativité juive. »

Quel étrange aveu à propos d'une "grande culture" ! Ce n'est pas une idée, nous dit Kaufmann, mais une intuition. Il a raison, car l'idée israélienne d'un groupe parasitaire de criminels subsistant sur le dos d'un hôte gentil est purement intuitive. Ce n'est pas une idée consciente, mais un instinct ne pouvant de ce fait jamais faire l'objet d'une règle écrite. Les animaux n'écrivent pas de témoignage pour savoir comment éviter les pièges et chercher de la nourriture dans la jungle ; les juifs ne mettent pas non plus par écrit leurs techniques pour survivre au milieu de leur hôte Gentil. Kaufmann attire l'attention sur le fait que personne ne sait vraiment ce qu'est la religion juive. Par conséquent, non seulement les Gentils seraient incapables de haïr les juifs pour quelque chose dont ils ne savent rien, mais cela prouve également par-là que la tant vantée culture juive peut difficilement être considérée comme une réussite, s'il faut être détective pour en trouver la moindre trace. Bien sûr, la culture juive n'existe pas, et n'a jamais existé, car une conspiration criminelle ne saurait former une culture. Kaufmann explique un autre aspect de la prédestination juive pour le secret de ses pratiques et coutumes. Les conspirateurs n'aiment pas divulguer leurs méthodes au monde entier. C'est pourquoi la religion juive est la seule religion au monde qui soit connue pour son secret. Ses objets et finalités, ainsi que ses traditions, sont entourés de mystère. Pour toute finalité pratique, l'intellectuel constate que la religion juive est un code non écrit, pouvant être comparé au code non écrit régissant les groupes de gangsters italiens constituant la mafia. Le code de conduite juif vise principalement à protéger un groupe criminel, et il invoque également la règle mafieuse de l'Omerta, ou la mort pour quiconque parle ouvertement de ses activités.

Le code juif vise principalement à protéger les malfaiteurs contre toute punition et à leur permettre de poursuivre leurs activités criminelles. Pour mener à bien un tel programme, les droits de la personne doivent être abrogés. Par conséquent, le membre de la communauté juive, comme le membre de la mafia, n'a aucun droit ni liberté personnelle. Il peut seulement faire ce qu'on lui dit, et si ses supérieurs soupçonnent qu'il pourrait ne serait-ce que songer à les trahir, il est immédiatement tué. C'est la seule façon pour la communauté parasitaire d'éviter la destruction.

Avec un tel code régissant leur communauté, les juifs se trouvèrent en opposition avec tous les peuples parmi lesquels ils vécurent. Ils détestèrent particulièrement les Grecs, qui avaient établi un code des droits de l'homme. Kastein, dans *L'histoire des juifs*, écrit page 39 :

> « Pour le Grec, incapable de fonder une communauté, tout était une question de forme de l'individu, ou au mieux d'un groupe d'individus ; mais les juifs se demandèrent immédiatement si cela affectait la communauté dans son ensemble. C'est ainsi que leur problème spécifique de forme – la théocratie, ou l'état temporel – fut à nouveau soulevé. »

Kastein reproche ainsi aux Grecs de ne pas avoir mis en place une communauté de type parasitaire comme celle des juifs. Les Grecs n'auraient pu le faire que s'ils avaient été capables d'ignorer leur instinct fondamental pour la liberté humaine. Les Grecs ont donné la plus grande civilisation humaine que le monde ait jamais connue en rendant les droits de l'individu plus importants que le pouvoir du gouvernement central. Les juifs, pour leur part, sont parvenus à instaurer un pouvoir étatique vicieux et criminel en détruisant les droits de l'individu. Le juif a toujours vécu en tant que membre anonyme d'un État collectif, et il n'a aucun égard pour les droits de l'individu. Si l'individu proteste contre l'État, il doit être éliminé. C'est la méthode utilisée dans tous les pays où les juifs ont provoqué une révolution communiste, et c'est le type de gouvernement qu'ils ont l'intention de mettre en place dans tous les pays du monde.

Non seulement la négation des droits individuels de l'homme est un élément fondamental de la culture du juif, mais également sa tendance à placer l'environnement artificiel au-dessus de la nature. Le juif déteste la nature et préfère tout environnement artificiel, aussi sordide soit-il, à celui d'une vie proprement saine. Kaufmann déclare page 8 :

> « La base de la religion païenne est la déification des phénomènes naturels. Les cultes cananéens étaient étroitement liés au sol et exprimaient les forces de la nature, en particulier la force de la fécondation... Chaque fois qu'une question fut soulevée au sujet de leur existence en tant que nation, ils (les juifs) ne connaissaient qu'un seul Dieu, et ne reconnaissaient qu'une seule idée : la théocratie. »

De quoi était faite cette théocratie juive ? C'était la domination des Sages de Sion, la dictature de fer exercée par le Sanhédrin, la Synagogue de Satan, les mêmes anciens qui s'étaient réunis pour exiger la crucifixion de Jésus-Christ. Les Sages ont le pouvoir sur tous les membres de la communauté juive. Le mot ''communauté'' lui-même est un terme régissant toutes les activités juives, comme celui qui l'accompagne, ''solidarité''. On entend souvent l'expression : ''relations entre communautés''. D'où cette référence peut-elle bien provenir ? Il s'agit de l'impact juif sur les institutions sociales des Gentils, qui fonctionnent désormais entièrement selon des modalités juives. Lors des bouleversements communistes, le mot ''solidarité'' est utilisé comme mot de passe. C'est un mot de passe juif pour protéger les juifs qui ne font pas partie du soulèvement.

Au Moyen-Âge, expulsés de pays en pays, les juifs révisèrent leurs techniques de survie. Toutefois, la base du *Manuel de discipline* est restée la même. L'érudit juif Gershom Scholem, à la page 191 de *Great Ideas of the Jewish People*, remarque avec surprise :

> « On a souvent fait remarquer avec étonnement qu'une culture aussi théocratiquement orientée que la religion Talmudique trouve si peu à dire au sujet de son Dieu. »

Le fait est que les juifs n'ont jamais été très préoccupés par Dieu. Dans *l'Ancien Testament*, Dieu s'exprime le plus souvent pour reprocher aux juifs leurs crimes contre l'humanité.

Scholem poursuit :

> « Au cours des siècles suivants, de nouvelles communautés juives virent le jour dans toute l'Europe du Sud et de l'Ouest. Bien que leur croissance se fit généralement à l'écart du reste de la nation, elles arrivèrent toutes à maturité en adoptant une structure communautaire calquée sur le type talmudique... Partout la loi talmudique devint la constitution formatrice juive. »

Il est intéressant de noter l'observation de Scholem selon laquelle la croissance des communautés juives fut « généralement à l'écart ». Le Christ n'a-t-il pas dit à ses procureurs juifs : « Ceci est votre heure, et la puissance des ténèbres » ? Certes, les communautés juives cherchaient à se cacher le plus possible. Ils maintenaient une discipline de fer sur leurs membres, parce qu'ils ne pouvaient survivre que s'ils respectaient le principe mafieux de l'Omerta, un silence de mort. Il n'est pas étonnant que le poète juif Heine ait dit : « Le judaïsme n'est pas une religion, c'est une malédiction. »

Bien que le code juif fut rarement trouvé sous forme écrite, les érudits en énoncèrent parfois certains principes. C'est ainsi que l'écrivain juif Joseph Albo publia en 1414 un *Livre des racines*, dans lequel il énonça les six dogmes du judaïsme :

1. La création du monde à partir de rien avec le temps.
2. La supériorité de Moïse par rapport à tous les autres prophètes, y compris Jésus ou Mahomet, ou quiconque se révèlerait à jamais.
3. La loi de Moïse ne sera jamais changée ou abrogée.

4. La perfection humaine peut être atteinte en accomplissant même un seul des commandements de la loi de Moïse.
5. Croyance en la survie de la communauté mosaïque.
6. La venue du Messie.

Il s'agissait d'une version autorisée du dogme juif, destinée à la publication pour les Gentils, qui ne faisait aucune référence à la dictature de fer de la communauté juive, à la consommation du sang des enfants des Gentils, ni à d'autres éléments essentiels du dogme juif. Le numéro 5, la survie de la communauté mosaïque, était l'élément le plus important de ce dogme. Aucune référence n'est faite à l'exécration de Jésus-Christ, exigée par la loi juive secrète, le *Talmud*. La loi de Moïse à laquelle il est fait référence est la loi juive de la *lex talionis*, la loi du dent pour dent, qui fut invoquée contre le monde des Gentils lors du procès de Nuremberg, lorsque la loi *ex post facto* d'après celle de Moïse est devenue la loi des nations des Gentils.

En parlant de leur conquête par les Romains, Kastein écrit dans *L'histoire des juifs*, page 188 :

> « Les juifs furent forcés de réagir à la mort de l'état collectif en uniformisant le comportement de l'individu, par une attaque générale contre l'individu, où la doctrine d'un état chrétien fut écartée. Ainsi les juifs devinrent un peuple dans lequel l'idée de discipline atteignit son expression la plus élevée. Cette discipline était rigide jusqu'à la mort en ce qui concerne l'individu. »

C'est l'un des passages les plus révélateurs parmi les écrits juifs.

Kastein souligne la différence cruciale et irréconciliable entre chrétiens et juifs. Le Gentil, de par son amour de la liberté, n'a pas idée de la haine juive de l'individualité. Le Christ prêchait le salut individuel de l'âme individuelle, mais le juif déclare que l'individu ne doit même pas être autorisé à survivre sur terre, encore moins au Ciel. Les juifs croient en la survie, mais seulement en la survie sur terre de la communauté juive parasite.

Ils nient tous les principes fondamentaux de la religion chrétienne, qui fut bâtie sur l'amour du Christ pour l'être humain individuel et sur sa promesse de salut. Pourtant, des prélats soi-disant chrétiens ont l'audace de dire à leurs congrégations que le christianisme est une religion ''juive'', et que les juifs nous ont donné le christianisme. C'est aussi absurde que de dire que la mafia a écrit notre code de lois, ou qu'Al Capone a écrit la Constitution des États-Unis, mais les congrégations écoutent ces mensonges juifs flagrants sans un mot de désapprobation.

Bien que le *Talmud*, le livre saint juif, ait révélé certains aspects de la religion juive, il était principalement consacré à transcrire leurs idéaux barbares et leur mode de vie resté figé à l'âge de pierre. Par conséquent, les juifs devaient garder son contenu secret pour les Gentils, et tout Gentil surpris en train de le lire devait être tué. Peu de Gentils s'intéressaient à la lecture d'une telle saleté, mais certains érudits catholiques obtinrent occasionnellement une copie du Talmud et s'employèrent à le traduire. Ils furent horrifiés par ses terribles blasphèmes contre le Christ, par ses descriptions de rites sexuels inimaginables et par ses révélations sur la vraie nature du juif. Ces érudits furent généralement assassinés avant d'avoir terminé leur traduction. La personne qui leur avait vendu le *Talmud*, généralement un juif renégat, était également tuée. *Lex talionis*, la cruelle loi de Moïse décrite dans l'Exode, XXI, 18-25, a toujours été la base de la vie juive. La loi du talion – quoi de plus descriptif de l'attitude du juif envers son prochain, les serres déployées pour mutiler et tuer tous ceux qui osaient s'y opposer ?

En raison de son obscénité, le *Talmud* donna aussi naissance à une autre coutume, celle de brûler des livres. Les livres étaient rares et précieux au Moyen Âge, et personne ne pensait à détruire délibérément un livre, mais quand la connaissance de l'abject contenu du *Talmud* fut communiquée aux Gentils, ils envahirent le ghetto, arrachèrent les copies du *Talmud* et les brûlèrent.

Chaque fois que possible, après une victoire, comme pendant le règne puritain de Cromwell en Angleterre, les juifs exerçaient leur loi du talion contre les Gentils désarmés. L'histoire est remplie d'histoires d'atrocités juives contre les femmes et les enfants, du Livre d'Esther aux atrocités commises contre les Arabes en Israël. L'un des exemples les plus terribles de cette méchanceté juive fut l'Inquisition espagnole. Bien qu'habituellement dénoncée comme un phénomène "catholique", l'Inquisition fut dès ses débuts exercée par les juifs, et la plupart de ses victimes étaient de bons chrétiens. Le but initial était de décourager les membres de la communauté juive de devenir des "marranes", ou "nouveaux-chrétiens". Beaucoup de juifs étaient devenus des chrétiens symboliques afin d'améliorer leurs chances de faire des affaires avec les Gentils. En Espagne et au Portugal, le mouvement marrane se répandit et les sages de Sion décidèrent qu'il fallait y mettre un terme. Comme d'habitude, ils utilisèrent les Gentils pour faire le sale boulot à leur place. Quoi de plus naturel que d'utiliser l'Église à des fins maléfiques ?

À cette époque, Torquemada avait rapidement progressé dans la hiérarchie catholique espagnole. L'Église n'était pas anti-juive, comme le prouve le fait que de nombreux juifs avaient pu devenir des catholiques de haut rang. À cette même époque, en 1483, le gouvernement espagnol avait nommé un juif, Isaac Abrabanel, administrateur des finances de l'État, afin de collecter des fonds pour chasser les juifs de Grenade. Ainsi, l'Espagne de l'époque de l'Inquisition pourrait difficilement être considérée comme une nation anti-juive. Cependant, les juifs parvinrent à élaborer un plan qui obligerait l'Église à persécuter les *marranos*.

Torquemada informa ses supérieurs dans l'Église que beaucoup de marranes n'étaient pas du tout chrétiens, ce qui était tout à fait vrai, et qu'ils gardaient encore des objets sacrés juifs dans leurs maisons et leur offraient des sacrifices. Les évêques furent horrifiés par une telle duperie et demandèrent à Torquemada ce qu'il fallait faire. Il suggéra que les marranes soient traduits devant une commission d'enquête catholique et interrogés sur leur trahison de la foi chrétienne à laquelle ils prétendaient appartenir. Les évêques furent d'accord, et comme Torquemada était à l'origine de l'idée, ils lui confièrent la responsabilité de l'Inquisition.

En quelques semaines, Torquemada avait convoqué des centaines de juifs et de nombreux chrétiens devant son Inquisition. Les évêques furent horrifiés d'apprendre qu'il avait mis en place une police secrète dans toute l'Espagne, au nom de l'Inquisition catholique, et qu'il soumettait les gens aux tortures les plus abominables.

Lorsqu'ils lui adressèrent leurs reproches et le supplièrent d'arrêter de commettre de telles méfaits au nom de Jésus-Christ, il eut simplement un sourire philosophe et murmura : « Peut-être que vous aussi, vous doutez de votre foi ? »

Par cette audacieuse menace qu'eux aussi puissent être conduits devant son Inquisition, les évêques furent contraints de le laisser continuer son travail... Il finança une armée d'espions en confisquant les fortunes de tous ceux qui avaient été amenés devant son Inquisition, car les victimes avouaient toujours.

Pendant des siècles, l'Église fut dénoncée pour les crimes de l'Inquisition, mais les évêques qui essayèrent d'empêcher Torquemada de commettre ces atrocités furent eux-mêmes brûlés sur le bûcher. Comme d'habitude, les juifs attribuèrent la responsabilité de leurs crimes à quelqu'un d'autre.

L'influence de Torquemada se répandit rapidement dans les plus hauts conseils de l'Église catholique et, dans certains pays, la transforma en un instrument d'oppression des travailleurs. Non seulement cela n'avait rien à voir avec les enseignements de Jésus-Christ, mais c'était aussi odieux pour la plupart des dirigeants catholiques. Néanmoins, ils furent impuissants à changer les choses. Tandis que les évêques juifs se vautraient dans le luxe et extorquaient des fortunes au peuple en utilisant des troupes lourdement armées, un homme risqua finalement sa vie pour protester. Ce fut Martin Luther.

Luther n'eut jamais l'intention de créer un schisme dans l'Église ou de diriger un corps religieux séparé. Il voulait simplement réformer l'Église de l'intérieur, expulser les juifs et mettre fin à leurs pratiques non chrétiennes. En 1524, il publia une série d'attaques contre les juifs, *Lettres contre les Sabbatariens, concernant les juifs et leurs mensonges, concernant le Chem-Ha-Mephorash.*

Si Luther avait pu vaincre les juifs et réformer l'Église de l'intérieur, il n'y aurait peut-être jamais eu d'Église protestante. Cependant, les juifs étaient trop puissants et il ne parvint pas à les déloger. Il avait traduit le *Talmud*, étant l'un des plus grands érudits de tous les temps, et il savait exactement ce que les juifs étaient et quels étaient leurs buts.

L'un des plus grands intellectuels d'aujourd'hui, le père James E. Bulger, nous a déclaré :

« Si Luther avait pu réformer l'Église de l'intérieur, les terribles guerres de religion qui ont dévasté l'Europe pendant tant de siècles auraient été épargnées au peuple. Les juifs cherchèrent à détruire Luther en massacrant tous ses partisans, et ces prétendues guerres de religion qu'ils provoquèrent sont l'un de leurs crimes les plus vicieux contre l'humanité. »

La Pologne possède parmi les nations européennes l'une des histoires les plus longues de réactions biologiques contre les parasites juifs. En tant que nation corridor entre deux grandes puissances, l'Allemagne et la Russie, la Pologne a plus souvent été envahie que tout autre pays. Elle a également fait l'objet du plus grand nombre de trahisons de la part des juifs. Pour cette raison, les Polonais ont toujours été connus pour leurs sentiments anti-juifs. Le principal soulèvement contre les juifs survint lors de l'invasion de la Pologne par Charles X de Suède en 1655. Il conquit les Polonais parce que les juifs étaient venus sous sa tente et lui avaient donné des informations détaillées sur les défenses polonaises. Après avoir conquis la Pologne, Charles X fit des juifs de hauts fonctionnaires de son gouvernement d'occupation. Les juifs abusèrent si brutalement de leur pouvoir qu'un patriote polonais, Stephen Czarniecki, mena une révolte contre les conquérants et chassa Charles X du pays.

À peine les Suédois étaient-ils partis que les Polonais s'abattirent sur les juifs et massacrèrent 300 000 d'entre eux pour leur trahison. Voilà une scène qui se répéta à de nombreuses reprises dans l'histoire. Nous n'avons qu'à nous rappeler que Staline évacua les juifs des régions frontalières au fur et à mesure que les nazis avançaient en Russie et qu'il en laissa mourir deux millions dans des trains à bétail en Sibérie, de peur qu'ils ne révèlent ses positions militaires aux Allemands, et qu'il ordonna aux armées russes de faire une halte de deux semaines à l'extérieur de Varsovie, tandis que les Allemands exterminaient le ghetto de Varsovie. Peu importe qui est l'ennemi, le juif trahira toujours le peuple. Puis, une fois les envahisseurs chassés, le juif doit payer pour sa trahison. Les Polonais n'ont jamais pardonné les juifs pour leur déstabilisation, et encore aujourd'hui, bien que le Premier ministre Gomulka ait une femme juive et soit un juif pratiquant, il n'arrive pas à étouffer les murmures contre les juifs. Il faut toute la puissance du gouvernement soviétique pour maintenir son gouvernement communiste juif.

Au cours du XVIIIème siècle, les juifs perfectionnèrent de nouvelles techniques pour prendre le pouvoir sur leurs armées de Gentils. Ces méthodes étaient les sociétés par actions, les banques et les bourses. Avec ces dispositifs, les juifs furent capables d'attirer la plupart des richesses du monde des Gentils dans leurs filets juifs, ou leurs banques. Le siège de ces entreprises était Amsterdam, jusqu'à ce que les juifs financent la conquête de l'Angleterre par Cromwell. Ils déplacèrent ensuite leurs entreprises à Londres, parce que la flotte anglaise contrôlait le commerce mondial. Malgré les cris d'angoisse du peuple anglais souffrant, les juifs occupent Londres depuis lors.

Avec une grande ingéniosité, développée par des siècles de consanguinité dans les ghettos d'Europe, les juifs utilisèrent l'argent des Gentils pour les contrôler et les asphyxier. En tant que parasites, les juifs n'apportèrent rien d'autre à l'Angleterre à leur retour que leur esprit, mais en moins d'un siècle, ils avaient pris le contrôle des richesses d'un grand Empire. En 1694, Guillaume d'Orange, roi d'Angleterre, avait besoin d'argent pour payer ses troupes. Il craignait que les Stuart ne tentent de lui reprendre le trône, et il devait maintenir une grande armée en permanence. Ses conseillers lui suggérèrent de s'entretenir avec les marchands de Londres, dont beaucoup étaient juifs, car ils avaient les moyens de lui prêter de l'argent. Ils étaient prêts à prêter de l'argent à Guillaume à une condition, qu'il leur permette d'émettre des billets de banque contre de la dette. Comprenant à peine cette demande singulière, Guillaume accepta. Ainsi naquit la première banque centrale d'émission, et aujourd'hui les Gentils sont devenus esclaves des billets de banque porteurs d'intérêts émis par les juifs.

Bien que le souverain Guillaume ne s'en soit pas rendu compte, les juifs avaient - avec sa permission expresse - usurpé l'autorité de la Couronne anglaise. La souveraineté a toujours signifié l'autorité d'émettre la monnaie, et désormais les juifs avaient obtenu ce droit pour leur Banque d'Angleterre. L'histoire du monde depuis 1694 est le compte-rendu de la manipulation juive et de leurs banques centrales pour financer des guerres et des révolutions de plus en plus importantes contre les puissances des gentils. Des millions de Gentils sont morts violemment parce que Guillaume d'Orange, ne sachant pas ce qu'il faisait, a accordé la charte de la Banque d'Angleterre aux juifs.

Une fois le pouvoir monétaire à leur disposition, les parasites juifs ont rapidement pris le contrôle de l'Empire britannique. Ils ont ensuite utilisé l'empire pour diriger d'autres nations européennes. Baron écrit dans *Les grandes idées du peuple juif*, page 319 :

> « Dès 1697, la Bourse de Londres, qui allait bientôt devenir la première bourse mondiale, réservait en permanence douze de ses 124 sièges aux juifs. »

N'était-ce pas du racisme ? N'était-ce pas de la discrimination ? Pas un seul siège n'était réservé aux Gentils, mais environ dix pour cent étaient réservés aux juifs, qui n'étaient à l'époque que quelques milliers dans toute l'Angleterre. Ils employèrent également leur argent pour militer en faveur de l'égalité des droits. Un de leurs mercenaires, un noir du nom de John Toland, publia en 1714 un pamphlet intitulé *Raisons pour naturaliser les juifs de Grande-Bretagne et d'Irlande, au même titre que toutes les autres nations*. En 1721, James Finch adopta publiquement la conquête de la Terre Sainte pour la donner aux juifs, un objectif que les laquais anglais des juifs parrainèrent pendant deux cents ans avant qu'il ne devienne une réalité.

En 1723, le roi George Ier reconnaissait les juifs comme sujets britanniques ; en 1753, le roi George II adopta une loi de naturalisation permettant aux juifs de devenir sujets nationaux, ce qui signifiait qu'ils ne pouvaient plus jamais être expulsés. Le tollé des travailleurs britanniques fut tel qu'il fut forcé d'abroger le projet de loi l'année suivante, sans doute après avoir dépensé l'argent que les juifs lui avaient donné pour l'adopter.

Kastein écrit page 377 de son *Histoire des juifs* :

« En 1750, les bourses d'Amsterdam et de Londres étaient toutes deux contrôlées par les juifs. »

En 1775, le roi George III jetait les bases de la fortune des Rothschild en louant au prince électeur de Hesse ses mercenaires hessois pour combattre les patriotes américains et faire échouer leur révolution. Lorsque Napoléon marcha plus tard contre l'Allemagne, le prince électeur de Hesse demanda à son ami Mayer Amschel Rothschild, un marchand de monnaie juif de Francfort, de cacher l'argent pour lui. Rothschild fut heureux de le faire, et il prêta l'argent dans d'autres pays à des taux d'intérêt élevés. Lorsque Napoléon se retira, Rothschild rendit son argent à l'Électeur, avec intérêts. L'électeur fut si heureux qu'il supplia Rothschild de garder l'argent et de continuer à le prêter à sa place. En tant que banquier à la cour de l'électeur, Rothschild commença à se spécialiser dans les prêts internationaux.

Le pouvoir et la finance juifs se développèrent à pas de géant. Disraeli (signifiant, d'Israël), un juif, devint Premier ministre d'Angleterre. Il était aussi l'auteur de mauvais romans, dans lesquels il exposait sa théorie selon laquelle les juifs étaient supérieurs à tous les autres peuples. Tout est race, il n'y a pas d'autre vérité, déclare le héros de son roman, Tancrède, en expliquant la supériorité naturelle des juifs.

En 1871, William Gladstone nomma le juif, Sir George Jessel, Solliciteur général d'Angleterre. Un autre juif, Rufus Isaacs, devint Lord Chief Justice of England, ambassadeur aux États-Unis et vice-roi de l'Inde.

Si l'Allemagne fournit la main-d'œuvre pour l'accroissement de la richesse juive, et l'Angleterre fournit l'argent, c'est en France que les juifs trouvèrent le sol le plus fertile pour leurs activités. C'est l'argent juif qui paya les émeutiers qui déclenchèrent la Révolution à Paris et fit tomber les dirigeants des Gentils, la tête de leur roi roulant dans un panier sous la guillotine. Dans aucun autre pays, les juifs n'ont aussi bien réussi à anéantir les dirigeants des Gentils qu'en France, ce qui fit que le pays vacilla tel un poulet sans tête pendant deux cents ans. Les juifs ont atteint le même but pendant la Révolution communiste en Russie. *Tuez les meilleurs des Gentils !* a toujours été la terrible devise du *Talmud*.

Les Français ont toujours redouté les juifs. Le grand philosophe Voltaire en parle dans son *Dictionnaire philosophique* :

> « juifs – Vous ne trouverez en eux qu'un peuple ignorant et barbare, qui joint depuis longtemps la plus sordide avarice à la plus détestable superstition et à la plus invincible haine pour tous les peuples qui les tolèrent et qui les enrichissent. »

Pas étonnant que Voltaire ait été supprimé des cours de philosophie dans les universités américaines ! Il était l'un des rares Gentils assez intelligents pour voir que ce n'était pas les Gentils qui haïssaient les juifs, mais bien les juifs qui haïssaient les Gentils. Il aurait été heureux de lire l'observation de Kastein selon laquelle les juifs haïssaient les Romains avec « une haine presque inhumaine ». C'est ainsi qu'ils ont détesté tous les peuples qui, comme le dit Voltaire, « les tolèrent et les enrichissent. »

Lorsque Napoléon devint le maître de l'Europe, il découvrit, à son grand désarroi, que les juifs étaient la seule force sur laquelle il ne pouvait exercer aucun contrôle. Pour tenter de limiter leurs activités internationales, il publia en 1808 un décret que les juifs appelèrent le *Décret Infâme*, parce qu'il cherchait à leur faire obéir aux lois qui régissaient les autres peuples en France. Tout au long de l'histoire, nous constatons que les juifs ne se considèrent pas sujets aux lois des Gentils, qu'ils considèrent comme de simples bêtes ignorantes. Lorsqu'un souverain tente de les forcer à obéir à la loi, il est injurié à travers les siècles comme un tyran cruel. S'il les laisse faire ce qu'ils veulent, il est considéré comme un monarque libéral et bienveillant qui se consacre aux droits de l'homme. L'expression ''droits de l'homme'', telle qu'elle est utilisée dans l'histoire moderne, signifie ''droits des juifs'', parce que, selon la loi talmudique, les Gentils ne sont pas des humains et n'ont aucun droit.

Dans la plupart des cas, les monarques européens trouvèrent avantageux pour eux-mêmes de laisser les juifs suivre leur propre voie. Dans tous les cas, ce furent les travailleurs exploités qui se soulevèrent contre les juifs. Kastein écrit dans l'*Histoire des juifs*, page 322 :

> « Le gouvernement russe considérait les activités des juifs dans les village comme une exploitation de la population rurale. »

En conséquence, le tsar décréta que les juifs ne devaient pas aller au-delà de Pale, une zone agricole. Les banquiers juifs des États-Unis exigèrent immédiatement que le président déclare la guerre à la Russie et force le tsar à annuler le décret, mais le président Taft refusa, c'est pourquoi les juifs divisèrent le parti républicain lors de sa campagne suivante, et firent élire leur candidat préféré, le démocrate, Woodrow Wilson.

Kastein déclare aussi, à la page 390 :

> « En Suisse, qui est devenue la République d'Helvétie en 1798, il y avait aussi un problème juif, bien qu'il n'y ait que deux cents familles juives dans tout le pays, et il y eut un débat très animé pour savoir si l'on devait accorder les mêmes droits à cette poignée de personnes. En fin de compte, ils furent refusés. »

Même la Suisse, l'État le plus démocratique d'Europe, ne put se permettre d'accorder des droits égaux aux juifs. La plupart des nations européennes suivaient encore les préceptes de l'Empire byzantin. Les juifs n'avaient pas le droit d'occuper des fonctions publiques ou d'éduquer les jeunes. Les juifs devaient compter sur la corruption et le chantage des fonctionnaires gentils pour parvenir à leurs fins, et les résultats étaient souvent imprévisibles. La bataille de Waterloo signifia la fin de l'indépendance des Gentils face aux juifs d'Europe. Napoléon était inébranlable dans sa détermination à ce que les juifs obéissent aux lois de son Empire. Les autres nations européennes étaient gouvernées par des aristocrates qui avaient une dette envers les juifs. Lorsque Napoléon fit son retour triomphal de l'île d'Elbe, les Rothschild consentirent immédiatement d'énormes prêts à tous les pays européens qui enverraient une armée contre lui. Par conséquent, Napoléon dut faire face à une vaste coalition à Waterloo. C'était le premier exemple de la technique juive consistant à enrôler des nations ''alliées'' pour combattre leurs ennemis à leur place.

Pendant la bataille de Waterloo, les courtiers de Londres craignaient le résultat. Malgré l'énorme force déployée contre lui, Napoléon était encore connu comme le général le plus brillant d'Europe. Les juifs s'étant spécialisés dans l'échange d'informations, Nathan Mayer Rothschild, chef de la Maison Rothschild, avait pris les dispositions nécessaires pour connaître le résultat de la bataille depuis Londres. À peine les troupes de Napoléon furent-elles vaincues qu'un lieutenant de Rothschild se précipita sur une colline surplombant la Manche ; et tard dans la nuit, il envoya le message par signaux lumineux, « Napoléon a perdu ». Puis il lâcha un pigeon voyageur à destination de la Bourse de Londres avec le message « Napoléon a gagné ».

Lorsque Nathan Mayer Rothschild arriva à la bourse le lendemain matin, c'était le chaos. À la nouvelle que Napoléon avait gagné, tout le monde essayait de se débarrasser de ses actions à vil prix. Seul Rothschild connaissait la vérité, et il acheta tout ce qui lui était proposé. Les prix chutèrent de neuf cents pour cent en quelques minutes, et il racheta tout à son propre prix. Lorsque la Bourse ferma ses portes cet après-midi-là, il détenait soixante-deux pour cent de toutes les actions inscrites à la Bourse de Londres. Beaucoup des grands noms de l'Angleterre furent ruinés ce jour-là. Le lendemain matin, Londres se réveilla et apprit la vérité – Napoléon avait été écrasé. Les aristocrates londoniens ruinés à la Bourse s'empressèrent désormais de faire ce que Rothschild leur demanderait. Le duc de Marlborough, qui avait mené l'armée britannique à la victoire à Waterloo, devint l'allié de Rothschild, après que Rothschild eut levé une énorme contribution auprès du public, bien sûr, et la lui ait offerte. Marlborough devint un homme de main fidèle aux juifs, tout comme, cent ans plus tard, son descendant, Winston Churchill, ou W.C., comme il était connu de ses sujets (c'est-à-dire les toilettes), devint l'instrument caché de Baruch et des Rothschild.

En tant que maître de l'Europe et vainqueur de Napoléon, son ennemi Gentil, l'impitoyable Rothschild fit envoyer l'empereur déchu sur une île éloignée au milieu de l'Atlantique et le fit lentement empoisonner à l'arsenic jusqu'à sa mort. Rothschild força alors toutes les nations européennes à lui contracter d'importants prêts. Dès que les nations empruntaient de l'argent, les juifs prenaient des positions officielles. La véritable célébration de la victoire juive fut le Congrès de Vienne en 1815. Rothschild ordonna aux dirigeants européens de se réunir à Vienne et de rédiger un plan qui empêcherait un autre Napoléon d'accéder au pouvoir. Ils élaborèrent le plan de ''l'équilibre des pouvoirs'', selon lequel, si une nation européenne commençait à devenir trop puissante, les autres nations s'allieraient et l'attaqueraient. En effet, cela signifiait que tout futur ennemi des juifs devrait faire face aux armées des autres nations, comme cela se reproduisit plus tard contre Hitler.

Le Congrès de Vienne balaya les dernières restrictions imposées aux juifs. Il leur garantit l'égalité des droits dans tous les pays européens, et ils quittèrent les ghettos, s'emparant de bureaux gouvernementaux, de postes dans l'enseignement et de positions bancaires éminentes. Le parasite juif était devenu le souverain incontesté de l'hôte Gentil. Il était inévitable que l'hôte Gentil doive faire face à un avenir terrible, son destin reposant dans des mains si avares et cruelles.

Cent ans après le Congrès de Vienne, toute l'Europe fut plongée dans une guerre mondiale catastrophique. Les juifs mirent fin à cette guerre de telle manière qu'une seconde guerre Mondiale était inévitable. Plus de cent millions de Gentils ont perdu la vie dans ces deux guerres orchestrées par les financiers juifs. Les aristocrates de tous les pays, à l'exception de l'Angleterre, qui était alors le siège mondial des juifs, furent chassés de leurs trônes. Ils furent éliminés parce que les juifs n'avaient plus besoin d'eux, et les juifs ont ensuite établi leur propre forme de gouvernement communiste. Ces gouvernements communistes juifs ont dépouillé les Gentils de tous leurs biens personnels et de leurs droits humains individuels. Seuls les juifs pouvaient avoir voix au chapitre dans ces gouvernements, et les Gentils qui s'y opposaient furent envoyés dans des camps de concentration, torturés et assassinés par millions. Rien qu'en Russie, les juifs ont assassiné vingt millions de chrétiens entre 1917 et 1940.

Suite au Congrès de 1815, une nouvelle vague de révoltes provoquées par le pouvoir occulte des banquiers juif démarra en 1848. Tous les pays d'Europe furent terrifiés par le spectacle des hordes assourdissantes de juifs réclamant que les Gentils leur cèdent tous leurs biens privés. Ce fut ce qu'on appela le communisme. Le juif Karl Marx écrivit et publia le *Manifeste communiste*, et devint le père fondateur du Parti communiste, dont les adhérents ont été depuis lors, principalement des juifs. Après les soulèvements de 1848, les juifs occupèrent des postes ministériels dans de nombreux pays européens. Baron écrit page 329 des *Grandes idées du peuple juif* :

> « Il est moins surprenant que la France, où l'émancipation juive était en vigueur depuis un siècle, ait également inclus deux juifs de premier plan dans son nouveau gouvernement. L'un d'eux, Michael Godchaux, devint ministre des Finances... Le ministère de la Justice, tout aussi crucial, fut confié au fervent défenseur des droits des juifs, Adolfe Crémieux. »

Notez que Baron dit que ce poste fut ''confié''. À cette époque, le baron James de Rothschild possédait une fortune soixante fois supérieure à celle du roi de France. Le baron ne mentionne pas non plus que Crémieux était à la tête de l'Alliance Israélite Universelle, le mouvement sioniste de la puissance juive mondiale. Il ne mentionne pas non plus que l'émancipation juive était en vigueur depuis un siècle parce que les juifs avaient massacré les dirigeants des Gentils en France pendant la Révolution. En Angleterre, Nathan Mayer Rothschild contrôlait la majorité des richesses de l'empire. D'autres Rothschild contrôlaient les nations d'Allemagne et d'Autriche-Hongrie. L'araignée juive de la finance internationale avait maintenant tissé sa toile sur le monde des Gentils, et bientôt son poison allait paralyser tous les Gentils et les rendre esclaves des juifs.

Les fonctionnaires juifs remplissaient désormais les couloirs du gouvernement de toutes les nations européennes. Baron salue Disraeli comme « l'un des grands bâtisseurs de l'empire britannique », et « celui qui avait régénéré le Parti conservateur ». Le ministre des Affaires étrangères de l'Empire austro-hongrois était le baron Aloïs von Aehrenthal, un juif qui créa les éternelles ''crises balkaniques'' et ouvrit la voie au grand massacre de la Première Guerre Mondiale.

À la fin du XIXème siècle, les juifs réalisèrent avec une excitation croissante que le moment approchait pour instaurer leur empire mondial. Les banquiers internationaux juifs contrôlaient tous les gouvernements d'Europe, et ils ne leur restaient plus que quelques ravages supplémentaires à faire sur les Gentils avant de conquérir la Palestine, car telle était leur conviction, qu'ils ne pourraient gouverner le monde qu'après avoir pris possession du petit bout de désert où ils avaient débuté comme bandits cinq mille ans auparavant.

Basil Zaharoff, connu durant cinquante ans comme l'homme mystère de l'Europe, était un juif éminent de cette époque. On lui attribue la responsabilité de nombreuses petites guerres et d'avoir joué un rôle de premier plan dans le déclenchement de la Première Guerre Mondiale. Il n'y eut jamais de véritable mystère Zaharoff. Ses biographes affirment qu'il est né Manel Sahar, d'ascendance russo-juive, dans le ghetto de Wilkomir, en Russie. Ses parents s'installèrent à Constantinople lorsqu'il avait quatre ans, et à l'âge de six ans, il devint racoleur pour un bordel, menant les touristes à des maisons closes. Jeune homme, il fut un proxénète bien connu à Constantinople, et à l'âge de vingt-quatre ans, il s'enfuit à Athènes après avoir tué un marin sur les docks lors d'un vol à l'arraché.

Après avoir mis entre parenthèse sa vie malhonnête pendant plusieurs années passées à Athènes, Zaharoff est devenu marchand d'armes pour l'entreprise Maxim Nordenfeldt. Le passage du proxénète au marchand était facile, car les contrats pour les gouvernements étaient habituellement conclus en fournissant de belles prostituées à l'agent de négociation. Grâce à ses talents de proxénète et de maître chanteur, Zaharoff réussit extraordinairement bien à persuader les gouvernements d'acheter ses marchandises, et devint rapidement millionnaire. Il dépensa des milliers de dollars pour effacer son casier judiciaire, mais en 1911, son passé fut révélé lorsque son fils, Haïm Sahar, un juif vivant à Birmingham, en Angleterre, le poursuivit en justice pour obtenir une partie de sa fortune. Bien que Haïm ait prouvé qu'il était le fils de Zaharoff, il n'obtint strictement rien de lui, bien que ce dernier ait à ce moment-là amassé une fortune de cent millions de dollars.

Dans les années 1890, la plus grande entreprise de munitions au monde était Vickers of England, qui appartenait aux Rothschild. En 1897, Vickers racheta la Naval Construction and Armaments Co. ainsi que la Maxim Nordenfeldt Co. Zaharoff était le plus gros actionnaire, et les Rothschild le placèrent au conseil d'administration de Vickers. Les juifs fournirent ensuite tous les gouvernements d'Europe en munitions. Les Rothschild forcèrent les gouvernements auxquels ils avaient prêté de l'argent à en consacrer la majeure partie à l'achat d'armements. Tout était prêt pour une guerre mondiale, et comme le déclarait l'historien et économiste Werner Sombart : « Les guerres sont les moissons des juifs. » Les juifs commencèrent à sortir de leurs ghettos balkaniques, entrant en Angleterre à raison de 600 000 par an, et aux États-Unis à raison d'un million par an. Ils occupaient tellement de postes gouvernementaux que le Foreign Office anglais était connu sous le nom de "Too-Foreign Office" (Bureau des Affaires TROP Étrangères), en référence au grand nombre de juifs aux accents prononcés qui remplissaient ses bureaux. Les juifs devinrent ministres des finances et de la justice dans de nombreux pays, afin de pouvoir contrôler les nations depuis ces postes. Le ministre des Finances en France était Klots ; en Italie, Luzzatti ; en Allemagne, Demberg ; en Angleterre, Isaacs. Sur les 355 fonctionnaires salariés consulaires anglais, 200 étaient nés à l'étranger et 120 s'identifiaient facilement comme juifs, le nombre réel étant sans doute plus élevé.

Tous les gouvernements européens furent secoués par des scandales financiers et d'espionnage lorsque les juifs vendirent des secrets d'État et des brevets au plus offrant. Lorsque Marconi le Gentil inventa la radio, la famille juive Isaacs s'en empara, et la branche américaine RCA fut dirigée par le juif russe David Sarnoff. Le 7 mars 1912, le chef des services postaux anglais, sir Herbert Samuel, de la famille juive propriétaire de la Shell Oil, et Charles Isaacs, président de Marconi Ltd. partagèrent 100 000 actions en cadeau entre son frère Rufus Isaacs, ministre des Finances, et Lloyd George, Premier ministre. Lorsque le scandale éclata dans la presse, non seulement Lloyd George resta en fonction, mais, avec leur typique outrecuidance, les Rothschild forcèrent Lord Asquith à nommer Rufus Isaacs comme Lord Chief Justice of England, avec le titre de Baron Reading of Erleigh. Rudyard Kipling fit un commentaire sur cette nomination :

> « Il y a trois ans, vous auriez dit que les scandales Marconi et la nomination de l'actuel Lord Chief Justice étaient inadmissibles »

Non seulement les juifs contrôlaient Lloyd George grâce à leurs pots-de-vin, mais Zaharoff envoya son ex-femme au Premier ministre qui la prit pour maitresse. Un assistant de Zaharoff était un juif hongrois nommé Trebitsch qui une fois arrivé en Angleterre, avait ajouté Lincoln à son patronyme - peut-être en mémoire du martyr des juifs St. Hughes de Lincoln - et sous le nom de Trebitsch-Lincoln, devint un membre du clergé de l'Église d'Angleterre ainsi que député, tout en travaillant comme agent pour Zaharoff. Trebitsch-Lincoln mourut dans les années 1930 reconverti en moine au Tibet. Sa carrière est typique du juif sans adresse, cosmopolite, capable d'aller n'importe où et d'endosser n'importe quel rôle.

Zaharoff mourut également multimillionnaire dans les années 1930 sur la Riviera, tandis qu'il planifiait la Seconde Guerre Mondiale. Avant de mourir, il avait assassiné la seule personne qui connaissait tous les secrets de son passé criminel, un juif du nom de Nadel, membre de la Sureté française, et qui possédait des preuves documentées contre Zaharoff. Nadel fit chanter Zaharoff pendant dix ans, et fut finalement retrouvé mort dans sa suite sur la Côte d'Azur avec un million de francs en liquide dans un tiroir de bureau, apparemment le dernier versement que Zaharoff avait consenti à lui payer. La Première Guerre Mondiale éclata comme prévu, soigneusement planifiée par Zaharoff et les autres juifs magnats des munitions. De grandes fortunes se constituèrent pendant le massacre des Gentils. En Angleterre, au cours de la guerre, un scientifique juif nommé Chaïm Weizmann inventa un gaz toxique mortel, et les juifs convinrent que les Britanniques pourraient l'utiliser à conditions qu'ils soutiennent le mouvement sioniste pour s'emparer de la Palestine. Les Britanniques acceptèrent l'offre que Lord Balfour fit formellement dans une lettre à Lord Rothschild le 2 novembre 1917. Cependant, T. E. Lawrence, connu sous le nom de Lawrence d'Arabie, avait persuadé les Arabes de se révolter contre les Turcs et de soutenir l'Angleterre. En échange, les Anglais avaient accepté de maintenir les juifs en dehors de la Palestine. Lawrence fut tellement écœuré par cette trahison au détriment des Arabes qu'il se retira de la vie publique. Ironiquement, cette trahison marqua le début du déclin de l'Angleterre en tant que puissance mondiale, et elle sombra rapidement dans le rôle d'une nation de seconde catégorie.[2]

Chaïm Weizmann devint le fondateur d'Israël, ainsi la nation juive doit son origine à l'invention d'une arme si horrible que la plupart des pays acceptèrent de ne jamais l'utiliser. Pendant la Seconde Guerre Mondiale, les scientifiques juifs coopérèrent à nouveau pour inventer une arme plus mortelle encore, la bombe atomique, connue sous le nom de bombe juive infernale.

Pendant la guerre, les juifs chantaient leur hymne :

« *En avant, soldats chrétiens.*
Marchez comme à la guerre ;

---

[2] Desmond Stewart et d'autres écrivains anglais ont récemment compilé des preuves montrant que la mort de T. E. Lawrence dans un ''accident'' de moto était en réalité un meurtre de sang-froid. Les juifs comprirent que leurs plans de s'emparer des terres arabes ne pourraient jamais être réalisés tant que Lawrence vivrait pour témoigner des promesses d'intégrité territoriale que les Britanniques avaient faites aux Arabes en échange de leur soutien pendant la Première Guerre Mondiale. L'histoire qui fut ensuite diffusée raconta qu'il avait fait une embardée pour éviter de renverser des enfants sur la route, bien qu'il n'y eut pas d'enfants dans la région au moment de ''l'accident''. En raison de ses liens avec le renseignement, Winston Churchill fut l'un de ceux qui savaient que Lawrence avait été assassiné, et c'est cette information, démontrant à Churchill le pouvoir des juifs et sa situation financière défaillante, qui l'amena à réviser son attitude méprisante envers les juifs et à demander leur soutien. Il se rendit à New York pour demander un prêt à Bernard Baruch, mais les juifs, non convaincus de pouvoir lui faire confiance, le firent renverser par une voiture devant l'appartement de Baruch, le tuant presque. Après quelques mois à l'hôpital, Churchill rentra en Angleterre. Les juifs l'informèrent alors que puisqu'il avait survécu à son ''accident'', et qu'il était conscient que tout écart par rapport à leur ligne entraînerait un second, cette fois-ci fatal, ils prendraient en charge ses colossales dépenses. En retour, il commença à faire campagne pour ''la préparation'' de guerre contre l'Allemagne, une position qui stupéfia ceux qui l'avaient précédemment entendu présenter Hitler comme « le George Washington de l'Europe ». Hitler était bien un George Washington pour l'Allemagne, mais c'était les banquiers juifs qui détenaient l'hypothèque sur Chartwell, la propriété de Churchill.

*Nous ferons les uniformes,
Comme nous l'avons fait auparavant. »*

Bien que les juifs remportèrent la plupart des contrats pour l'approvisionnement des armées de Gentils en difficulté, la véritable fortune fut gagnée par les Rothschild, en intérêts sur les énormes dettes accumulées par toutes les nations en guerre. Les juifs profitèrent également de la guerre pour organiser une révolution en Russie. À la fin de la guerre, des juifs du monde entier se rendirent en masse à Paris pour la Conférence de la paix, qui aurait pu se dérouler en yiddish, car chaque nation fut représentée par une délégation juive. Les observateurs politiques furent stupéfaits de la manière inconsciente dont les juifs avaient découpé l'Europe, rendant inévitable une Seconde Guerre Mondiale. Ils créèrent un nouvel État, la Tchécoslovaquie, et l'offrirent à leur ami Masaryk, en guise de récompense pour les avoir défendus contre la condamnation pour des crimes de meurtre rituel. Ils exigèrent d'énormes sommes en réparations de la part des Allemands, sachant que cela les inciterait à se battre de nouveau.

Lors de cette Conférence de la Paix, l'un des grands hommes d'État français, le sénateur Gaudin de Villain, prononça le 13 mai 1919, au Sénat français, un discours dans lequel il dénonçait les actes subversifs des juifs. Il déclara, parmi beaucoup d'autres points :

> « La Révolution russe et la Grande Guerre de 1914-1918 ne sont que des phases de la mobilisation suprême des puissances cosmopolites de l'argent, et cette croisade suprême de l'or contre la croix n'est ni plus ni moins que l'aspiration furieuse du juif à dominer notre monde. C'est la Haute Banque juive qui a fomenté en Russie la révolution préparée par les Kerensky et finalement exécutée par les Lénine, les Trotsky et les Zinoviev, comme l'a été hier le coup d'État communiste en Hongrie, car le bolchevisme n'est rien d'autre qu'un bouleversement Talmudique. »

CHAPITRE HUIT

LES JUIFS ET LE COMMUNISME

Avec leur talent habituel pour brouiller les pistes, les juifs ont créé un certain nombre d'écrans de fumée pour dissimuler leur dernier cadeau au monde : l'idéologie communiste. Qu'est-ce que le communisme ? Parmi les millions de mots écrits à ce sujet dans des milliers de livres publiés par les juifs, vous ne trouverez pas la seule phrase qui explique le communisme – le communisme est la forme moderne de l'État collectiviste juif.

Quels sont les principes du communisme ? Tout d'abord, le communisme a une portée internationale. Il nie les principes du nationalisme. Deuxièmement, le communisme nie Jésus-Christ et son amour de l'individu. Il nie également le principe du salut de l'âme, qui est la base de toute croyance chrétienne. Troisièmement, le communisme refuse à l'individu tous les droits humains, tels que la propriété privée, une voix au sein du gouvernement ou le droit de remettre en question l'autorité de l'État collectiviste.

Tels sont donc les principes fondamentaux du communisme. Curieusement, ce sont aussi les principes fondamentaux des juifs. L'internationalisme, la haine de Jésus-Christ, la haine de l'individu, la négation des droits humains, la dictature de l'État collectiviste, sont autant d'éléments fondamentaux des mouvements politiques juifs, que ceux des mouvements politiques communistes. Il ne faut donc pas s'étonner qu'un juif, Karl Marx, soit le père de l'idéologie communiste.

Nous avons déjà parlé de la discipline de fer dans laquelle vit chaque juif, de la dictature exercée par les Sages de Sion sur tous les aspects de la vie juive. Cette dictature juive, étendue sur les Gentils, est alors appelée communisme.

Mais on peut se demander pourquoi les juifs attaquent le principe de la propriété privée alors qu'ils possèdent déjà 80% de la propriété privée dans les nations occidentales ? Tout d'abord, par le terme propriété privée, le juif signifie une propriété qui appartient encore aux Gentils. Selon la loi talmudique, les Gentils sont des bêtes qui ne peuvent être autorisées à posséder quoi que ce soit, ni maisons, ni terres, ni biens personnels. Par conséquent, en procédant à la saisie des biens privés des Gentils, les juifs ne font que suivre un principe fondamental de leur religion.

Quand les communistes s'emparent d'un pays, la première chose qu'ils font est d'assassiner toutes les élites des Gentils – les professeurs, les médecins, les fonctionnaires du gouvernement, et tous les autres Gentils qui pourraient mener l'opposition contre eux. Ceci suit le commandement juif de base : « *Tuer le meilleur des Gentils !* »

Puisque le peuple juif ne croit pas aux droits individuels, la notion de propriété privée lui est étrangère. Tout juif considère la richesse des autres juifs comme faisant partie de la richesse nationale israélienne. Bien que les juifs puissent avoir l'usage de leur argent de leur vivant, ils doivent contribuer fortement aux institutions juives, financer les mouvements révolutionnaires juifs, corrompre les fonctionnaires pour couvrir les meurtres rituels juifs, et dépenser la majeure partie de leurs revenus dans des affaires purement juives. Après leur mort, leur argent doit aller aux juifs, et en aucun cas il ne peut passer aux mains de Gentils. Par conséquent, les juifs ont établi des fondations sionistes, évitant tout impôt sur leur argent, malgré les lois fiscales marxistes punitives qu'ils promulguent et appliquent aux Gentils.

Mais comment les banquiers juifs peuvent-ils être communistes, s'interroge le citoyen innocent ? Tout le monde sait que les communistes attaquent les banquiers et confisquent leurs richesses. Néanmoins, des tonnes de documents prouvent que tous les fonds pour la mise en place du communisme dans le monde entier proviennent de banquiers juifs. Les principales sources furent la Banque d'Angleterre, sous contrôle juif, et la Banque de France. Il s'agit d'un système que le sénateur de Villain appela la ''Haute Banque Juive'', administrée par la famille Rothschild. Nous constatons donc qu'une fortune juive supposément privée est utilisée principalement dans des activités juives et pour financer le mouvement révolutionnaire communiste juif international.

En outre, malgré le fait que les juifs possèdent ou contrôlent la plupart des biens des nations chrétiennes, il est particulièrement caractéristique pour le parasite juif de devoir dominer chaque action et chaque détail de la vie de l'hôte gentil. Sans cette dictature complète sur les Gentils, sans la fureur et la schizophrénie du juif qui la rendent nécessaire, la vie moderne perdrait beaucoup de son sens, car le juif ne peut jamais se sentir en sécurité. Un Rothschild avec ses milliards fait le même cauchemar que le petit tailleur juif dans la rue, la peur qu'un jour, il soit chassé par l'hôte gentil, qu'on s'oppose à la poursuite de son existence parasitaire. Par conséquent, il doit atteindre un pouvoir de vie et de mort sur l'hôte Gentil.

La plupart des Gentils font l'erreur de supposer que le juif ne s'intéresse qu'à l'argent. C'est une simplification excessivement dangereuse. Si le juif ne s'intéressait qu'à l'argent, il ne serait plus un problème, car il possède déjà tout notre argent. Le juif s'intéresse à l'argent avant tout comme une arme, un instrument de pouvoir sur l'hôte Gentil. Avec de l'argent, le juif dépense des centaines de milliers de dollars pour couvrir les violents meurtres rituels d'enfants chrétiens innocents ; il corrompt les fonctionnaires gentils, ruine les gentils qui osent s'opposer à lui, finance des preuves et des témoins pour envoyer des gentils en prison ou dans des asiles sur la foi de fausses accusations.

Le communisme n'est que l'étape suivante dans le désir furieux du parasite juif de soumettre et de contrôler l'hôte Gentil.

Il y a d'abord le pouvoir financier, puis la dictature gouvernementale du communisme. Sous le communisme, le juif n'a pas besoin de soudoyer les officiels gentils. Il signe simplement leur ordre d'exécution. Les Gentils les plus faibles sont envoyés dans des camps de concentration ; les forts, qui pourraient devenir des leaders et représenter une menace pour la théocratie rabbinique qui gouverne l'État, sont torturés et assassinés. Après quelques années de régime communiste juif, il n'y a plus de dirigeants gentils, et les survivants gentils sombrent dans un état d'apathie désespérée, car la tension qui a donné naissance à l'État communiste, la nécessité pour le parasite juif de contrôler l'hôte gentil, n'existe plus. Juifs et Gentils dépérissent tout deux dans une vie de désespoir minable. Quelle est cette vie ? C'est la vie du ghetto. Un État communiste n'est rien d'autre que la ghettoïsation de toute une nation.

Tous les visiteurs occidentaux qui se rendent dans un pays communiste remarquent immédiatement la morosité des gens et des villes. Tout est minable et délabré. L'étincelle de vie s'est éteinte. Les Gentils transformés en demi-zombie évoluent dans un monde de peur et de pauvreté, tandis que les gros juifs voyagent d'un lieu de villégiature à un autre, accompagnés de maîtresses blondes en manteau de fourrure. Malgré leurs plaisirs évidents, les juifs trouvent aussi le communisme ennuyeux. Pourquoi en est-il ainsi ? Chaque étincelle d'invention, chaque partie de la vie créative, provient des Gentils, parce que les juifs vivant collectivement et haïssant l'individu, manquent de tout instinct imaginatif ou créatif. Il leur a toujours fallu obtenir cela des Gentils. À présent, c'est fini, car sous le communisme, les Gentils n'ont ni argent ni loisirs pour développer de nouvelles inventions ni œuvres d'art.

Par conséquent, le juif perd sa raison d'être. Le but principal de la vie juive pendant cinq mille ans fut de soumettre ou de contrôler l'hôte Gentil. Une fois cela réalisé, le juif n'a plus de raison de vivre. Il a détruit l'étincelle de vie dans l'hôte Gentil, et il est horrifié de découvrir qu'il a ainsi éteint l'étincelle de vie en lui-même, car sa propre vie dépendait entièrement de celle de l'hôte.

Dans un livre récent, *Floodtide in Europe*, l'éminent journaliste Don Cook affirme que tous les journalistes qui vont dans les pays communistes parlent de ''l'odeur du communisme''.

> « Le pire de tout, dit-il, c'est l'*odeur* particulière et inimitable de la Russie et du monde communiste qui a envahi Leipzig. »

Il y a trente ans, Leipzig était une ville allemande parfaite. Sous le régime communiste, elle est vite revenue à l'état de crasse d'un ghetto juif médiéval. Cook poursuit :

> « Tous ceux qui ont déjà mis les pieds en Union soviétique connaissent cette odeur – une odeur nauséabonde, lourde et sale. » Cook l'appelle « une odeur de prison, de détresse, de désespoir et d'indifférence ». Il la décrit aussi comme « une odeur de vieux lavabos, de savon glycérique, de corps non lavés... une odeur qui se referme dès qu'on entre dans un bâtiment, une odeur à laquelle personne ne peut rien faire, une odeur qui va avec le système. »

Quelle est cette odeur qui va avec le système communiste ? C'est l'air putride et rance du ghetto de Varsovie au Moyen-Âge, créé par les juifs demeurant des années durant, sans se laver, dans de minuscules pièces, plongés dans le Talmud et se demandant quand ils seraient capables de prendre le pouvoir sur les Gentils. Les bains ou le changement de linge de maison leur étaient inconnus. Il aurait fallu travailler pour cela, ce qui était impensable pour un juif. Leur religion leur interdisait de travailler pour un ''animal gentil'', et de toute façon, la seule compétence qu'ils avaient était la magie noire, et cela généralement ne marchait pas très fort.

Cette odeur de renfermé et de saleté du désespoir communiste n'est pas inconnue aux États-Unis. Nous la trouvons sur Skid Row, où les hôteliers juifs amassent les corps non lavés des clochards à 25 cents la tête pour la nuit dans des cabines puantes. Ce sont les Gentils qui ont perdu leur fortune au profit d'entrepreneurs juifs et qui maintenant se saoulent dans un état de désespoir inerte ; et nous trouvons aussi cette odeur dans les asiles de fous où les psychiatres juifs condamnèrent tant de gentils critiques à l'égard des juifs à être emprisonnés pour le reste de leur vie, sans procès et sans avoir commis un crime, sauf celui, impardonnable, de s'être opposé aux juifs. Le poète Ezra Pound, qui reprochait aux juifs d'avoir plongé le monde dans les horreurs d'une Seconde Guerre Mondiale, passa treize ans dans l'enfer de Saint Elisabeth, une institution psychiatrique fédérale pour prisonniers politiques à Washington. Pound gagna un certain nombre de prix pour ses écrits bien que les juifs l'aient enfermé en le faisant passer pour fou. De nombreux visiteurs du quartier, y compris l'auteur, déclarèrent que la puanteur de l'endroit était exactement celle des villes d'Europe tombées aux mains des communistes juifs.

Non seulement le communisme porte l'horrible odeur du désespoir humain, mais il montre aussi tous les aspects inhumains du juif. L'écrivaine française Simone de Beauvoir, dans son récent livre *La force des circonstances*, a déclaré qu'elle avait visité Brasilia, une ville du Brésil conçue par un architecte nommé Oscar Niemeyer, qu'elle décrit comme un ''juif communiste''. Elle dit à propos de l'architecture, page 533 : « Cette inhumanité est la première chose qui frappe. » Elle cite également le commentaire de Lacerda sur Brasilia, « C'est une exposition architecturale grandeur nature. » De Beauvoir n'ajoute pas que le contribuable américain a investi cinq cents millions de dollars pour construire cette ville rêvée des juifs au milieu de la jungle brésilienne.

Inhumanité et soif de sang – telles sont les caractéristiques du communisme juif. Pour déclencher la révolution française, les banquiers juifs payaient des agitateurs pour agiter la foule dans les rues, tandis que le roi de France était ahuri, incapable de comprendre ce qui se passait. Le célèbre érudit Stanton Coblentz, à la page 126 de son livre, *Dix crises de civilisation*, mentionne « la force directrice secrète qui semble avoir été à l'œuvre dans la Révolution française ». Soit il craignait de mentionner que cette force fut les juifs, soit cette mention fut supprimée de son manuscrit par un éditeur juif. Beaucoup d'autres intellectuels nommèrent les juifs comme la force secrète derrière la Révolution française.

Après avoir incité les foules à assassiner les dirigeants des Gentils, les juifs traînèrent des milliers de religieuses et de prêtres hors des églises, et les découpèrent en morceaux avec des haches et des hachettes, ou les assassinèrent devant l'autel du Christ, de sorte que les cathédrales chrétiennes furent transformées en synagogues juives traditionnelles empestant le sang des gentils et couverte par l'écho retentissant de femmes et d'enfants en train de mourir. Des centaines d'hommes et de femmes chrétiens sans défense furent déshabillés, attachés en couple et jetés dans les rivières pour les noyer, tandis que les juifs se tenaient sur les rives et se moquaient des victimes de ces ''mariages révolutionnaires''. La Révolution française fut saluée comme le plus grand triomphe des communistes juifs. Pourquoi, alors, Napoléon le Gentil prit-il la relève ? Pourquoi les juifs ne purent-ils pas mettre en place une dictature communiste en France ?

Les juifs ne parvinrent jamais à conserver le pouvoir politique sur un peuple d'Europe du Nord, dont l'intelligence et le courage avaient fait d'eux les maîtres du monde. Les juifs pouvaient gagner par leur ruse, mais la ruse ne pouvait pas administrer une nation ni forger les chaînes de l'esclavage en Europe du Nord. En conséquence, tout au long du XIXème siècle, Karl Marx et d'autres communistes juifs furent en mesure de déclencher des révolutions, mais pas de prendre le pouvoir. C'est en Russie que les juifs trouvèrent finalement leur victime, et même alors ils n'auraient pas pu gagner si les dirigeants russes n'avaient pas été distraits par les soucis de la guerre. Baron écrivit, dans *Grands âges et idées du peuple juif*, page 329 :

> « Pendant la Révolution (de 1848), les dirigeants juifs occupèrent le devant de la scène d'une manière très dramatique. À Vienne, où le gouvernement de Metternich fut soudain renversé, deux jeunes médecins juifs, Adolf Fischof et Joseph Goldmark, devinrent les principaux architectes du mouvement révolutionnaire. En tant que chef du Comité de la sécurité, Fischof apparut comme l'empereur non couronné de l'Autriche... En Italie aussi, la Révolution fut souvent menée par

des juifs. Le chef de la nouvelle République vénitienne était un juif converti, Daniel Manin, mais son cabinet comprenait deux juifs fidèles. »

Fidèle à qui, faut-il demander. Au peuple de Venise ? Baron ne le dit pas, mais il veut évidemment dire, fidèle au judaïsme international. Ce n'était qu'une autre révolution juive. Un juif devenait ''l'empereur non couronné de l'Autriche'', à la suite d'une révolte juive, mais il ne pouvait exercer le pouvoir. Les gouvernements des Gentils durent être affaiblis encore soixante-quinze ans avant que les juifs puissent gagner un contrôle total.

La Russie offrit leur chance aux juifs. Le peuple slave ressemblait beaucoup aux juifs, en ce sens qu'il avait une vie culturelle pauvre. Les archéologues ne trouvent aucun artefact de civilisation en Russie. Comme la Palestine, patrie des juifs, le sol ne témoigne que de fragments de pots d'argile et d'autres vestiges d'une culture resté à l'âge de pierre. Jusqu'à une époque récente, la Russie était aussi un pays de bandits nomades. Deux moines grecs se rendirent en Russie et y créèrent l'alphabet cyrillique, du nom de l'un d'eux. En 908 après J.-C., les Slaves demandèrent aux Germains de venir et de les gouverner, car ils se déclarèrent incapables de se gouverner eux-mêmes. Les Germains fondèrent une aristocratie, connue sous le nom des Russes blancs, qui administrèrent le pays pendant mille ans, jusqu'à ce que les juifs ne s'en empare en 1917. Les paysans slaves ne firent jamais d'histoires, mais en moins d'un siècle, les juifs accomplirent leur révolution. Comme le dit Baron, page 332, *Grands âges et idées du peuple juif* :

> « La prise de conscience fut de plus en plus vive par l'intelligentsia juive émergeante que la question juive ne pouvait être résolue sans le renversement total de l'ordre établi en Russie. »

Quelle décision intéressante ! Ce n'était pas nouveau. En fait, les juifs sont arrivés à cette conclusion inévitable dans chaque pays Gentil où ils ont établi leur communauté de parasites. Ils doivent se consacrer au renversement de l'ordre établi. C'est une *grande idée du peuple juif* caractéristique. C'est la seule idée qu'ils aient jamais eue.

À la page 416, Baron nous dit que

> « La montée en puissance des sociétés bancaires juives conduisit certains écrivains socialistes à se joindre au tollé antisémite contre la prétendue domination financière juive. »

Pendant cent ans, cela posa un dilemme embarrassant pour les communistes juifs. D'une part, ils devaient attaquer tous les propriétaires terriens, les exploitants d'usines et les banquiers gentils en les traitant ''d'ennemis du peuple''. D'autre part, ils devaient, d'une façon ou d'une autre, protéger les propriétaires fonciers, les propriétaires d'usines et les banquiers juifs de ces attaques. Ils marchaient aussi sur une corde raide constante pour cacher le fait que tous les fonds communistes provenaient de banquiers juifs. Dans toute la littérature communiste, on ne trouve pas une seule critique des Rothschild, mais de nombreuses pages de fulmination contre les banquiers gentils tels que J.P. Morgan.

Le problème juif en Russie, bien sûr, était l'exploitation des paysans par les juifs, et les mesures prises par les dirigeants russes blancs pour protéger les paysans d'une nouvelle exploitation. Tous les érudits s'accordent à dire que les ''pogroms'' ou attaques contre les juifs par les paysans furent le résultat du fait que les juifs avaient accaparé les marchés des céréales et exploitaient impitoyablement les paysans. Les juifs devinrent si riches que beaucoup d'entre eux n'avaient aucune occupation d'aucune sorte. Le célèbre écrivain juif J.L. Peretz écrivit à propos des juifs d'Odessa à cette époque :

> « Hélas, nous sommes devenus une nation de *luftmenschen*. » C'est du yiddish pour « ceux qui vivent sans moyens de subsistance apparents. »

Au cours du XIXème siècle, des milliers d'agitateurs juifs travaillèrent à la promotion des révolutions communistes. Avec la publication du *Manifeste communiste* de Karl Marx en 1848, les juifs se divisèrent en deux groupes. Les bolchevistes marxistes suivaient la ligne dure affirmant que tous les propriétaires terriens gentils devaient être exterminés. Les marxistes socialistes soutenaient que la conquête des Gentils devait se faire progressivement en acquérant le contrôle de toutes les institutions gouvernementales et éducatives, laissant les Gentils sans moyen de se gouverner eux-mêmes. Edward Bernstein dirigea la ligne ''douce''. Il est décrit comme « l'un des leaders de l'idéologie marxiste, mais en exil en Angleterre, il était devenu un progressiste Fabian. » Bernstein est le père de l'actuel gouvernement socialiste travailliste en Angleterre. Lénine était le chef du groupe ''ligne dure'', et il mena une guerre de propagande contre les ''Bernsteiniens''.

En 1905, les léninistes faisaient leur première tentative de prise du pouvoir en Russie. Ils gagnèrent, mais, étant des théoriciens, ils n'avaient aucune idée de la façon d'administrer le gouvernement. Les intellectuels juifs, le regard fou, se tenaient dans la rue à haranguer les foules pendant des jours après leur victoire, jusqu'à ce que les fonctionnaires tsaristes retournent dans leurs bureaux et commencent à donner des ordres. La révolution était terminée.

En 1917, les léninistes avaient appris la leçon. En mars, un groupe de ''Bernsteiniens'', dirigé par le juif Kerensky, mit en place un gouvernement socialiste libéral composé de juifs, mais ils ne tuèrent personne. Trotsky, tel que Lev Bronstein aimait se faire appeler, et Lénine menèrent une prise de pouvoir bolchevique en octobre de la même année. Reprenant l'exemple de la Révolution française, Trotsky initia un règne de terreur. Au cours des trois années suivantes, il assassina quatre-vingt-huit pour cent des Russes blancs. Sur les 312 principaux communistes de Russie, seuls deux étaient des Gentils. Tous les autres étaient juifs. Leur premier acte officiel fut d'adopter une loi selon laquelle l'antisémitisme, ou la critique des juifs, était le pire crime qu'on puisse commettre en Russie communiste. Il était puni de mort, et pouvait être mis en application par le simple fait de raconter une blague anti-juive. Même la possession de livres sur les juifs, tels que les *Protocoles des sages de Sion*, était un crime passible de la peine de mort. La prise du pouvoir par les communistes juifs fut caractérisée par les massacres des Gentils tels qu'ils avaient eu lieu à l'apogée d'Esther en Perse, au cours de la Révolution française, et dans d'autres scènes d'horreur. Des milliers de Mordecaï et d'Esther juifs cruels s'emparèrent des Russes blancs, y compris des prêtres et des religieuses, et les torturèrent d'une manière indescriptible avant de les livrer aux pelotons d'exécution. Entre 1917 et 1940, les juifs assassinèrent vingt millions de chrétiens en Russie.

Une brute juive rassembla le tsar de Russie, sa femme et ses enfants dans une cave et les abattis de sang-froid. Il s'agit de l'assassinat politique le plus odieux de l'histoire européenne, mais le cousin germain du tsar, le roi George V d'Angleterre, ne fit aucun effort pour sauver ses proches. Pourquoi en fut-il ainsi ? N'éprouvait-il donc aucun sentiment ?

Bien sûr qu'il éprouvait des sentiments. Il était également entouré d'un Conseil privé qui refusait de le laisser faire appel aux bolcheviks pour épargner le tsar. En 1919, ce Conseil privé n'était composé que de juifs. Il était dirigé par Lord Rothschild et se composait de Sir Edwin Montagu, Sir Edgar Speyer, un banquier juif né à Francfort, en Allemagne, et inexplicablement élevé au plus haut conseil en Angleterre, Sir Matthew Nathan, Sir Alfred Moritz Mond, chef de Imperial Chemicals Ltd, Sir Harry Samuel, propriétaire de Shell Oil, Sir Ernest Cassel, et Earl Reading, Rufus Isaacs. La fortune du roi était entièrement entre les mains de ces banquiers juifs. Il n'osa pas s'exprimer, même pour sauver sa famille. Quelques années plus tard, la Couronne britannique accueillit à Londres des envoyés soviétiques. Après tout, l'Angleterre avait fourni un foyer à Karl Marx lorsqu'il formulait ses théories du communisme, les élaborant assis derrière un bureau du British Museum, ce théoricien du chaos est même enterré en Angleterre !

Le fait d'avoir été un fonctionnaire tsariste était également un crime passible de la peine de mort en Russie communiste. Pendant des années, les autorités russes avaient averti le tsar que les juifs tentaient de renverser le gouvernement. En 1903, le ministre Wenzel von Plehve avait fait un rapport écrit au tsar, s'appuyant sur les dossiers de la police, indiquant que quatre-vingt-dix pour cent de tous les révolutionnaires communistes en Russie étaient des juifs connus des services. Le tsar essaya d'apaiser les juifs en leur accordant des privilèges spéciaux, mais c'était comme jeter de l'huile sur le feu. Ils manifestèrent leur gratitude en le tuant, lui et toute sa famille. Les fonctionnaires qui l'avaient prévenu sont morts devant les pelotons d'exécution. Lénine écrivit qu'ils avaient dû garer des rangées de camions à Moscou la nuit, les moteurs fonctionnant à plein régime, pour étouffer le bruit continu des fusils des exécutions.

La classe dirigeante russe, les Russes blancs d'origine allemande, fut anéantie, à l'exception de quelques-uns qui s'échappèrent vers l'Ouest. C'était encore une fois la Révolution française qui recommençait. Les juifs forcèrent les populations de villes entières à former des lignes d'inspection. Si les hommes n'avaient pas de callosités sur les mains, ils n'étaient pas des travailleurs, et on leur tirait dessus. Si les femmes parlaient avec une grammaire correcte, on leur tirait dessus. De cette manière, l'intelligentsia des Gentils fut exterminée, laissant une horde de paysans analphabètes gouvernés par une minorité de bandits et d'assassins juifs. Les juifs avaient leur population esclave, comme Nietzsche l'avait écrit en 1871, commentant la culture juive mise en place par les Sages de Sion dans l'ancienne ville d'Alexandrie, connue comme le mouvement alexandrin ou utopiste :

> « Mais notons que la culture alexandrine a besoin de l'esclavage pour maintenir son existence. »

Les juifs s'en rendirent compte trop tard lorsqu'ils chassèrent les Arabes d'Israël, et n'ayant pas d'esclaves païens pour travailler à leur place. À présent, ils essaient de les inciter à revenir.

Un an après l'extermination des Russes blancs, le pays fut sur le point de s'effondrer. Il n'y avait pas d'écoles – les juifs ayant assassiné les enseignants. Il n'y avait pas de soins médicaux – les juifs ayant assassiné les médecins. Il n'y avait pas de routes et les usines ne fonctionnaient pas – les juifs ayant assassiné les ingénieurs. Il n'y avait pas de marchands, il n'y avait que des marchands clandestins juifs. La Russie communiste ne fut sauvée que par un afflux massif d'argent des démocraties occidentales, tout comme elle fut sauvée pendant la Seconde Guerre Mondiale par cent milliards de dollars de fournitures militaires payées par le contribuable américain. Comme dans toute nation communiste, la famine menaça bientôt d'anéantir le peuple. Les juifs mendiaient de la nourriture aux nations libres, tout en maintenant une vaste armée d'espions et d'assassins dans ces mêmes pays. Le chef du MI-5, le service de renseignement britannique, a récemment déclaré que ses dossiers contenaient les noms de 4326 personnes connues pour avoir été assassinées aux États-Unis et en Europe depuis 1920 par des exécuteurs communistes. Ce réseau international d'assassins juifs fut révélé par le meurtre d'un transfuge Walter Krivitsky, à Washington D.C., en 1938. Flora Lewis raconte l'histoire dans le *Washington Post* du 13 février 1966 :

À l'époque de la Révolution bolchevique, un juif polonais du nom de Schmelka Ginsberg, né en 1899 et âgé de 18 ans seulement, s'est illustré comme bourreau des Gentils. Les escadrons sous son commandement ont tiré sur 2341 personnes, et il avait l'habitude de tirer lui-même le coup de grâce avec une balle de pistolet dans la tête. Il changea son nom en Walter Krivitsky, et en 1935, il était chef du renseignement militaire soviétique de toute l'Europe occidentale, siégeant à Paris. Après vingt ans de carrière d'assassin professionnel, ses nerfs ont commencé à lâcher et Moscou lui ordonna d'exécuter un autre juif, un assassin communiste nommé Ignatz Reiss. Le Quatrième Bureau avait découvert que Reiss avait accumulé d'importantes sommes d'argent en Suisse et avait l'intention de passer à l'Ouest. C'était devenu une pratique courante des espions communistes juifs, et des ordres avaient été donnés pour que toute autre personne qui tentait de le faire soit tuée immédiatement.

Krivitsky-Ginsberg tenta de retarder l'opération, et le GPU, la police secrète de Moscou, à l'époque entièrement aux mains des juifs, envoya un agent nommé Israel Spigelglass pour commettre le meurtre. Reiss fut abattu et son corps abandonné sur la route en Suisse le 4 septembre 1937, dans le style typique des gangs criminels. Krivitsky savait qu'il était le prochain sur la liste, car il avait essayé de protéger Reiss. Le Parti communiste, comme la mafia, exécute toujours un membre qui refuse de commettre un meurtre. Krivitsky se précipita au bureau du Premier ministre juif de France, Léon Blum, qui promit de le protéger. Un autre juif, Paul Wohl, fit sortir Krivitsky de France pour le faire passer clandestinement aux États-Unis. Un autre juif, Isaac Don Levine, obtint pour Krivitsky un contrat pour écrire neuf articles pour le *Saturday Evening Post* pour cinq mille dollars chacun. Les autres juifs qui aidèrent Krivitsky étaient Boris Shub et Adolf Berle. Krivitsky fut retrouvé mort dans sa chambre d'hôtel à Washington peu de temps après. Telle fut la fin de Schmelka Ginsberg, un assassin juif typique qui vécut et mourut selon la *lex talionis*, la loi juive de la jungle.

Au cours des années 1920, la Russie s'effondrait sous la dictature de commissaires juifs lunatiques, jusqu'à ce qu'il soit évident qu'il fallait faire quelque chose. Josef Staline, qui avait été choisi par les juifs pour être commissaire des minorités et pour poursuivre les Gentils qui s'opposaient aux juifs, fut nommé président du Comité central du Parti communiste. Sa première tâche fut de se débarrasser de ces révolutionnaires juifs au regard fou dirigés par Trotsky. Alors que la Russie soviétique s'effondrait, les Trotskystes voulaient toujours utiliser les fonds soviétiques pour promouvoir la révolution dans d'autres pays, malgré le fait que la tentative communiste juive d'accession au pouvoir avait été vaincue dans tous les pays d'Europe. Un dément nommé Bela Cohen avait été libéré d'un asile de fous hongrois pour diriger un gouvernement communiste juif de courte durée en Hongrie ; Rosa Luxemburg et une autre foule de juifs hystériques avaient formé un régime communiste similaire en Allemagne ; Mussolini avait neutralisé les communistes en Italie, et bien qu'il ait des intellectuels juifs dans son camp, son régime fonctionnait sur le mode de gouvernement ancestral des gentils.

Lors d'une réunion du Parti, Staline demanda à ce que Trotsky et sa bande de juifs fous soient expulsés. Les délégués acceptèrent et Trotsky fut prié de quitter la Russie. Staline lui-même avait assassiné sa deuxième femme lors d'une bagarre d'ivrognes et était désormais marié à Esther Kaganovich, sœur du commissaire juif aux industries lourdes. Il était en sécurité aux mains des juifs, et il avait marié sa fille à un autre Kaganovich. Les juifs ne se soucièrent jamais de la consanguinité. Le bras droit de Staline était Molotov, dont la femme était Rebecca Karp, sœur de l'agent immobilier juif Sammy Karp, dans le Connecticut. L'influence de Karp y favorisa le premier gouverneur juif du Connecticut, ''Abie the Rib'' Ribicoff.

Ainsi, le gouvernement de Staline était un groupe de juifs plus conservateurs qui avaient remplacé les juifs trotskystes hystériques. Depuis 1917, un seul homme survécut aux purges du Parti. C'est Ilya Ehrenberg, un juif qui dirige la politique du gouvernement soviétique depuis un demi-siècle en coulisses. *Newsweek* l'a récemment appelé « l'homme le plus riche de la Russie soviétique. » Pendant la Seconde Guerre Mondiale, lui et un autre juif nommé Litvinov-Wallach dirigèrent les opérations militaires des États-Unis ! Contre la volonté du général MacArthur, ils nous forcèrent à concentrer nos forces militaires en Europe, afin d'aider les juifs, tandis que les soldats américains sur le front de guerre du Pacifique furent massacrés par milliers, parce qu'ils ne pouvaient obtenir ni munitions ni couverture aérienne. Ehrenberg est le chef d'un groupe de millionnaires juifs, la nouvelle aristocratie russe, possédant des villas sur la Mer Noire, des maîtresses dans tous les pays satellites, et qui ne peuvent être démis de leurs fonctions parce qu'ils n'occupent pas de poste officiel.

Une autre révolte des juifs contre leurs autre coreligionnaires eut lieu sous le régime de Khrouchtchev. Le chef juif de la police secrète, Beria, conspirait avec Kaganovich et Molotov pour éliminer Khrouchtchev, mais le groupe de juifs de Khrouchtchev assassina Beria et conserva le pouvoir. La Russie soviétique demeurait la terre promise des juifs. Le *New York Times* rapportait le 8 juillet 1965 qu'un juif nommé Shakerman avait dirigé une bande de juifs forçant les détenus d'un établissement psychiatrique à travailler dur pour fabriquer des tricots que les juifs vendaient au marché noir pour quatre millions de roubles. Les juifs furent condamnés à mort *"in absentia"*, car ils s'échappèrent miraculeusement avant le procès et se réfugièrent aux États-Unis. Shakerman exploite aujourd'hui une usine de laine à Union City, dans le New Jersey.

Les juifs soviétiques ont parfois du mal à contrôler leurs intellectuels, même s'ils les emprisonnent chaque fois qu'ils osent être en désaccord avec le concept talmudique du communisme. Le chroniqueur Joseph Newman, dans le *Roanoke Times*, le 6 septembre 1965, commenta le sort de l'écrivain soviétique Valeriy Tarsis, placé dans une institution psychiatrique, selon la loi de Purim, car il critiquait le communisme juif. Newman citait Tarsis :

> « Tous les grands penseurs ont été des aristocrates de l'esprit, et aucun d'entre eux, d'Héraclite à Nietzsche, n'aurait pu engendrer la misérable doctrine de ce philistin juif barbu Marx – personne ne le suit sauf nos talmudistes bornés et les démagogues qui forment la junte au pouvoir... Mais je crois fermement que l'homme triomphera et non le singe. »

Ainsi, Tarsis assimile l'état communiste talmudique au singe, une observation valable, puisqu'il s'agit d'une culture datant de l'âge de pierre. Cependant, il est dangereux d'avoir des juifs schizophrènes qui contrôlent une grande puissance moderne avec son arsenal d'armes mortelles. Nous avons échappé de justesse à une troisième guerre mondiale en octobre 1956, lorsque les Rothschild complotèrent pour reprendre leur canal de Suez, saisi par le président Nasser d'Égypte après que les Britanniques eurent enfreint trente-trois traités concernant l'Égypte et le canal. Le complot consistait à faire descendre des parachutistes anglais sur l'Égypte pendant que les avions français bombardaient et mitraillaient les défenses égyptiennes, et que les troupes israéliennes intervenaient pour une opération de nettoyage. Les juifs ne voyaient rien de mal dans une attaque non provoquée contre un autre pays, et leur pouvoir fut démontré par le fait qu'ils pouvaient ordonner à l'armée britannique et à l'armée de l'air française de soutenir l'armée israélienne. Dans le même temps, l'Union soviétique décida de profiter de cette distraction pour exterminer les patriotes hongrois qui avaient temporairement renversé le gouvernement communiste juif. Les Hongrois furent massacrés tandis que les conseillers juifs d'Eisenhower lui ordonnèrent de ne leur envoyer aucune aide, mais les Israéliens furent contraints de se retirer d'Égypte. Néanmoins, pendant plusieurs jours, le monde fut au bord de la guerre atomique, une situation ayant été entièrement orchestrée par l'État d'Israël.

Marcel Bloch, un juif qui a survécu au camp de détention d'Auschwitz et qui est soudain devenu l'un des hommes les plus riches de France, était une figure clé dans ce complot. Propriétaire de l'influent journal *Jours de France*, il fabriqua l'avion de combat Mystère. Ce furent ces avions qui attaquèrent l'Égypte. Une autre figure de ce complot était l'ancien premier ministre Mendès-France, un juif extrémiste qui avait « négocié avec succès la fin de la guerre d'Indochine », selon le journaliste Don Cook. La solution de Mendès-France fut de se rendre face aux communistes et de renoncer aux milliards de dollars d'investissements français en Indochine. Mendès-France conduisit la délégation française à Bretton Woods, où les banquiers juifs créèrent en 1944 une Banque Mondiale et un Fonds Monétaire International, se partageant l'argent des Gentils au moment même où ceux-ci les sauvaient des Allemands.

Bien que le meurtre soit l'une des techniques juives autorisées, le chantage et l'enlèvement sont aussi largement pratiqués. Castro enleva des Américains pour promouvoir sa révolution communiste à Cuba. Dans *This Week* du 16 octobre 1965, un article de fond décrivait comment un juif nommé Henry Jacober, haut gradé dans les rangs de la police secrète soviétique, avait obtenu des millions de dollars pour financer les activités soviétiques en Europe. Il avait permis aux juifs américains de rançonner leurs proches dans des camps de concentration soviétiques, où ils avaient été emprisonnés pour divers crimes, à hauteur de 3 000 dollars chacun. Soixante-dix mille juifs russes furent ainsi rachetés à la Russie soviétique et amenés aux États-Unis, ce qui donna aux forces d'espionnage soviétiques 210 millions de dollars en fonds de fonctionnement. Le gouvernement ouest-allemand révéla qu'il avait acheté 25 000 juifs allemands de l'Allemagne de l'Est pour 25 000 000 $ afin de soutenir l'économie de ce satellite communiste.

Le citoyen lambda pourrait se demander : si la Russie soviétique est un paradis pour les juifs, comment se fait-il que certains d'entre eux soient mis dans des camps de concentration, et que d'autres soient fusillés ? Peu de Gentils ont la moindre idée de la guerre intertribale vicieuse qui sévit constamment parmi les juifs de l'âge de pierre. Ils ne savent pas combien de fois les dirigeants juifs conspirent pour se ruiner ou s'entretuer, dans leur lutte sans fin pour le pouvoir. Le chaos des organisations de la communauté juive aux États-Unis donne une certaine indication de la cruauté de ces conflits inter-juifs. Cependant, il ne faut pas confondre le meurtre d'un juif par un autre juif avec une flambée ''d'antisémitisme''.

Le pouvoir des juifs d'autres pays qui protégeaient le gouvernement communiste juif en Russie soviétique fut démontré pendant la Seconde Guerre Mondiale. Hitler croyait que les démocraties occidentales, qui étaient apparemment des économies de libre entreprise, seraient heureuses de le voir détruire l'expérience russe du communisme. Apparemment, il ne croyait pas ses propres déclarations selon lesquelles les démocraties occidentales étaient contrôlées par les juifs. Cette situation remonte à cent ans, aux problèmes qui avaient été créés lorsque les juifs quittèrent leurs ghettos après le Congrès de Vienne en 1815, et se propagèrent telle une invasion de sauterelles sur l'Europe. Baron dit, page 400 des *Grands âges et idées du peuple juif* :

> « Même dans les milieux juifs, les immigrants n'étaient pas vraiment les bienvenus. Une circulaire publiée en 1849 par les dirigeants anglo-juifs demandait aux juifs allemands de restreindre leur immigration en Angleterre. Les représentants

des juifs américains à la Conférence de Paris en 1878 lancèrent publiquement un avertissement contre les migrations juives systématiques. »

Les juifs qui s'étaient établis dans un pays trouvaient souvent leur bien-être menacé par une horde ultérieure d'immigrants juifs, sales, grossiers, avec des puces dans la barbe et des poux dans les cheveux. C'est ce problème qui donna naissance au Parti nazi en Allemagne. Les juifs allemands, prospères et acceptés par le peuple allemand, furent horrifiés par l'afflux en Allemagne, après la Première Guerre Mondiale, de juifs galiciens de classe inférieure. *The national Jewish Post*, organe officiel de la communauté juive allemande, exprima son indignation dans un article paru en juin 1923 :

> « Ces gens ont tout à fait raison de leur point de vue lorsqu'ils essaient d'effacer la poussière des pays de pogroms sur leurs chaussures et de fuir vers l'Ouest plus modéré. Les sauterelles ont également raison de leur point de vue lorsqu'elles s'abattent en essaims sur nos champs. Mais l'homme qui défend sa propre terre, qui lui fournit son pain et son bien-être, a aussi raison. Et qui peut nier qu'ils viennent en essaims ? Ils se moquent des loyers, ils se moquent des fonctionnaires. Surtout, ils se moquent des souhaits des occupants. Ils n'ont qu'un seul but en vue, et ils saisissent toutes les occasions qui s'offrent à eux pour l'atteindre. Mais ils sont loin de faire des maisons le seul objet de leur rapacité. Tout ce que l'argent peut acheter est, à leurs yeux, un sujet propre à la cupidité. Personne ne sait combien il y a de juifs d'Europe de l'Est en Allemagne.
>
> Nous savons seulement que toutes les statistiques mentent, qu'elles soient publiques ou privées. Les comités ouvriers de secours des juifs mentent. Les gens dont nous parlons ne vont pas devant ces comités. De Tarnopol et des quartiers environnants, ils ont conquis Vienne et sont en train de conquérir Berlin. Devenus maîtres de Berlin, ils étendront leurs lignes stratégiques et conquerront Paris. Le vide créé par la baisse du taux de change les aspire. »

La panique des juifs allemands face à l'invasion des agressifs juifs galiciens zozotants qui détruisaient l'économie allemande trouva rapidement une expression politique. Le baron Oppenheim, un juif allemand conservateur, et Max Warburg, un banquier juif dont le frère Paul était à la tête du Système fédéral de réserve des États-Unis, trouvèrent un homme politique anti-juif nommé Adolf Hitler et financèrent son mouvement dans ses premières années. Le paiement initial fut d'un million de marks. Avec cet argent, Hitler forma un corps de troupes d'assaut en uniforme et tenta un coup d'état en 1923. Quand cela échoua, les banquiers juifs continuèrent à le soutenir. En conséquence, Max Warburg vécut tranquillement en Allemagne jusqu'en 1939, pendant la période des ''pogroms'' nazis, et quand il vit la guerre approcher, il décida d'émigrer aux États-Unis. Le journaliste George Sokolsky déclare que Max Warburg fut autorisé à quitter l'Allemagne avec toute sa fortune, malgré la stricte réglementation monétaire.

Après 1928, la plus grande partie du financement d'Hitler provenait d'hommes d'affaires allemands gentils qui craignaient de perdre leurs usines au profit des communistes, mais le fait est que l'impulsion initiale du mouvement nazi, comme l'ont démontré de nombreux universitaires, fut l'argent juif. Ce n'est pas si extraordinaire que le lecteur non averti pourrait le croire. Une partie importante des groupes anti-juifs dispersés aux États-Unis est financée par des subventions de l'Anti-Defamation League of B'nai B'rith, qui à son tour collecte l'argent des juifs américains qui craignent le spectre de l'antisémitisme. L'ADL les tient constamment au courant de ce spectre en faisant connaître les groupes anti-juifs de manière disproportionnée par rapport à leur importance. La plupart des Américains n'ont aucune connaissance du problème juif, et les rares qui le savent n'ont pas d'argent pour contribuer à ces groupes, ou bien craignent de le faire car ils perdraient leur emploi ou leur entreprise. En conséquence, l'ADL, telle que présentée par le journal *The Independent*, finance son propre mouvement anti-juif. Elle dépense quatre cent mille dollars par an à cette fin, mais perçoit annuellement cinq millions de dollars du peuple juif ! Ce n'est pas un mauvais rendement annuel. Cela permet à l'ADL de maintenir un contrôle étroit sur la communauté juive, ainsi que sur les groupes anti-juifs. Ils connaissent à tout moment l'ampleur exacte du sentiment anti-juif aux États-Unis. Cette pratique est conforme au modèle juif traditionnel qui consiste à donner de l'argent à tous les partis et mouvements politiques, une technique de base du parasite juif pour évaluer l'humeur de l'hôte gentil et pour exercer un contrôle sur toutes ses activités.

Une autre technique juive, le pluralisme, fut surmontée par Hitler, comme Mann le fit remarquer dans son livre, *Diagnosis of Our Time*, (Oxford Univ. press, 1944) page 104 :

> « Il y a deux étapes principales dans la stratégie de groupe d'Hitler : l'éclatement des groupes traditionnels de la société civilisée et une reconstruction rapide sur la base d'un modèle entièrement nouveau. »

Le pluralisme est la technique du juif pour maintenir son pouvoir sur les Gentils, en établissant une multitude de groupes dans la société des Gentils, chacun ayant un pouvoir presque égal, et qui s'opposent les uns aux autres, divisant le soutien des dirigeants des Gentils entre une dizaine de groupes, tandis que le groupe juif étroitement uni et solidaire exerce facilement son pouvoir. Ainsi, aux États-Unis, une démocratie juive typique, nous avons, tout d'abord, les pouvoirs exécutif, législatif et judiciaire du gouvernement qui se disputent le pouvoir, tandis que de nombreux autres grands groupes, tels que les syndicats, le monde de la pègre, les groupes religieux, l'éducation, les journalistes, le monde du spectacle, et bien d'autres, exercent leur influence individuelle. En outre, les juifs ont tendance à faire connaître leurs désirs et à les satisfaire dans chacun de ces groupes, tandis que la direction de base juive du pays reste incontestée.

Les écrivains juifs ne cessent de faire l'éloge de notre ''démocratie pluraliste'', mais les Gentils n'ont aucune idée de ce que cela signifie. Les juifs, eux, savent très bien ce que cela signifie, une foule de groupes se partageant le pouvoir entre eux alors qu'à l'arrière-plan, le juif conserve tout le pouvoir dont il a besoin pour servir ses propres intérêts. Ils se nourrissent de l'ignorance des Gentils, et l'influence juive croissante dans nos universités tourne l'éducation en dérision. Les universités se transforment en clubs de garçons et de filles offrant de multiples opportunités de danses, de jeux et de sexe, tandis que toute activité intelligente est mise de côté. Cela répond au sentiment juif de base concernant les Gentils, tel qu'il est exprimé dans le *Talmud*, selon lequel les Gentils sont des bêtes stupides qui ne peuvent être éduquées de toute façon. Les écoles supérieures sont remplies de juifs qui travaillent d'arrache-pied sur leurs thèses rabbiniques ; en moins d'un quart de siècle, les universités américaines ont été ramenées au niveau d'un ghetto médiéval, et la proportion de professeurs et d'étudiants juifs augmente chaque année. Les cours de ''philosophie'' consistent uniquement en des harangues sauvages contre les nazis et le recrutement d'étudiants pour planter des arbres en Israël ; les devoirs sont faits pour étudier Spinoza au lieu de Nietzsche ; Sassoon au lieu de Pound ; Schwartz au lieu de Eliot.

Pour en revenir à Hitler, le Dr Hermann Eich, éminent éditeur allemand, déclara récemment dans un livre que les Allemands étaient moins anti-juifs que tout autre peuple en Europe, ce qui était vrai. Les *Storm Troopers* devaient effectuer leurs raids sur les magasins allemands la nuit, de peur que les Allemands ne les attaquent pour défendre les juifs. Quand les bombardiers commencèrent à tuer des femmes et des enfants, l'ambiance changea. Hitler ordonna à tous les juifs d'être internés dans des camps pour la durée de la guerre, parce que de nombreux juifs avaient été surpris en train d'afficher des signaux lumineux pour guider les bombardiers dans la destruction des villes et quartiers résidentiels allemands. Les Sages de Sion de chaque communauté juive coopérèrent avec les Allemands pour rassembler les juifs. Hannah Arendt, l'éminente intellectuelle juive, déclara que la communauté juive ne s'était échappée qu'au Danemark, parce qu'il n'y avait aucun groupe d'anciens juifs qui pouvaient les remettre aux Allemands. Rudolf Kastner, chef de l'Organisation sioniste à Budapest, remit les juifs roumains aux nazis en échange de l'autorisation donnée à 1683 de ses amis et parents dans la communauté juive d'émigrer en Suisse avec toutes leurs fortunes. Inutile de dire que tous les banquiers juifs importants en Europe ont survécu à la guerre. Kastner fut ensuite assassiné en Israël par un juif dont la famille avait été envoyée dans un camp de concentration à cause de lui.

Dans ces camps, les juifs commencèrent bientôt à mourir du typhus, à cause de leur refus de maintenir entre eux des conditions de vie hygiéniques. Les Allemands menaient une guerre sur deux fronts et n'avaient pas de personnel pour servir les juifs. Les responsables du camp furent bientôt confrontés à l'élimination de centaines de cadavres de juifs malades. Il n'y avait qu'une seule solution – les brûler – et des fours rudimentaires furent utilisés à cette fin. Après la guerre, les propagandistes juifs régalèrent le monde d'histoires fantastiques de millions de juifs ayant été brûlés à mort dans deux petits fours qui ne pouvaient disposer que de six corps par jour. Virginius Dabney, rédacteur en chef du *Richmond Times* Dispatch, écrivit dans le *Saturday Review* du 9 mars 1963, après une visite à Dachau :

> « La chambre à gaz, étonnamment, n'a jamais été mise en service, car elle fut construite tardivement et sabotée par les détenus. »

Dabney affirme également que les détenus sont « morts du typhus et d'autres maladies. » À Auschwitz, une ''reconstitution'' après la guerre montrait des chambres à gaz et des fours construits par les esclaves allemands en 1946, dans le cadre de la campagne juive pour faire connaître au monde les ''six millions'' manquants. Il y avait une bonne raison économique derrière cette histoire de six millions de juifs qui auraient été tués par les nazis sur une population totale juive allemande d'avant-guerre de 300 000 personnes. L'État d'Israël, qui n'existait pas à l'époque des massacres supposés, imposa au peuple allemand des ''réparations'' de 800 millions de dollars par an pendant dix ans, en paiement de ces ''massacres''. La majorité des juifs morts étaient des juifs polonais, tués par Staline pour les empêcher de dévoiler la position de ses lignes de défenses contre les armées nazies en 1941, mais Israël ne demanda aucune réparation à la Russie. Avec les réparations allemandes, les juifs d'Israël purent vivre confortablement sans travailler, alors qu'ils se prélassaient dans les maisons saisies aux travailleurs arabes qui les avaient construites.

L'Allemagne, la seule nation qui ait jamais envoyé des forces militaires contre le gouvernement communiste de la Russie soviétique, fut vaincue de façon retentissante, grâce à l'activité frénétique des juifs américains qui, poussés par Ehrenberg à Moscou, et personnellement conduits par Wallach-Litvinov, entraînèrent les États-Unis dans la guerre pour sauver le communisme juif de l'attaque allemande. Des milliers d'Allemands vivant en Amérique, loyaux envers les États-Unis, furent rassemblés dans des camps de concentration et y restèrent jusqu'après la fin de la guerre, tandis que quatre milliards de dollars de leurs biens furent saisis par le Bureau de Garde des Biens Étrangers et donnés aux juifs.

Après la guerre, les États-Unis nommèrent un haut-commissaire d'Allemagne, John McCloy, qui avait travaillé toute sa vie comme avocat pour le cabinet Cravath and Henderson, le cabinet qui représentait les banquiers juifs, Kuhn, Loeb and Co. Le Haut-Commissaire adjoint, et véritable pouvoir, était Benjamin Buttenweiser, associé de Kuhn & Loeb, dont l'épouse Helen était l'avocate représentant Alger Hiss pendant son procès. Le général Lucius Clay commanda l'armée d'occupation américaine et accepta plus tard un poste lucratif au sein de la Lehman Corporation, une société bancaire juive. De toute évidence, il n'avait rien fait pour offenser les juifs pendant qu'il servait en Allemagne. Les hommes d'affaires allemands s'aperçurent qu'ils étaient contraints d'engager un lobbyiste juif, le général Julius Klein, commandant des anciens combattants juifs, sans quoi le gouvernement d'occupation leur refuserait l'autorisation de faire des affaires. Klein se servit du sénateur Thomas Dodd comme d'un larbin pour établir certaines de ces connexions. Dodd accepta également dix mille dollars d'A. N. Spanel, un juif arrogant ayant érigé un empire dans les culottes aux États-Unis. L'argent était destiné à ouvrir la voie de la nomination de M. Spanel comme ambassadeur en France. Dodd prit l'argent mais Spanel n'obtint jamais le poste.

Les juifs prirent également des pourcentages importants de toutes les entreprises allemandes à qui le gouvernement d'occupation de McCloy, Kuhn & Loeb avait accordé un permis d'exploitation. Les juifs affluèrent en masse pour s'emparer de précieux brevets allemands et spolier la population allemande sans défense. L'une des premières lois adoptées par l'Occupation érigeait en crime le fait de critiquer un juif (*Bavarian Stute n°8*). Un économiste estima récemment que les juifs avaient pris deux cents milliards de dollars en bénéfices nets sur l'Allemagne occidentale depuis la guerre. Le mouvement nazi dans lequel Oppenheim et Warburg avaient investi avait finalement porté ses fruits. Un autre juif, le Dr Hans Deutsch, se spécialisa dans la présentation de faux témoignages sur des œuvres d'art que les nazis auraient réquisitionnées aux juifs. Il obtint dix millions de dollars du gouvernement allemand pour l'un de ses clients, le baron Edmond de Rothschild de Paris, mais lorsque Deutsch reparut en 1965 pour une autre somme de 105 millions de dollars pour des peintures qu'il prétendait avoir été confisqué à un juif hongrois nommé Hatvany, détenant le monopole du sucre dans ce pays, il fut arrêté pour fraude. Les tableaux qu'il avait énumérés étaient accrochés au musée de l'Ermitage à Moscou depuis de nombreuses années, et les nazis ne les avaient jamais vus !

Les juifs mènent également des campagnes annuelles ''antisémites'' en Allemagne, au cours desquelles les pierres tombales des cimetières juifs sont renversées. Les Allemands sont ensuite rassemblés pour nettoyer les cimetières et les autres indignités qui s'y accumulent, tandis que les juifs récoltent des millions de dollars supplémentaires grâce à leur dispositif infaillible de collecte de fonds. Cette provocation de la part du juif est aussi une technique de base pour contrôler les Gentils.

Bien que les juifs aient sauvé le communisme russe des armées allemandes, le communisme reste un échec grotesque. La Pologne a décollectivisé 85% des exploitations agricoles, la Hongrie en a décollectivisé 90%, afin que la population puisse cultiver suffisamment pour se nourrir. Néanmoins, les pays communistes continuent de faire face à des menaces annuelles de famine. Tout le monde admet que le système communiste ne peut pas fonctionner ; mais peu de gens ont le courage d'ajouter ce qui est douloureusement évident ; qu'il ne peut pas fonctionner parce qu'il s'agit de la création idéologique de juifs schizophrènes.

CHAPITRE NEUF

LES JUIFS ET LES ÉTATS-UNIS

De toutes les nations goy du monde, aucune n'a souffert davantage aux mains des juifs que les États-Unis. Les deux plus grandes calamités qui aient frappé ce pays furent la guerre civile et le krach de 1929. Le premier dévasta tout le Sud et massacra sa jeunesse ; le second anéantit deux cents milliards de dollars d'investissements et ruina la plupart des Gentils du pays, laissant le champ libre aux juifs.

Ces deux calamités furent causées par les juifs, comme le prouvent littéralement des tonnes de documents. La guerre civile fut provoquée par les banquiers Rothschild afin de diviser les États-Unis en deux républiques affaiblies. Le krach boursier de 1929 fut provoqué par les juifs dans l'une de leurs opérations les plus coutumières, transférant une importante cargaison d'or hors du pays, afin de provoquer une contraction soudaine du crédit. Au moins une fois par génération, des millions d'Américains furent appauvris par une panique financière causée de la même manière, mais les remèdes à ces paniques, tels que le système de Réserve fédérale et les autres panacées monétaires que les juifs ont conçues pour nous, réussirent uniquement à enrichir les juifs et appauvrir les Gentils.

En toute justice pour les juifs, posons-nous la question : « Pourquoi en serait-il autrement ? » Si nous tombons dans le même piège au moins une fois par génération, pourquoi les escrocs juifs ne l'utiliseraient-ils pas encore et encore ? Nous savons que les juifs sont une unité raciale très homogène –

pourquoi ne pourraient-ils pas profiter de notre diversité ? Pourquoi ne reverseraient-ils pas notre gouvernement si, comme ils le prétendent, nous sommes trop stupides pour le diriger nous-mêmes ? Pourquoi ne devraient-ils pas dominer nos banques et nos universités, si les Gentils sont trop bêtes pour les faire fonctionner ?

Malheureusement, ce n'est pas si simple. Avec cet argument, nous ne pourrions vaincre les juifs qu'en devenant plus juifs qu'eux. Beaucoup de Gentils font exactement cela. Il y a un grand nombre d'hommes d'affaires gentils qui peuvent écorcher les juifs et le font dans chaque transaction commerciale conclue avec eux. L'intelligence juive est beaucoup surestimée ; leur vrai pouvoir n'est pas leur intelligence, mais leur solidarité, la muraille de trahison et de ruse qu'ils ont formée pour repousser le Gentil. Même lorsque les Gentils les surpasse dans les affaires, le juif gagne la dernière bataille, parce que le Gentil meurt, et sa fortune se retrouve dans des bandes juives. Henry Ford en est un exemple typique. Les juifs n'ont jamais pu vaincre Henry dans une transaction commerciale, et il les méprisait de tout cœur, pourtant la Fondation Ford a dépensé deux milliards de dollars de la fortune du vieil Henry pour inonder le pays de propagande juive, soutenir d'énormes projets pour les juifs, comme l'étude de Mortimer Adler, d'une valeur de vingt millions de dollars, sur la ''signification de la philosophie'', une des bêtises les plus ridicules jamais proposées, et une longue liste de projets tous aussi fous et tous aussi juifs. Les juifs utilisèrent le gouvernement des États-Unis pour forcer la famille Ford à créer cette fondation servant de véhicule de propagande juive, menaçant de détruire la compagnie Ford si elle refusait.

Pourquoi le juif gagne-t-il la dernière bataille dans la lutte pour l'argent ? Tout d'abord, l'argent est l'arme de premier choix du juif. Il sait tout ce qu'on peut en faire, y compris la pyramide du crédit, l'invention de systèmes de comptabilité qui dissimulent les profits, la mise en place de fondations pour que le gouvernement n'obtienne jamais un sou de l'argent juif, et bien d'autres techniques qui ont été affinées dans le ghetto pendant des siècles.

Quand un Gentil décide de faire de l'argent, il balaie toutes les autres considérations personnelles. Quand un juif cherche à faire de l'argent, il le fait non seulement pour lui-même, mais aussi pour sa race. Chaque dollar qu'il peut se procurer est une arme dont le juif peut user contre le Gentil. C'est l'avantage naturel d'un membre anonyme d'un État collectif par rapport à un État dans lequel chaque membre se targue d'être un individu. On se souviendra peut-être que les États-Unis n'ont pas de culture propre. C'est une culture nord-européenne qui, au cours des cinquante dernières années, s'est fortement teintée de méchanceté juive.

Les Américains sont facilement influençables, parce que nous sommes des gens généreux, travailleurs et insouciants. Henry Ford se vantait qu'il n'avait pas besoin de connaître l'histoire parce qu'il pouvait se permettre d'engager les meilleurs historiens du pays. C'est l'attitude typique d'un mercenaire à l'égard de l'éducation. Tout ce que Ford obtiendrait, serait la version de l'histoire de cet historien en particulier, et il n'aurait aucun moyen de savoir s'il en aurait pour son argent. Ainsi nous avons vu, Mortimer Adler et une foule d'autres juifs faisant ripailles aux frais de Ford. Mais entendons-nous parler de milliardaires juifs qui subventionnent un groupe de Gentils ? Bien sûr que non. Lorsque Gérard Swope, le juif de gauche président de General Electric, décéda, il légua tout son patrimoine, huit millions de dollars, à l'Institut israélien de technologie. L'argent qu'il avait amassé par la sueur des employés goy de General Electric s'en fût tout droit en Israël. En outre, le gouvernement des États-Unis perdit 4 500 000 $ en droits de succession sur cet argent. E. J. Kahn déclare page 439 de *Herbert Bayard Swope* :

> « Cet obstacle fut soigneusement contourné lorsque le Congrès, avant la mort de Gérard, adopta un projet de loi permettant à certaines personnes – dont la situation était précisément modelée sur la sienne – de choisir un organisme de bienfaisance pour recevoir l'argent d'un conjoint décédé sans avoir à payer d'impôt sur cette donation. »

Ainsi, les droits de succession marxistes ne sont prélevés que sur les legs des Gentils. L'argent juif s'en va tout entier vers Israël.

Nous avons mentionné que le peuple américain n'aime pas réfléchir. Cependant, les gens qui ne pensent pas sont souvent exploités par ceux qui pensent, et le cerveau juif est toujours actif. Pour un juif, atteindre la richesse aux États-Unis, c'est comme confisquer des bonbons à un bébé ; c'est une chose bien facile de jouer un tour aux pigeons d'américains. Le parasite juif a trouvé en ce peuple l'hôte Gentil idéal – extrêmement productif et travailleur, et presque inconscient de la présence cancéreuse du parasite qui empoisonne chaque aspect de sa vie. Toute notre politique étrangère est dictée par les juifs, et d'un point de vue américain, cette politique est insensée. Il y a quinze ans, nous avons refusé d'utiliser les troupes chinoises anticommunistes de Chiang Kai-Shek pour combattre les Chinois communistes en Corée, même si nous avions payé tout l'équipement de l'armée de Chiang, parce que notre gouvernement préférait que nos propres Boys soient massacrés là-bas. En conséquence, les communistes ont appelé notre intervention ''impérialisme blanc'' et ''racisme'', ce qu'ils n'auraient pas pu faire si nous avions utilisé l'armée de Chiang. À présent, nous faisons la même chose au Vietnam. L'armée de Chiang, prête à combattre, ne sera jamais utilisée au Vietnam, malgré nos pertes croissantes. Les juifs nous ordonnent d'attaquer la Rhodésie. Pourquoi ? Parce que la Rhodésie a suivi notre exemple et a déclaré son indépendance contre l'injustice britannique. Aucun peuple au monde n'a plus en commun avec les Amérindiens nés en Rhodésie que le peuple blanc, pourtant notre gouvernement sous contrôle juif dépense des millions de dollars pour harceler le peuple rhodésien. Des centaines d'autres exemples pourraient être cités pour démontrer cette folie. Il y a vingt ans, nous avons conclu une guerre acharnée contre l'Allemagne et le Japon. Aujourd'hui, ils sont nos seuls alliés fiables.

Soixante pour cent des Américains font tout le travail, gagnent la majeure partie de l'argent, paient tous les impôts et soutiennent une partie considérable du reste du monde. C'est notre peuple chrétien blanc, mais il n'a ni lobby, ni représentant au gouvernement, et il est toujours caricaturé et moqué dans les émissions de télévision. Toute tentative de création d'une organisation pour les représenter est immédiatement écrasée par le gouvernement, alors que tout l'empire des journaux, de la radio et de la télévision crie au ''racisme'' ! La presse ne semble jamais remarquer le racisme des organisations juives. À la télévision, les juifs et les Noirs sont des vaches sacrées. Ils sont toujours dépeints comme des êtres bons, angéliques, qui endurent patiemment les outrages des Blancs ignorants. Bien sûr, les hommes d'affaires blancs paient pour ces émissions. Comme le sénateur du Texas, Tom Connally, l'a fait remarquer lors d'un toast public il y a quelques années,

> « États-Unis, à la vôtre ! Les Blancs travaillent pour eux, les juifs les possèdent, et les Noirs en profitent ! »

Les économistes ont récemment révélé que la classe moyenne chrétienne blanche paie 84 % de ses revenus en impôts. Oh, non, dit M. l'Américain, je ne paie que 46 %, et j'ai un emploi moyen, une maison moyenne et une famille moyenne. Mais, monsieur l'Américain, vous ne connaissez pas les taxes cachées que vous payez sur tous les produits de consommation que vous et votre famille utilisez. Ajoutez cela à votre impôt sur le revenu de 46 %, qu'il s'agisse de l'impôt de l'État sur le revenu, de l'impôt fédéral ou de l'impôt local, et vous obtenez le chiffre de 84 %. Par une coïncidence surprenante, l'éminent économiste J.J. Cavanagh a récemment terminé une étude pour la National Zionist Foundation qui montrait que les juifs américains possèdent 84 % de la richesse réelle des États-Unis. N'est-il pas remarquable que le salarié américain paie 84 cents sur chaque dollar qu'il gagne en impôts directs et cachés, et que les juifs possèdent 84 % de la richesse nationale ? Même les Américains les plus lents d'esprit doivent facilement percevoir un lien de cause à effet. Après une carrière de quarante à cinquante ans de travail acharné, le travailleur américain moyen laisse une succession de 2500 $, selon l'American Inheritance Society. Pourtant, selon le *Jewish Independent*, un journal économique, le juif américain moyen laisse un héritage de 126 000 $! Il s'agit bien sûr d'une statistique falsifié. Le chiffre réel est probablement plus proche de 500 000 $. Comme nous l'avons souligné dans l'affaire Swope, la richesse juive ne va qu'à l'État juif. Les juifs ont créé des centaines de fondations pour siphonner leurs énormes fortunes au service des objectifs communistes juifs. Les communistes ont perdu la Chine à cause des activités de l'Institut des relations du Pacifique. Le IPR a été financé par des dons de General Electric Corp. par l'intermédiaire de Gerard Swope. General Electric continue de donner des sommes importantes à l'IPR encore aujourd'hui, au mépris des rapports du Congrès faisant état de son long et fructueux bilan au nom des objectifs communistes.

La fortune de Rockefeller a été répartie entre un certain nombre de fondations, dont presque toutes se sont distinguées par leur vicieuse agitation pro-communiste. Peu de gens savent que John D. Rockefeller n'était qu'un esclave gentil de Jacob Schiff et Kuhn, Loeb Co. les représentants américains des Rothschild. Si Rockefeller a gagné un milliard de dollars, combien les juifs ont-ils gagné ? Non seulement cela, mais Rockefeller dut accepter que sa fortune soit toujours administrée par un associé de Kuhn, Loeb Co. Ainsi, le *New York Times* publie que L. L. Strauss, associé de Kuhn & Loeb, est « le conseiller financier des frères Rockefeller. » Cela signifie que les millionnaires Rockefeller ne seront millionnaires que tant qu'ils feront ce qu'on leur dit.

Comment est-ce arrivé ? Comment le peuple américain épris de liberté est-il devenu esclave des juifs ? Tout d'abord, les Américains ne se serrent pas les coudes. Deuxièmement, beaucoup d'Américains sincères et mal avisés croient au blasphème selon lequel le Christ était juif et que les juifs sont nos dirigeants naturels parce que notre Seigneur est un juif. Troisièmement, les juifs dépensent des fortunes chaque année pour couvrir leurs crimes, tandis que les Américains ne dépensent rien pour découvrir ce que les juifs font. Notre histoire a été falsifiée pour dissimuler la culpabilité des juifs d'avoir déclenché la guerre civile et bien d'autres catastrophes américaines.

L'histoire du contrôle juif commence avec la fondation de l'Amérique. Le nouveau continent fut colonisé par des chrétiens européens qui fuyaient la terreur et la dévastation des guerres de religion provoquées par les juifs, ou qui fuyaient la tyrannie des agents juifs qui administraient les grands domaines en Europe, tandis que les propriétaires aristocrates s'amusaient avec des prostitués dans les grandes villes. Soudain, le juif se rendit compte que beaucoup de ses esclaves chrétiens disparaissaient. Il se rendit vite compte qu'ils étaient partis en Amérique. Si l'hôte Gentil se déplace, le parasite juif doit se déplacer après lui et reprendre son emprise parasitaire. En un rien de temps, les juifs affluèrent en Amérique. Ils étaient marchands dans les villes, et ils se rendaient dans les régions les plus reculées du désert pour servir de l'alcool aux Indiens et prendre tous leurs biens. Ils vendirent aussi des fusils aux Indiens pour massacrer les colons blancs.

Lorsque le roi George III d'Angleterre ne parvint pas à répondre aux exigences des prêteurs juifs, auprès desquels il était lourdement endetté, il dut augmenter les taxes sur tous les biens envoyés en Amérique. Cela ne satisfaisait pas les juifs. Ils l'informèrent que le peuple américain imprimait et faisait circuler son propre papier-monnaie, ce qui avait créé une grande richesse et prospérité dans les colonies. Le roi George III fut contraint d'émettre un ordre interdisant cet argent libre d'intérêt et stipulant que les colons ne pouvaient utiliser que l'argent de la Banque d'Angleterre imprimé par les juifs. Quelques mois après l'entrée en vigueur de cette ordonnance, les colons étaient en proie à une terrible dépression financière. Le commerce ralentit jusqu'au point mort, et beaucoup d'Américains furent ruinés. Les colons décidèrent de riposter, et le résultat fut la Révolution américaine. Benjamin Franklin fit remarquer que les colons n'avaient aucune objection à la petite taxe sur le thé, mais qu'ils ne supportaient pas la réduction du commerce qui avait suivi l'interdiction de la monnaie locale. Cependant, il convenait aux juifs de rendre public un incident mineur, la Boston Tea Party, et de dissimuler la véritable raison de la révolte.

Lorsque les patriotes américains se rebellèrent, le roi George fut de nouveau dans une situation difficile. L'armée britannique tant vantée n'était pas en état d'intervenir. Mal équipées par des fournisseurs juifs et mal dirigées par des aristocrates de carrière, ivrognes, homosexuels et sadiques, les troupes étaient complètement démoralisées. Les officiers ne souhaitaient pas ordonner la flagellation d'un jeune soldat parce qu'il avait refusé la proposition homosexuelle d'un ivrogne. Il semblait que les Américains l'emporteraient par défaut. Une fois de plus, les juifs proposèrent une solution. Un usurier juif nommé Montefiore suggéra au roi George que les Allemands avaient beaucoup de bons soldats à embaucher ; comme d'habitude, les juifs étaient des marchands de chair. Montefiore s'assura auprès d'un juif allemand, Mayer Rothschild, que l'électeur de Hesse avait quinze mille soldats de première ligne qu'il enverrait au roi George pour vingt millions de dollars. Le roi George emprunta les vingt millions de dollars à Montefiore, et l'argent fut envoyé à l'électeur de Hesse. L'électeur envoya les troupes mercenaires en Amérique pour écraser la rébellion, et il remit l'argent à son banquier de cour, Mayer Amschel Rothschild, pour le placer en lieu sûr. Rothschild renvoya l'argent à Montefiore pour réinvestissement, et en moins d'un mois, Montefiore avait encore vingt millions à prêter, même s'il s'agissait des vingt millions qu'il avait auparavant, et que le roi George lui devait désormais, et qui appartenaient à l'électeur de Hesse. Quiconque ne comprend pas cela ne peut pas comprendre comment un juif peut avoir vingt millions de dollars un jour et quarante millions le lendemain. L'argent fut prêté plusieurs fois au cours des dix années suivantes, et Rothschild rendit l'argent, avec intérêt, à l'électeur, mais le dirigeant ravi insista pour que Rothschild continue à le gérer pour lui, ainsi la base de la fortune Rothschild fut la vente de troupes pour écraser le peuple américain et les Rothschild tirent profit de chacune de leurs tentatives pour nous écraser depuis lors.

Comme d'habitude, les Rothschild misent sur les deux côtés. Par l'intermédiaire d'un agent américain, un juif polonais nommé Haym Salomon, les Rothschild prêtèrent de l'argent à l'armée américaine. Le représentant américain était Robert Morris, et la somme aurait été de 600 000 $. Bien que toute la transaction soit entourée de mystère, pendant plus d'un siècle, les juifs colportèrent le mensonge fantastique que Haym Salomon avait financé toute la lutte américaine pour l'indépendance. Kastein écrit, page 376 de *L'histoire des juifs* :

> « Comme on pouvait presque s'y attendre, c'était un juif, Chaim Solomon (sic) qui fut tenu de financer la révolution. »

Kastein n'offre aucune preuve à l'appui de cette affirmation, car il n'y en a aucune. Les juifs déclarèrent qu'un pauvre tailleur juif, Chaim Salomen, sachant que les Américains n'avaient pas d'argent pour continuer leur combat, leur avait donné toute sa fortune de 600 000 $ et que jamais un sou ne lui fut remboursé. Tout d'abord, un pauvre tailleur juif peut difficilement être considéré comme pauvre s'il possédait une fortune de 600 000 $ (l'équivalent de vingt millions de dollars en pouvoir d'achat actuel), et rien n'explique comment il avait acquis une telle fortune. Deuxièmement, personne ne fut jamais en mesure d'établir que quelqu'un nommé Haym Salomon vécut en Amérique pendant la Révolution. Il est probable qu'il s'agissait de l'un des nombreux alias utilisés par un agent Rothschild dans le cadre de diverses missions pour les banquiers juifs. Nous savons qu'il y avait un Robert Morris, qu'il avait obtenu une charte pour la Banque d'Amérique du Nord en 1781, qu'il était un agent des Rothschild, et que le capital de 200 000 $ en or de la banque fut envoyé par les Rothschild via la flotte française qui assiégea Cornwallis à Yorktown. On sait aussi que les Rothschild firent 14 000 000 $ de profit en spéculant sur la monnaie continentale, après en avoir fait baisser le prix et que même s'ils avaient fait un prêt de 600 000 $ à l'armée américaine, et même si ce prêt ne fut pas remboursé, ils ne subirent aucune perte.

Les patriotes américains victorieux étaient bien conscients de la question monétaire, mais aussi du problème juif. Benjamin Franklin et George Washington ont solennellement averti le peuple américain d'écarter les juifs, sans quoi ils le regretteraient à jamais. Bien qu'on ait débattu pour savoir s'ils devaient détenir la citoyenneté, la question fut rejetée parce que la plupart des

Américains ne croyaient pas qu'ils menaceraient un jour notre prospérité. Rétrospectivement, on ne peut pas leur en vouloir. Après tout, les Babyloniens, les Égyptiens, les Perses, les Grecs et les Romains avaient fait la même erreur. Quel dommage que nos ancêtres aient si peu connu l'histoire ancienne ! Pour protéger le peuple des banquiers juifs, cependant, les rédacteurs de la Constitution déclarèrent expressément, Article 1, Section 8, partie 5 :

> « Le Congrès a le pouvoir d'émettre des pièces de monnaie et d'en réglementer la valeur, ainsi que des pièces étrangères. »

Dès l'adoption de la Constitution, les Rothschild commencèrent à dépenser de l'argent pour abroger cette disposition. Ils y parvinrent finalement en 1913, lorsque le Congrès céda le pouvoir d'émettre la monnaie aux banques privées de la Réserve Fédérale. Ce fut la fin officielle de la souveraineté américaine, comme le fit remarquer Charles Lindbergh Sr.

Le contrôle parasitaire actuel de l'hôte Gentil par les juifs dépend en grande partie du système monétaire juif de monnaie privée, émis par des banques juives et portant intérêt, afin d'asservir le débiteur. Le peuple américain a cédé ce pouvoir à cause de l'avidité de quelques Gentils et de l'ignorance de la majorité. Le procureur général des États-Unis, parlant des Legal Tender Acts, déclara *(12 Recueil des arrêts Wallace de la Cour suprême des États-Unis)*, page 319 :

> « Cette législation suppose qu'en vertu de la loi, l'argent sous toutes ses formes a la valeur que la loi lui attribue. Nous le répétons, l'argent n'est pas une matière, mais une impression d'autorité. »

Comme impression d'autorité, d'après le procureur général, l'argent représente le pouvoir, la souveraineté d'un peuple. Les juifs ont obtenu cette autorité grâce au Federal Reserve Act, et ils l'ont obtenue à cause de la vénalité de quelques dirigeants du

Congrès, parmi lesquels Carter Glass, Cordell Hull et d'autres "grands Américains", selon la machine de propagande juive. Seul le député Charles Lindbergh, père du célèbre aviateur, osa s'opposer à cette mesure.

L'un des avantages du système parlementaire est que les juifs ont le choix entre un grand nombre de Gentils pour sélectionner leurs messagers. Ils n'ont jamais manqué de sénateurs et de membres du Congrès qui feraient leur quatre volontés, pour des sommes dérisoires, compte tenu des milliards de dollars en jeu. L'un des premiers et des plus capables défenseurs du système monétaire juif fut Alexander Hamilton, qui est aujourd'hui vénéré à Wall Street. Hamilton était le fils bâtard d'un marchand juif des Antilles, nommé Levine, et de sa maîtresse mulâtre, qu'il ne prit jamais la peine d'épouser. Lorsque Hamilton fut tué dans un duel à Weehawken, dans le New Jersey, les Rothschild trouvèrent un remplaçant compétent en Nicholas Biddle de Philadelphie. Biddle fut combattu sans pitié par le président Andrew Jackson après que le baron James de Rothschild de Paris ait chargé Biddle de créer la seconde Banque des États-Unis.

En raison de cette opposition à leur banque, les Rothschild décidèrent que la république libre du peuple américain devait être détruite. Ils décidèrent que la meilleure façon d'y parvenir était de diviser le pays en deux nations plus faibles. Il s'agissait d'une affaire toute faite, celle des dissensions entre le Nord et le Sud au sujet de l'esclavage. Après que les marchands yankees eurent chargé le Sud d'esclaves, ils se retournèrent contre l'esclavage. Alexis de Tocqueville, un voyageur français, observa en 1832 que :

> « La présence des Noirs est le plus grand mal qui menace les États-Unis. Ils s'accroissent plus vite dans les États du Golfe que les Blancs. Ils ne peuvent pas être maintenus éternellement en esclavage ; les tendances du monde moderne vont trop fortement dans l'autre sens. Ils ne peuvent pas être absorbés par la population blanche, car les Blancs ne se marieront pas avec eux, même dans le Nord où ils sont libres depuis deux générations. Une fois affranchis, ils seraient plus dangereux qu'aujourd'hui,

car ils ne se soumettraient pas longtemps à l'exclusion des droits politiques. Une lutte terrible s'ensuivrait. »

Depuis plus d'un siècle, les juifs utilisent le problème des Noirs comme une arme contre l'Amérique. Les Rothschild versèrent des millions de dollars en Nouvelle-Angleterre pour financer le mouvement abolitionniste, qui était un groupe révolutionnaire voué à la violence contre le Sud. Les juifs savaient que le talon d'Achille de la République américaine était le Nègre, et le peuple américain n'avait aucune idée de ce qui se passait. Bien que Washington ait mis en garde son peuple contre les juifs dans son discours d'adieu, lorsqu'il lança l'avertissement solennel qu'il faudrait toujours être sur le qui-vive contre cette « petite minorité entreprenante », et que Benjamin Franklin ait écrit un long testament suppliant le peuple américain de se méfier des activités juives, les Rothschild poursuivirent l'agitation abolitionniste, amenant bientôt la nation au seuil de la guerre. Une surprenante prédiction vint de Disraeli à un grand rassemblement de dirigeants juifs à Londres en 1857. L'occasion fut le mariage de la fille de Lionel Rothschild, Lenora, à son cousin, Alfonso Rothschild de Paris. Disraeli déclara :

> « Sous ce toit se trouvent les chefs de la famille Rothschild, un nom célèbre dans toutes les capitales d'Europe et dans toutes les parties du globe. Si vous le voulez, nous diviserons les États-Unis en deux parties, une pour vous, James, et une pour vous, Lionel. Napoléon fera exactement tout ce que je lui conseillerai, et à Bismarck sera proposé un programme tellement enivrant qu'il en deviendra notre esclave absolu. »

En conséquence, les États-Unis furent rapidement mêlés à la guerre de Sécession. À Londres, Lionel Rothschild était un fervent partisan du Sud. À Paris, James Rothschild était un fervent partisan du Nord. Avec de tels amis, ni le Nord ni le Sud n'avaient besoin d'ennemis. Au début, les Rothschild révélèrent leur plan initial, à savoir que le Nord ne recevrait pas d'argent pour poursuivre la guerre. Le président Lincoln découvrit qu'il ne pouvait pas emprunter d'argent à New York pour poursuivre la guerre. Non découragé par ce refus, il déconcerta les banquiers en émettant 346 millions de dollars en billets verts et en équipant ses armées. Ce faisant, il fut le premier président constitutionnel, c'est-à-dire le premier à exercer le principe de la souveraineté nationale. Cet argent, s'il avait été émis par les banquiers, leur aurait ensuite rapporté onze *milliards* de dollars en intérêts. Manifestement, ils furent troublés par l'action de Lincoln. Un journal contrôlé par Rothschild, le *London Times,* commenta :

> « Si cette politique financière malicieuse, qui trouve son origine dans la République d'Amérique du Nord, se poursuit jusqu'au bout, alors ce gouvernement fournira son propre argent sans frais. Il remboursera ses dettes et demeurera sans dette. Il aura tout l'argent nécessaire pour poursuivre son commerce. Il atteindra une prospérité sans précédent dans l'histoire du monde. Les cerveaux et la richesse de tous les pays iront en Amérique du Nord. Ce gouvernement doit être détruit ou il détruira toutes les monarchies du monde. »

Les Rothschild persuadèrent leurs agents à Washington de rédiger le National Banking Act de 1863, qui remplacerait la nécessité pour le gouvernement d'émettre ses propres billets de banque et de rendre ce privilège aux banquiers privés. Pour appuyer de cette décision, la Hazard Banking Circular fut diffusée à tous les banquiers américains :

> « L'esclavage est susceptible d'être aboli par la guerre. Mes amis européens et moi-même y sommes favorables, car l'esclavage n'est que la propriété du travail et entraîne avec lui le soin des travailleurs, tandis que le plan européen, dirigé par l'Angleterre, est que le capital contrôle le travail en contrôlant les salaires. La grande dette que les capitalistes doivent veiller à produire par la guerre doit être utilisée pour contrôler la valeur de l'argent. Pour ce faire, les obligations d'État doivent servir de base bancaire. Nous n'attendons pas que le secrétaire du Trésor des États-Unis fasse cette recommandation. Il n'autorisera pas les billets verts, comme on les appelle, à circuler en tant que monnaie pendant un certain temps, car nous ne pouvons pas contrôler cela. Mais nous pouvons contrôler les obligations et, à travers elles, les émissions bancaires. »

L'étudiant américain en économie ne trouvera mention ni de l'éditorial du *London Times* ni de la circulaire *Hazard* dans son manuel. Il ne trouvera probablement pas non plus de mention des Rothschild dans son manuel. En effet, l'étudiant américain trouvera très peu de choses dans son manuel, si ce n'est ce qui a été accepté comme inoffensif pour lui de savoir.

Le secrétaire au Trésor, Salmon P. Chase, qui donna son nom à une grande banque, écrivit plus tard :

> « Mon agence de promotion de l'adoption de la Loi sur les banques nationales fut la plus grande erreur financière de ma vie. Il s'est constitué un monopole qui touche tous les intérêts du pays. Il devrait être abrogé, mais avant que cela puisse se faire, il faudra que le peuple se place d'un côté et les banques de l'autre, dans une lutte comme nous n'en avons jamais vue auparavant dans ce pays. »

Bien que Lincoln ait signé son arrêt de mort en émettant la monnaie nationale du billet vert, il était bien conscient du danger. Toutefois, il s'inquiétait davantage du danger que cela représentait pour le pays. Peu de temps avant son meurtre, il écrivit :

> « Je vois s'approcher dans un avenir proche une crise qui me trouble et me fait trembler pour la sécurité de mon pays ; des entreprises ont été intronisées, une ère de corruption dans les hautes sphères suivra, et la puissance monétaire du pays s'efforcera de prolonger son règne en travaillant au préjudice du peuple, jusqu'à ce que la richesse soit concentrée entre quelques mains et la République détruite. »

Quelques semaines après avoir écrit ces mots, Lincoln fut assassiné. Un message codé fut retrouvé dans le coffre de John Wilkes Booth, et la clé du code découverte plus tard en possession de Judah Benjamin. Benjamin, un parent de la famille Rothschild, était un juif qui avait été secrétaire au Trésor de la Confédération.

Quelques années plus tard, James Garfield, peu après son accession à la présidence, déclarait :

> « Quiconque contrôle le volume d'argent dans un pays est le maître absolu de l'industrie et du commerce. »

Il s'opposa à certaines mesures qui lui avaient été soumises pour signature par les banquiers internationaux, et quelques jours plus tard, il fut abattu.

Entre la fin de la guerre civile et le début de la Première Guerre mondiale, les États-Unis ont subi une série de paniques financières. Ces contractions du crédit, chaque fois, ont plumé les Gentils et concentré les richesses de la nation entre les mains des juifs. Beaucoup d'Américains sont devenus extrêmement riches grâce à l'essor de l'industrie, des mines d'or et des chemins de fer et à la croissance de l'industrie. À chaque fois, l'argent des Gentils passait sous contrôle juif. Beaucoup d'Américains se sont demandé pourquoi W. Averell Harriman avait été coursier pour les juifs du monde entier. La réponse est que son père, constructeur de chemins de fer, n'était qu'un gentil employé de Jacob Schiff, tout comme Rockefeller l'avait été.

Au début de la Première Guerre mondiale, le révérend Melvin King, dans un ouvrage peu connu intitulé *Heaven's Magnet for a World Conquest*, écrivit à la page 265 :

> « Israël marche vers son objectif d'administration universelle. »

Woodrow Wilson créa une Commission des industries de guerre dont il confia la responsabilité à Bernard Baruch, avec des pouvoirs de vie et de mort sur l'industrie américaine. Baruch fit venir une foule hétéroclite de juifs pour diriger l'agence, dont Clarence Dillon-Steinberg, Billy Rose et les frères Swope. Ces juifs ont repris en main l'intégralité des affaires américaines. À la fin de la guerre, les juifs firent leurs valises et se précipitèrent à Paris pour diviser le monde des Gentils. Baron dit, page 357 de *Grands âges et les idées du peuple juif* :

« Les dirigeants juifs se trouvaient dans une position stratégique particulièrement favorable pour obtenir l'incorporation de garanties pour les droits des minorités nationales dans les traités de paix de 1919. »

La position stratégique favorable consistait dans le fait que les juifs dominaient les délégations de toutes les nations chrétiennes.

Une fois de plus, d'énormes fortunes avaient été faites par les profiteurs de guerre. Ils n'étaient bien entendu pas tous juifs. C'était l'heure d'une autre panique. La contraction du crédit fut décidée lors d'une réunion secrète du Conseil de la Réserve fédérale (p. 64, *The Federal Reserve Conspiracy* par Eustace Mullins). Mais le grand massacre eut lieu en 1929. Après avoir attiré sur le marché boursier les économies de toute une vie des enseignants et des petits commerçants de la ville, les juifs expédièrent une importante cargaison d'or à Montréal, il y eut une contraction classique du crédit, et deux cents milliards de dollars d'épargne des gentils disparurent (p. 99, *The Federal Reserve Conspiracy* par Eustace Mullins).

Après le krach, les juifs créèrent de nombreuses nouvelles sociétés holding pour leurs actions, comme la Lehman Corporation. En 1933, ils détenaient 69 % des actions en circulation de toutes les actions inscrites à la cote du Big Board. Un petit escroc juif s'appelant Billy Rose fut l'exemple typique de ces nouveaux riches. Après avoir travaillé comme secrétaire pour Bernard Baruch, Rose fut engagée par la mafia pour les représenter dans l'exploitation d'un club touristique à New York, le Casino de Paree. Les gangsters se faisaient 20 000 $ par semaine, mais ils ne payaient que 1 000 $ par semaine à Rose. Il commença à distribuer une partie de l'argent, et la mafia prononça l'habituelle peine de mort. Rose fut prévenue, et il se précipita chez Bernard Baruch. Baruch l'envoya chez J. Edgar Hoover, et quatre hommes du FBI le gardèrent jour et nuit jusqu'à ce que le danger soit écarté. Hoover persuada la mafia d'oublier tout ça. Rose se lança ensuite dans la production de spectacles féminins. Au moment de son décès, il valait cent millions de dollars et était le plus important actionnaire unique d'American Telephone and Telegraph. Le téléphone avait été inventé par un gentil, Alexander Graham Bell, qui valait 18 000 $ à sa mort.

La mafia a toujours trouvé des juifs qui lui était utiles. Bien que le cercle restreint de Cosa Nostra soit limité à la confrérie sicilienne, des juifs sont devenus importants dans la pègre, comme Longy Zwillman et Mickey Cohen. La mafia confia à Moe Annenberg la responsabilité de leur réseau national de câbles de course, et il a amassé une fortune de 150 000 000 $. Son petit-fils, un drogué, a récemment été accusé du meurtre de sa petite amie goy. Annenberg est propriétaire du *Philadelphia Inquirer* et d'autres journaux.

Une foule de juifs sont apparus de nulle part pour faire fortune aux États-Unis ; Samuel Newhouse, avec une chaîne de 28 journaux ; O. Roy Chalk, propriétaire du District of Columbia Transit System, journaux et autres entreprises ; Norton Simon, propriétaire de l'empire alimentaire Hunt ; Riklis, propriétaire du McCrory Dime Store Empire ; et d'autres juifs qu'on connaissait à peine dix ans auparavant. Le processus s'est accéléré ; une étude récente du *Saturday Evening Post* a montré que 88 % de ceux qui sont devenus millionnaires en Amérique depuis 1950 sont juifs. L'un d'entre eux, Moskovitz, alias Moesler, fut la vedette d'une affaire de meurtre particulièrement affreuse à Miami. Il avait amassé deux cents millions de dollars par le biais de frais d'intérêts usuraires sur les automobiles et les maisons mobiles achetées par des travailleurs américains gentils.

Dans de nombreux cas, ces soudaines fortunes juives représentent des profits de la mafia qui sont blanchis à travers l'industrie, les façades juives possédant évidemment l'argent. D'autres sources sont l'argent ''chaud'' qui est transféré d'un pays à l'autre, et dans certains cas ces millionnaires juifs sont des façades pour les investissements soviétiques dans les industries américaines, dans le but d'obtenir des plans et formules de défense essentiels.

L'un des géants juifs des munitions est Olin Industries, une autre entreprise juive. Au cours de la Seconde Guerre Mondiale, U. S. Cartridge, une filiale de cette entreprise, a été inculpée de nombreux chefs d'accusation pour avoir fourni des obus défectueux, violé l'acte contre le sabotage et d'autres crimes. L'affaire traîna en longueur jusqu'en 1950, date à laquelle elle fut finalement abandonnée. Cependant, les poursuites intentées par le ministère de la Justice contre des entreprises de Gentils, comme les magasins A & P, sont incroyablement vicieuses. Des chaînes juives telles que les foires alimentaires et les magasins géants sont ignorées par le ministère de la Justice, mais la firme de Gentils d'A & P fait l'objet de poursuites quasi continues depuis vingt-cinq ans.

De la même manière, la firme de Gentils DuPont, le dernier bastion de la richesse des Gentils aux États-Unis, se défend continuellement contre les poursuites judiciaires d'incitation juive intentées par le ministère de la Justice. Les actionnaires de DuPont ont perdu des millions de dollars lorsque le ministère de la Justice a ordonné à DuPont de céder General Motors. Aucun acte répréhensible ne fut énoncé ; le simple fait est que deux grandes corporations de Gentils avaient résisté aux efforts des juifs pour en prendre le contrôle. Les juifs décidèrent qu'il leur faudrait les séparer pour les soustraire au contrôle des Gentils.[3]

Les juifs n'ont jamais manqué de partisans gentils. Le poète américain Robert Lowell affirme que « c'est l'ère juive. » D'origine de la Nouvelle-Angleterre, Lowell a eu plusieurs crises de nerfs et est un bon compagnon pour les juifs schizophrènes. Reinhold Niebuhr, philosophe chrétien autoproclamé, est le meneur du tapage « le Christ-est-juif ». Il attribue tout le bien aux

---

[3] « Les membres de la famille DuPont ont finalement été autorisés à conserver la majeure partie du produit de la vente de leurs actions, à une condition. Ils ont dû employer Clark Clifford, un lobbyiste sioniste de premier plan à Washington, comme avocat pour cette transaction, transférant ainsi un important ''honoraire'' aux sionistes, et ils ont dû accepter de placer un juif, Irving Shapiro, en charge de toutes les sociétés DuPont comme président de DuPont. »

juifs et dit dans son dernier livre : « J'ai une longue histoire d'amour avec le peuple juif. » Comme on pourrait s'y attendre, les juifs appellent Niebuhr ''le plus grand philosophe vivant''.

Lorsque Eugene Meyer et Bernard Baruch formèrent l'Alaska-Juneau Gold Mining Co, deux des hommes les plus sinistres d'Amérique s'unirent. Baruch nomma Meyer au poste de directeur de la War Finance Corporation, s'occupant des obligations d'état pendant la Première Guerre mondiale. Le député Louis McFadden, président de la Commission bancaire et monétaire de la Chambre des représentants, a découvert que des obligations d'une valeur de dix milliards de dollars avaient été détruites, que vingt-quatre millions de dollars avaient été imprimés en double exemplaire et vendus et que des modifications importantes avaient été apportées aux dossiers de Meyer. Meyer acheta la direction d'Allied Chemical and Dye Corporation, puis le *Washington Post*. Sa fille épousa un Gentilhomme nommé Philip Graham, et Meyer le fit président du *Washington Post*, mais Graham trouva les choses qu'il avait à faire pour les juifs trop désagréables, et il se suicida. La famille Meyer vaut un milliard de dollars, ce qui n'est pas difficile à comprendre, à la lumière des enquêtes du député McFadden (p. 105, *The Federal Reserve Conspiracy*, par Eustace Mullins).

La famille Meyer acheta également le *Newsweek Magazine* et le dota entièrement de personnel juif. Le rédacteur artistique est Jack Kroll, le rédacteur littéraire est Saul Maloff, le rédacteur du pôle cinéma est Joseph Morgenstern, le rédacteur du monde du théâtre est Richard Gilman et le rédacteur musical est Herbert Saal. Pas besoin de candidature Goy.

La famille Meyer a également acheté le magazine *Art News*, qui fait la promotion des dernières tendances de l'art et de l'art pop et op, l'école Beer-Can qui a remplacé l'école Ash-Can. Là encore, les productions les plus stupides d'artistes juifs au regard fou font l'objet d'une critique sérieuse, tandis que les Gentils passent inaperçus et croupisse dans l'oubli.

Nulle part ailleurs le monopole juif n'est plus apparent que dans les films et à la télévision, et aucun média n'a été aussi implacable pour inonder la nation d'une vicieuse propagande juive. Le premier grand réalisateur fut David W. Griffith, qui produisit le grand film *The Birth of a Nation*. Griffith fut bientôt mis à l'écart par une horde de juifs russes et polonais zozotant, les habilleurs de la septième avenue de New York. Il n'y avait plus de Griffiths à Hollywood, mais Schulberg, Goldwyn, Mayer, Zanuck, Cohen, Schary et des centaines d'autres juifs.

Les premiers grands comédiens étaient des Gentils, Buster Keaton, Laurel et Hardy. Keaton fut écarté en faveur de Charlie Chaplin, un juif bon marché dont le don comique semblait consister à tourner lentement le dos au public et à se gratter ostensiblement. C'était l'un de ses gestes les moins obscènes, et son art avait apparemment été appris en observant les singes au zoo. Laurel et Hardy furent remplacés par les Marx Brothers – la liste est sans fin.

À la télévision, les Américains ont le choix de regarder des émissions sur trois réseaux : NBC, contrôlée par le juif russe Sarnoff ; CBS, contrôlée par William Paley ou Palinsky, dont le père juif polonais a fait fortune avec les cigares Muriel ; ou ABC, contrôlée par Barney Balabanson, d'origine juive polonaise. Ces juifs ont dépensé des millions de dollars pour imposer au public américain une vingtaine de comédiens juifs qui n'ont jamais eu la faveur du public, sauf dans les boîtes de nuit yiddish – Milton Berle, Red Buttons, Danny Kaye, Jerry Lewis, ont été des catastrophes financières à la télévision mais deux humoristes gentils, Jackie Gleason et Red Skelton, perdurent année après année. Leur secret, c'est qu'ils sont drôles. Les juifs crachent une curieuse combinaison de perversion, d'addiction à la drogue et de vomissements d'intégration, et s'attendent à ce que le public se torde de rire. Au lieu de cela, ils le rendent malade.

En 1966, un comité du Congrès constata que ces réseaux juifs employaient toutes les techniques habituelles du monopole juif. Ils ne permettraient pas qu'une émission soit diffusée à moins que la chaîne ne reçoive 51 % des profits. Cela leur avait donné le contrôle total du contenu et la majorité des bénéfices. C'était une violation évidente des lois antitrust, mais rien ne fut fait à ce sujet ; le ministère de la Justice est trop occupé à poursuivre les entreprises de Gentils comme DuPont et A & P pour s'inquiéter de ce que les juifs font avec leur monopole de la télévision. Toutes les émissions de télévision ont un très nombreux personnel juif ; les Gentils n'occupent en moyenne que quinze pour cent des emplois dans la production télévisuelle. Inutile de dire que rien n'apparaît à la télévision si ce n'est ce que les juifs veulent que les Gentils voient. Les quelques Gentils qui ont leurs propres programmes ont des femmes juives. Ed Sullivan est marié à Sylvia Bernstein, Dave Brinkley, etc. Sullivan est un fervent catholique, mais sa femme élève leurs enfants dans la foi juive.

Malgré leur importance dans des industries aussi licites que le théâtre et la télévision, les juifs préfèrent les activités de la pègre. Ils sont bien connus pour la traite des blanches, la pornographie, le trafic d'armes, d'alcool et d'autres commerces illicites. Le commerce de l'alcool en Amérique est dominé par la famille Bronfman, propriétaire de Seagram's, et les Rosenstiel, propriétaires de Schenley's. L'arme qui tua Kennedy fut d'abord manipulée par un grossiste juif nommé Irving Feldschott, puis par un détaillant juif de Chicago nommé Milton Klein. Le plus grand pornographe du pays serait Irving Klaw, de New York, bien que beaucoup d'autres juifs lui dispute ce titre. Un juif nommé Lyle Stuart, auparavant connu sous le nom de Samuelson, imprima certains des articles les plus juteux dans le commerce. La Cour Suprême a récemment confirmé la condamnation de Ralph Ginzburg comme pornographe de masse. Il avait fait circuler un certain nombre d'articles, dont The *Housewife's Handbook on Selective Promiscuity*, qui présentait une série de photographies d'un homme noir nu ayant des rapports sexuels avec une femme blanche.

Nous pourrions donc continuer pendant des centaines de pages, énumérant les vilaines choses que le juif nous fait ici aujourd'hui, dans notre pays, à nous. Nous pourrions nous arrêter un instant pour penser au nombre d'entreprises Goy de qualité qui passent entre les mains des juifs chaque année, comme les Camera Shops de Willoughby à New York. Certains segments de l'industrie américaine, comme les pharmacies et les magasins de vêtements, sont entièrement contrôlés par les juifs, et une grande partie de la classe moyenne des Gentils a déjà été chassée du marché.

Samuel Roth, l'auteur de *Jews Must Live*, a écrit qu'il connaissait un homme qui employait quatre mille personnes, mais qui avait toujours refusé d'employer un juif, car il ne voulait pas perdre son affaire. Roth lui demanda comment il pouvait repérer un juif, car ils s'identifiaient rarement comme tels. L'homme répondit : « Ils regardent toujours au-dessus de ta tête. » Roth expliqua alors à l'homme que le juif regarde au-dessus de sa tête parce qu'il regarde vers le Dieu invisible d'Israël. Puisque toute richesse est destinée à l'enrichissement d'Israël, le juif attend que Dieu lui montre comment éloigner le Gentil de ses affaires. Roth affirme qu'on n'a jamais entendu parler d'un Gentil qui avait prospéré après avoir engagé un juif.

Aucune pratique satanique du juif n'a fait plus de mal aux Américains que la promotion juive de la guerre raciale aux États-Unis. Nous avons déjà mentionné l'observation de Tocqueville en 1832 selon laquelle « la présence des Noirs est le plus grand mal qui menace les États-Unis ». Non seulement les juifs utilisèrent ce problème pour précipiter la guerre civile dévastatrice, mais ils répétèrent la question noire avant la Première Guerre mondiale. Au début du siècle, Harlem était une région sous-développée. Il fut développé par trois spéculateurs juifs – August Belmont, Oscar Hammerstein et Henry Morgenthau. Ces juifs sont responsables des horribles bidonvilles dans lesquels vivent les Noirs, car les juifs ne construisent que des bâtiments qui rapporteront le maximum de profit. De plus, les juifs possèdent toutes les entreprises dans les zones nègres.

Une dépêche d'AP datée du 19 février 1966, publiait l'interview d'un certain Meyer Bleustein, qui possédait des biens d'une valeur d'un million de dollars dans la zone d'émeute de

Watts. Aucun journaliste n'a jamais révélé la véritable signification de ces émeutes nègres à Harlem, Rochester, Watts et autres bidonvilles noirs. Il s'agissait d'émeutes anti-juives, au cours desquelles les nègres s'introduisirent dans les magasins juifs et prirent de force l'alcool et les postes de télévision pour lesquels les juifs leur facturaient quatre fois leur prix. Le Noir est exploité en Amérique, mais seulement par les juifs. Beaucoup de nègres commencèrent à s'en rendre compte, et les émeutes débutèrent. Les juifs ont toujours contrôlé la NAACP, qui n'a jamais eu de nègre à sa tête. Les Nègres ont finalement vu que les juifs utilisaient des façades pour les contrôler. En même temps, les juifs agissaient pour que les Noirs se retournent contre les Gentils blancs et les massacrent. Même le Noir le plus attardé savait que c'était un juif qui lui vendait une paire de pantalons déchirés, d'occasion, pour 15 cents, et le laissait payer 5 cents par semaine, pendant trente semaines, puis l'amené devant la Cour des petites créances pour récupérer le solde (un cas réel à Washington, D.C.).

Même s'il exploite le Nègre à un degré que peu de Blancs imaginent, le juif utilise aussi le Nègre comme ses troupes jetables sur la ligne de front de la conspiration communiste en Amérique. Cela remonte à 1912, lorsque l'éminent écrivain juif et théoricien communiste Israel Cohen écrivit un vaste plan intitulé *Un programme racial pour le XXème siècle*. En voici une citation partielle :

> « Nous devons réaliser que l'arme la plus puissante de notre Parti est la tension raciale. En martelant dans la conscience des races noires que pendant des siècles elles ont été opprimées par les Blancs, nous pouvons les agréger au programme du Parti communiste. Les termes colonialisme et impérialisme doivent constamment figurer dans notre propagande. En Amérique, nous viserons une victoire subtile. Tout en enflammant la minorité noire contre les Blancs, nous nous efforcerons d'inculquer aux Blancs un complexe de culpabilité pour leur exploitation des Nègres. Nous aiderons les Nègres à se hisser au premier plan dans tous les domaines de la vie, dans les professions libérales et dans le monde du sport et du divertissement. Grâce à ce

prestige, les Noirs pourront se marier avec les Blancs et entamer un processus qui livrera l'Amérique à notre cause. »

Lorsque des juifs ont nié l'existence d'un écrivain nommé Israel Cohen, deux écrivains nommés Israel Cohen furent trouvés dans le *Who's Who in World Jewry*.

Des écrivains comme Israel Cohen contribuèrent à cette stratégie de tension raciale entre les Noirs et les blancs. L'un des principaux journaux favorisant l'intégration est le *Chicago Sun-Times*, appartenant à la famille Marshall Field. Ce journal a vu le jour parce que le petit-fils du premier Marshall Field, un alcoolique et un dégénéré sexuel, était assisté par un psychiatre juif russe nommé Gregory Zilboorg. Zilboorg conseilla à Field de devenir éditeur de journaux et de se battre pour la "justice raciale". Field fonda alors le *Sun-Times*. Field était devenu alcoolique à cause de la honte causée par la mort de son père, dont les circonstances étaient connues de tous à Chicago. Ce Marshall Field était le fils du premier Marshall Field, et c'était un ivrogne et un pervers sexuel qui ne pouvait atteindre le plaisir qu'en fouettant une jolie fille nue avec une grande cravache pour cheval. Il avait une fille préférée au bordel des Everleigh Sisters, le bordel le plus à la mode de Chicago. Un soir, la jeune fille ne supporta pas la douleur d'être fouettée, et elle attrapa un pistolet sous son oreiller et lui tira dessus. Field laissa tomber le fouet, tituba jusqu'à la porte et s'écroula dans les escaliers. La jeune fille, folle de douleur, le suivit et lui tira trois autres balles dans le corps tandis que Field rampait au pied de l'escalier. La maison fut démolie et la famille Field contribua financièrement à l'établissement de l'Institut des chirurgiens sur ce site. Une statue d'un chirurgien marque l'endroit exact où Field est mort au pied de l'escalier. Un reporter du journal d'alerte se trouvait dans le bordel à ce moment-là, et pour garder l'histoire secrète, la famille Field lui versa 100 000 $ pour lancer un journal, qui devint le *Chicago Journal-American*. Field laissa également deux fils noirs qui vivent toujours dans le Sud de Chicago, et reçoivent chacun 300 $ par mois de la succession de Field. La fille de l'actuel Marshall Field épousa un Noir et eut des enfants avec lui. Cette famille est typique des intégrationnistes dégénérés.

Beaucoup de soi-disant affaires des Gentils appartiennent à des juifs, avec un Gentil "de façade" qui n'est aux commandes qu'en apparence. L'empire de l'édition du *Reader's Digest* est typique de cette tromperie. Appartenant apparemment à DeWitt Wallace et à son épouse, le *Reader's Digest* est en fait une filiale de RCA, qui est contrôlée par le juif russe Samoff. Comment est-ce arrivé ? Wallace, un Gentil, engagea un éditeur nommé Eugene Lyons, un juif. Le *Reader's Digest* fut un succès et a rapporté des millions de dollars à son propriétaire Gentil. Il était aussi très respecté. Lyons suggéra que le *Reader's Digest* publie des éditions dans de nombreuses langues étrangères. Wallace ne voulait pas investir les millions de dollars que cela nécessiterait, et Lyons offrit d'emprunter l'argent de son cousin, Samoff. Le résultat est que le *Reader's Digest* est passé sous le contrôle des juifs, et les Wallace doivent soumettre chaque article à l'approbation de Lyons avant de pouvoir l'imprimer au sein de "leur" magazine. Évidemment, ils ne peuvent rien publier qui révèle la traîtrise et la subversion juives, ce qui est exactement le genre de contrôle que les juifs veulent, et qu'ils doivent exercer sur toute entreprise gérée par des Gentils.

CHAPITRE DIX

LES JUIFS ET NOTRE AVENIR

La corruption de l'Amérique par les juifs est l'une des grandes tragédies de l'humanité, car l'Amérique représentait le dernier grand espoir sur la Terre. L'Amérique fut le symbole du désir de l'homme de vivre dans la paix et la liberté, pourtant l'histoire de l'Amérique aura été émaillée d'une série de guerres et de paniques financières provoquées par les juifs. Toutes les défenses que le peuple américain érigea contre les juifs furent détruites. Nous avons déjà mentionné la clause de la Constitution que nos ancêtres avaient promulguée afin de nous doter de notre propre système monétaire, exempt du système d'extorsion financière juive. Le Federal Reserve Act de 1913 y mit un terme. Nous avions une loi contractuelle qui nous permettait de faire des affaires entre nous. Les juifs l'ont détruite par la fameuse résolution de ''l'intégration'' de mai 1954, dans laquelle la Cour Suprême jugeait qu'aucun contrat n'était valide s'il contenait une référence à la race. En d'autres termes, les contrats n'étaient plus obligatoires dans notre vie professionnelle. Cette résolution fut rédigée par un juif sioniste fanatique de Vienne, Felix Frankfurter, dénoncé par le président Theodore Roosevelt comme ''le bolchevique le plus dangereux du pays''. Le frère de Frankfurter, Otto, était un criminel récidiviste ayant purgé une peine de huit ans pour un crime indescriptible à la prison d'État d'Anamosa dans l'Iowa.

Un autre grand concept était le mouvement syndical, qui prévoyait à l'origine qu'un homme n'avait pas à subir des abus de la part de ses patrons tant qu'il faisait bien son travail. Le mouvement syndical vit le jour en Amérique parce que des juifs avaient établi des ateliers clandestins à New York entre 1860 et 1900, y faisant travailler femmes et enfants dix-huit heures par jour pour à peine cinq cents de l'heure. Un incendie dans l'un de ces ateliers clandestins juifs, l'épisode du désastre du Triangle, tua beaucoup de femmes et d'enfants, car il n'y avait pas d'escaliers de secours dans ce bâtiment appartenant à un juif. Le mouvement syndical naquit de cette journée. Il fut bientôt repris par un agitateur juif nommé Samuel Gompers.

La démocratie est un autre grand concept du Gentil, qui signifie simplement qu'un citoyen décent et responsable est aussi bon qu'un autre citoyen décent et responsable. Les juifs modifièrent cela pour signifier : « Un Américain honnête et travailleur n'est pas meilleur que le dernier des pornographes, drogués ou violeurs juifs. » Un homme, une voix. Un Gentil Américain honnêtement employé représente une voix ; un juif communiste agitateur ou dirigeant d'atelier clandestin représente une voix. C'est le système de démocratie juive dans lequel nous vivons actuellement.

Nous avons à présent retracé l'influence juive à travers cinq mille ans d'histoire. Nous avons vu comment la subversion juive fit tomber les grandes civilisations de Babylone, d'Égypte, de Perse, de Grèce et de Rome. Nous avons vu comment les juifs jouèrent un rôle crucial dans des événements tels que la peste, l'Inquisition, la Réforme, la Révolution américaine, la guerre civile et le krach de 1929. Que nous réserve l'avenir ?

L'histoire des juifs se divise en trois périodes importantes. La première période fut celle où les bandits nomades juifs, connus dans le monde antique sous le nom de Habiru-sagaz, ou égorgeurs hébreux, harcelaient les premières civilisations. Ces civilisations envoyaient des expéditions militaires contre eux, les tuant et capturant les survivants. Après avoir ramené ces prisonniers dans leurs cités, leur civilisation se gangrénait et mourait. Ils se rendaient rarement compte de ce qui leur était arrivé.

Cette période se termina avec l'effondrement de l'Empire romain en 476 après J.-C. La deuxième période, de 477 à 1815, fut celle où les juifs s'enfermèrent dans leurs ghettos et, pendant plus de mille ans, rassemblèrent et concentrèrent leurs forces psychiques maléfiques jusqu'au moment où ils en sortirent pour exercer un contrôle complet sur l'existence des Gentils. Durant cette période, ils ont assuré leur survivance en menant diverses activités dans l'ombre des pouvoirs officiels. Ils étaient les receleurs de biens volés dans toutes les villes du monde ; ils pratiquaient la magie noire ; ils devinrent des médecins ; et afin d'obtenir du sang pour leurs cérémonies rituelles, ils introduisirent la technique de la saignée. Pendant l'âge sombre, si un médecin juif était appelé à soigner un Gentil, il ouvrait les veines du patient et prélevait une grande quantité de sang, qu'il rapportait ensuite à la synagogue pour que le rabbin l'utilise. Dans quelques cas, si le patient souffrait d'embonpoint ou d'hypertension artérielle, la saignée était bénéfique. Cependant, dans la plupart des cas, le patient étant déjà affaibli par la maladie, la saignée le tuait. Dans tous les cas, le juif n'en avait que faire, car il n'était intéressé que par l'obtention du sang. George Washington mourut parce qu'il fut soumis à cette technique de saignée pour une affection respiratoire mineure.

Le juif servit aussi les aristocrates comme collecteurs d'impôts et oppresseurs des travailleurs, puis comme surveillants cruels, épuisant les paysans pour le profit des aristocrates et des juifs, jusqu'à ce qu'ils obtiennent suffisamment de pouvoir pour sortir des ghettos en 1815.

De 1815 à nos jours, les Gentils furent décimés par de terribles guerres mondiales et des crises financières récurrentes. Chaque année, les juifs devenaient plus puissants, jusqu'à aujourd'hui où ils dominent le globe. La grande période de la civilisation européenne prit fin brusquement en 1815, lorsque les juifs sortirent de leurs ghettos. Il n'y eut plus de géants de la culture, comme Shakespeare, Beethoven et Goethe. Les Gentils ne continuèrent de progresser que dans un seul secteur, dans l'invention des machines, car dans ce domaine les juifs n'ont pas affecté leurs ressources mentales. Cependant, il n'y a pas eu d'art, de musique ou de littérature significative depuis que le fléau juif s'abattit sur notre peuple. La peinture est devenue l'ombre triviale des singes et de leurs imitateurs humains ; la musique est devenue le cri des klaxons automobiles ; la littérature est devenue une description répétitive de la débauche humaine. La grande civilisation à laquelle avait donné naissance les peuples d'Europe du Nord est morte.

L'architecture est devenue une simple construction de boîtes en métal et en béton, l'école de construction dite de ''Tel Aviv'', du nom de ses inventeurs juifs. Plus de cathédrales gothiques vertigineuse, de palais gracieux ou de maisons bien construites pour le peuple ; nous n'avons que des nids en béton pour se reproduire et des terrains de jeux pour les enfants en béton au lieu de l'herbe.

Dans nos universités, tout doit être attribué à l'un des trois juifs : Marx, Freud ou Einstein, sinon les professeurs ne sont pas autorisés à l'enseigner. Le Christ est une figure d'amusement pour les professeurs ''à la mode''. Nous avons déjà discuté de la manière dont Marx avait modernisé le concept impitoyable de la dictature juive dans son idéologie communiste. Ce sont les recherches d'Einstein qui menèrent à l'invention de la bombe juive de l'enfer. Freud déclara la guerre à la noblesse de l'esprit humain, insistant sur le fait que notre intelligence ne se trouve que dans nos organes reproducteurs et notre anus. C'était le fondement de la ''science'' de la psychiatrie, bien qu'un Gentil qui vint plus tard, Carl Jung, trouva que les gens pouvaient être aidés si on ignorait l'ineptie freudienne. Jung était un grand érudit qui a écrit des livres savants sur les origines de la civilisation nord-européenne. Dans le volume 7 de *Collected Works*, page 149, Jung écrit :

> « C'est une erreur impardonnable que d'accepter les conclusions d'une psychologie juive comme étant généralement valables. Personne n'oserait croire que la psychologie chinoise ou indienne nous conditionne. Avec le début de la différenciation raciale, des différences essentielles se développent également dans le psychisme collectif. Pour cette raison, nous ne pouvons pas transplanter l'esprit d'une race

étrangère dans notre propre mentalité sans blesser considérablement cette dernière. »

Ainsi Jung découvrit que la psychiatrie juive pouvait être très dommageable pour l'esprit des Gentils. Des milliers de Gentils qui se sont confiés à des psychiatres juifs sont devenus désespérément fous ou se sont suicidés. Il fallait s'y attendre. Les juifs développèrent aussi de nouvelles drogues dangereuses qui induisent la folie chez les Gentils. Ils expérimentent ces drogues sur des Gentils sans défense envoyés dans des asiles de fous par des médecins et des juges juifs, effectuant des tests étranges qui leur apportent une satisfaction sadique en regardant des êtres humains sans défense devenir lentement fous. Ils pratiquent aussi des barbaries telles que les traitements de choc sur leurs prisonniers Gentils, une forme de traitement qui fut abandonnée en Europe il y a vingt ans parce qu'étant ''excessivement barbare''.

Un des mots clés du jargon de la psychiatrie juive est ''identité''. La question de l'identité est cruciale pour le juif. Il ne peut accepter, même inconsciemment, sa véritable identité de parasite itinérant vivant sur l'hôte Gentil, ni son origine de nomade égorgeur du désert, mais il ne peut pas non plus s'inventer d'autres origines, puisque les archéologues ne peuvent trouver aucune trace d'une culture juive. Un autre mot clé est ''relation''. Le juif s'inquiète constamment de la façon dont il ''se relie'' ou établit une relation avec l'hôte Gentil. Il parle et écrit aussi sans cesse sur le problème de ''l'aliénation''. L'aliénation, bien sûr, signifie la possibilité que le parasite juif soit isolé ou rejeté par l'hôte gentil. L'hostilité est un autre mot clé dans la psychiatrie juive. Ce qui préoccupe le juif, c'est le problème de sa propre hostilité envers l'hôte gentil, la haine schizophrénique qu'il a développée pour le corps du gentil sur lequel il doit vivre. Par conséquent, il écrit sans cesse sur le problème psychiatrique de l'hostilité, alors qu'il parle vraiment de la ''haine presque inhumaine'' que le juif ressent pour son hôte du propre aveu de Kastein.

En raison de son existence malsaine et insatisfaite en tant que parasite vivant sur le dos de l'hôte Gentil, le juif est toujours à la limite de souffrir de graves troubles mentaux. Le plus courant est la forme de folie connue sous le nom de schizophrénie, ou dédoublement de la personnalité. Incapable de s'accepter tel qu'il est, le juif invente d'autres explications de lui-même, et quand il commence à accepter ces illusions comme réalité, c'est la définition légale de la folie. Martin F. Debivoise a récemment terminé une étude de dix ans sur les juifs à New York. Il a constaté que 43 % d'entre eux souffraient de troubles mentaux au point d'être hospitalisés. Il a également fait une étude de mille mariages entre juifs et Gentils pendant cette période. Il a constaté que 847 de ces mariages se sont terminés par un divorce dans un délai de cinq ans ; dans 681 cas, il n'y avait pas d'enfants, et parmi ceux qui avaient des enfants, 73 % ont développé une leucémie ou un cancer avant l'âge de la puberté. La mort du fils de John Gunther d'un cancer, résultat d'un de ces mariages mixtes, en était l'exemple typique.

Au cours des siècles, le parasite juif s'en est tenu à la croyance religieuse qu'il ne pouvait obtenir un pouvoir absolu sur l'hôte Gentil que s'il rétablissait son siège au carrefour antique de la civilisation mondiale en Palestine. Instinctivement, le juif se rend compte qu'il *doit* posséder ce cœur traditionnel du commerce des Gentils s'il veut devenir le maître de l'hôte.

En 1948, après une série sordide d'assassinats brutaux, le juif atteignit son but : la création de l'État d'Israël. La promesse initiale avait été obtenue du gouvernement britannique en 1917 en échange de l'utilisation d'un gaz toxique mortel inventé par Chaïm Weizman. Quand les juifs virent qu'ils étaient en train de vaincre leur ennemi, Adolf Hitler, ils hâtèrent leur brutalité pour s'emparer de la Palestine. Il y avait plusieurs gangs meurtriers internationaux en activité. L'un de ces groupes de malfrats était connu sous le nom de Gang Stern. Un autre était l'Irgun Zvai Leumi. Chacun de ces groupes de voyous rivalisa avec les autres pour commettre de violents meurtres de Gentils. En 1944, le gang Stern assassina Lord Moyne, diplomate de haut rang en dehors de Londres, chez lui, au Caire, afin de forcer les Anglais à leur donner la Palestine. Ils débutèrent ensuite une série de tortures et d'assassinats des troupes britanniques envoyées en Palestine pour empêcher les juifs d'y commettre des atrocités contre les propriétaires de maisons arabes. La plupart de ces troupes étaient des jeunes hommes en fin d'adolescence. Toute l'Angleterre fut horrifiée par la mort de ces jeunes gens, morts aux mains de tortionnaires juifs. Leurs corps mutilés furent ensuite piégés de sorte que leurs camarades soient tués lorsqu'ils tenteraient de leur donner une sépulture chrétienne.

En 1948, les juifs assassinèrent le comte Folke Bernadotte en Israël. Bien que ce dernier ait fait tous les efforts possibles pour leur obtenir ce qu'ils voulaient, ils le tuèrent quand même pour accélérer le processus de création de l'état hébreux. Un hôtel explosa en Palestine, mutilant et tuant des centaines de victimes innocentes. L'Angleterre accepta à contrecœur de leur donner le pays, et le sort d'Israël se scella après une série d'assassinats qui avaient horrifié le monde civilisé. Né dans une atmosphère de meurtre et d'extorsion, nourri de nuages de gaz toxiques et de l'invention de la bombe juive, l'État d'Israël prouvait dès le début qu'il était l'incarnation du mal absolu.

En 1952, un document parvenu aux démocraties occidentales prouvait que les juifs étaient désireux d'exécuter rapidement leurs plans habituels de dictature sur les Gentils. Voici la transcription incontestée d'un discours du rabbin Emanuel Rabinovich présenté comme ayant été prononcé devant le Conseil d'urgence des rabbins européens à Budapest, Hongrie, le 12 janvier 1952 :

> « Salutations, mes enfants ! Vous avez été appelés ici pour récapituler les principales étapes de notre nouveau programme. Comme vous le savez, nous avions espéré avoir vingt ans d'entre-deux-guerres pour consolider les grands acquis de la Seconde Guerre Mondiale, mais notre nombre croissant dans certains domaines vitaux nous oppose et nous devons maintenant travailler avec tous les moyens à notre disposition pour précipiter la troisième guerre mondiale en cinq ans.

« L'objectif pour lequel nous nous sommes battus de manière si résolue pendant trois mille ans est enfin à notre portée, et parce que son accomplissement est si manifeste, il nous incombe de décupler nos efforts et notre prudence. Je peux vous promettre qu'avant dix ans, notre race prendra la place qui lui revient dans le monde, avec chaque juif un roi, et chaque Gentil un esclave ! (Applaudissements de l'assemblée).

« Vous vous souvenez peut-être du succès de notre campagne de propagande dans les années 1930, qui suscita des passions antiaméricaines en Allemagne, au moment même où nous avions excité des passions antiallemandes en Amérique, campagne qui culmina avec la Deuxième Guerre mondiale. Une campagne de propagande similaire est actuellement menée de manière intensive dans le monde entier. Une fièvre de la guerre s'anime en Russie sous l'effet d'un déluge anti-américain incessant, tandis qu'une peur nationale anticommuniste s'empare de l'Amérique. Cette campagne force tous les petits pays à choisir entre le partenariat de la Russie ou une alliance avec les États-Unis.

« Notre problème le plus urgent en ce moment est d'enflammer l'esprit militariste des Américains. L'échec de la Loi sur l'instruction militaire universelle a été un grand revers pour nos plans, mais nous sommes assurés qu'une mesure appropriée sera adoptée d'urgence par le Congrès immédiatement après les élections de 1952. Les peuples russe et asiatique sont bien maîtrisés et ne s'opposent pas à la guerre, mais nous devons attendre pour sécuriser les Américains. C'est ce que nous espérons faire avec la question de l'antisémitisme, qui a si bien réussi à unir les Américains contre l'Allemagne.

« Nous comptons beaucoup sur les informations faisant état de crimes antisémites en Russie pour susciter l'indignation des États-Unis et produire un front de solidarité contre le pouvoir soviétique. Simultanément, pour montrer aux Américains la réalité de l'antisémitisme, nous avancerons, grâce à de nouvelles sources, de grosses sommes d'argent à des groupes ouvertement antisémites en Amérique pour accroître leur efficacité, et nous organiserons des épidémies antisémites dans plusieurs de leurs grandes villes. Cela servira le double objectif de révéler les secteurs réactionnaires en Amérique, qui pourront alors être réduits au silence, et de souder les États-Unis en une unité anti-russe dévouée.

« D'ici cinq ans, ce programme atteindra son objectif, la Troisième Guerre mondiale, qui surpassera en destruction tous les conflits précédents. Israël, bien sûr, restera neutre, et lorsque les deux parties seront dévastées et épuisées, nous arbitrerons, envoyant nos commissions de contrôle dans tous les pays sinistrés. Cette guerre mettra fin pour toujours à notre lutte contre les Gentils. Nous révélerons ouvertement notre identité avec les races d'Asie et d'Afrique. Je peux affirmer avec assurance que la dernière génération d'enfants blancs est en train de naître. Nos commissions de contrôle, dans l'intérêt de la paix et de l'élimination des tensions interraciales, interdiront aux Blancs de s'accoupler avec les Blancs. Les femmes blanches doivent cohabiter avec les hommes des races noires, et les hommes blancs avec les femmes noires. Ainsi, la race blanche disparaîtra, car le mélange du noir et du blanc sera la fin de l'homme blanc, et notre ennemi le plus dangereux ne sera plus qu'un souvenir. Nous entrerons dans une ère de dix mille ans de paix et d'abondance, la *Pax Judaica*, et notre race régnera sans partage sur la terre. Notre intelligence supérieure nous permettra facilement de garder la maîtrise sur un monde peuplé de mulâtres idiots.

« (Question de la réunion) : Rabbin Rabinovitch, qu'en sera-t-il des différentes religions après la troisième guerre mondiale ?

« RABINOVICH : Il n'y aura plus de religions. Non seulement l'existence d'un groupe de prêtres resterait un danger constant pour notre règne, mais la croyance en une vie après la mort donnerait une force spirituelle aux éléments inconciliables dans de nombreux pays, et leur permettrait de nous résister. Nous conserverons cependant les rituels et les coutumes du judaïsme comme la marque de notre caste dirigeante héréditaire, renforçant nos lois raciales afin qu'aucun juif ne soit autorisé à se marier en dehors de notre race et qu'aucun étranger ne soit accepté par nous.

« Nous devrons peut-être répéter les jours sombres de la Seconde Guerre Mondiale où nous avons été forcés de laisser les bandits hitlériens sacrifier une partie de notre peuple, afin d'avoir des documents et des témoins adéquats pour justifier légalement notre procès et l'exécution des dirigeants américains et russes comme criminels de guerre, après que nous ayons dicté la paix. Je suis sûr que vous n'aurez besoin que de peu de préparation pour un tel devoir, car le sacrifice a toujours été le mot d'ordre de notre peuple, et la mort de quelques milliers de juifs en échange du leadership mondial est en effet un petit prix à payer.

« Pour vous convaincre de l'évidence de ce leadership, permettez-moi de vous montrer comment nous avons retourné toutes les inventions de l'homme blanc en armes contre lui. Ses presses à imprimer et ses radios sont les porte-parole de nos désirs, et son industrie lourde fabrique les équipements qu'il envoie pour armer l'Asie et l'Afrique contre lui. Nos intérêts à Washington élargissent considérablement le programme *Four Point* pour le développement de l'industrie dans les régions isolées du monde afin qu'après la destruction des usines et des villes industrielles d'Europe et d'Amérique par la guerre atomique, les Blancs ne puissent offrir aucune résistance contre les masses plus importantes des races noires, qui maintiendront une supériorité technologique incontestée.

« Ainsi, avec la vision de la victoire mondiale devant vous, retournez dans vos pays et intensifiez votre excellent travail, jusqu'au jour où Israël se révélera dans toute sa glorieuse destinée comme la Lumière du Monde ! »

Ce document, qui à l'origine arriva dans ce pays en yiddish, fut traduit par Henry H. Klein, un juif horrifié par les plans de son peuple de déclencher une guerre atomique. Klein mourut plus tard à New York dans des circonstances mystérieuses, après qu'un homme de la Central Intelligence Agency lui ait rendu visite. La CIA possède désormais l'original de ce document dans ses dossiers à Washington.

Un agent double, P............, qui avait infiltré le cercle restreint de la Ligue anti-diffamation du B'nai B'rith, déclara à l'auteur en 1956 que la publication et la diffusion du discours du rabbin Rabinovitch en 1952 par une poignée de patriotes américains avait poussé les juifs à reporter tous leurs plans et à éviter les horreurs de la troisième guerre mondiale. La CIA rapporta également que le discours du rabbin avait indirectement causé la mort de Staline. Staline avait été tellement irrité lorsqu'il en avait reçu une copie par la police secrète qu'il avait immédiatement ordonné que de sévères mesures soient prises contre d'éminents juifs de la direction communiste soviétique. Avant que ces mesures ne puissent être appliquées, les juifs lui administrèrent quelques gouttes d'anesthésiant dans un verre de thé et neuf médecins juifs furent appelés pour s'occuper de lui. Ils firent en sorte qu'il ne reprenne jamais connaissance.

En 1958, le *London Times* rapportait la mort de Rabbin Rabinovitch, mais ne faisait aucune référence au célèbre discours, bien qu'il ait été traduit dans de nombreuses langues et soit connu dans tous les pays d'Europe.

L'apparition du Discours du Rabbin en 1952 et sa diffusion ultérieure, qui a poussé les juifs à reporter les horreurs de la Troisième Guerre mondiale, ne peut être attribuée qu'à la présence bienveillante de Jésus-Christ. La récapitulation sommaire de l'histoire des juifs dans ce livre prouve que les chrétiens ont encore la possibilité de se sauver eux-mêmes. En présence du mal absolu, tel qu'il est défini par les juifs, seul le bien absolu peut nous sauver. Seule la sincérité la plus absolue peut affecter n'importe quel changement sous le ciel. Quand nous voyons un juif comme Arthur Goldberg en charge de notre politique étrangère, puis nous entrons dans l'Institut Oriental et nous voyons une statue en terre cuite d'un Sumérien d'il y a cinq mille ans avec le même nez crochu et les mêmes yeux globuleux que Goldberg, le visage déformé par la même haine diabolique pour tout être humain gentil, nous pouvons seulement conclure que Dieu a marqué ce peuple d'un dessein particulier. Ce but est de faire appel aux ressources les plus profondes du bien dans nos cœurs, d'obéir aux paroles de Jésus-Christ : « Portez votre Croix et suivez-moi », de vivre avec amour, espérance et charité, de vivre dans l'amour et la grâce qui abondent dans l'obéissance au message du Christ, tel est le choix que nous ferons, car la présence du juif nous met au défi de le faire.

En tant que président de l'Institut International d'Études Juives, et après trente-six ans de recherches constantes sur le problème juif, je déclare avec certitude qu'être conscient du juif, c'est survivre. Accepter la domination juive ne signifie pas seulement abandonner tous les préceptes de la civilisation humaine qui se sont succédés au cours de cinq mille ans d'histoire, mais aussi accepter un mode d'existence zombie, une vie dans la mort qui exclut toute la gloire et l'honneur de vivre en Christ.

Être conscient du juif signifie que l'on reconnaît les préceptes de base du problème juif. Le premier précepte est – « LE JUIF VIT DANS UN ÉTAT DE GUERRE PERMANENT AVEC TOUTES LES NATIONS CIVILISÉES. »

Il ne peut donc y avoir de paix entre le parasite biologique et le peuple hôte. Le deuxième précepte est – « CHAQUE JUIF EST UN AGENT DE L'ÉTAT D'ISRAËL. » Aucun juif ne peut occuper un poste au sein d'un gouvernement Gentil à moins qu'il n'exerce cette fonction pour faire avancer la cause de l'État d'Israël. Même s'il le souhaitait, aucun juif n'échapperait à la mobilisation totale du peuple juif dans sa guerre contre les Gentils.

Le troisième précepte est – « LE JUIF SAIT TOUJOURS QUI IL EST. » Lorsque j'ai rencontré des juifs pour la première fois, j'ai été un peu troublé par la façon froide et suffisante avec laquelle ils me considéraient. Je ne comprenais pas qu'ils me regardaient depuis leur piédestal de connaissance de soi, alors que je ne savais pas encore qui j'étais, qui étaient mes ennemis ou mes amis. Dans presque tous les cas, le Gentil ne comprend pas ce qui se passe dans la lutte entre le parasite biologique et le peuple hôte, ou s'il se fait une idée de ce qui se passe, il le découvre trop peu et trop tard.

Le quatrième précepte est – « QUELLES QUE SOIENT VOS AMBITIONS, VOUS NE POUVEZ PAS RÉALISER CES OBJECTIFS À CAUSE DE LA PRÉSENCE DU JUIF. » C'est la fonction du juif de détruire systématiquement l'habitat et le style de vie du peuple hôte. Cela les rend incapables de résister ou de déloger sa présence parasitaire. Au début de cette relation biologique, c'est le juif qui est le déraciné, cherchant une place pour lui-même, tandis que l'hôte est en sécurité dans sa maison. En établissant sa présence biologique parmi le peuple hôte, le juif travaille avec acharnement pour remplacer le mode de vie de l'hôte par un environnement totalement synthétique, adapté aux besoins et aux objectifs du juif. Avec précision, à la manière d'une araignée, le juif tisse sa toile sur le peuple hôte, en utilisant la satire, la pornographie et le propre système de communication de l'hôte pour le piéger dans sa toile. Lorsque la toile est achevée, l'hôte ne peut plus bouger et se retrouve à la merci du juif, qui ne tarde pas à lui administrer son poison mortel.

LE JUIF BIOLOGIQUE

AVANT-PROPOS

Depuis vingt-cinq ans, j'étudie les problèmes de la défaillance humaine, de ses promesses non tenues, de la décadence et de l'effondrement des grands empires. Ce phénomène a existé tout au long des cinq mille ans au cours desquels l'homme a consigné l'histoire de ses efforts civilisateurs. Au cours des vingt premières années que j'ai consacrées à cette étude, j'ai rassemblé énormément de documents et d'informations sur les différentes civilisations. J'ai comparé ces faits afin de trouver des dénominateurs communs qui pourraient mener à une résolution. J'ai également pris en considération des facteurs tels que l'environnement de l'homme, sa nature et la persistance de certains schémas dans son comportement.

Cela m'a conduit à une étude approfondie du règne animal et à une compilation des facteurs qu'il avait en commun avec le règne végétal. Il y a environ cinq ans, j'ai découvert le dénominateur commun des civilisations humaines. J'y suis arrivé directement grâce à mes études en biologie, car ce dénominateur commun se retrouve dans tous les règnes végétal et animal. Parce qu'il s'agissait d'un phénomène naturel et si omniprésent, ordinaire et accepté à tous les niveaux de la vie végétale et animale, aucun érudit n'avait auparavant songé à examiner ce facteur comme cause première de la décadence et de la chute des grands empires.

Ce facteur est le parasitisme. Parmi toutes les grandes avancées de la médecine au cours du siècle dernier, l'une de ses réalisations les plus impressionnantes fut le développement rapide du domaine de la parasitologie. On constata que beaucoup des maladies les plus graves de l'homme étaient causées par des parasites. Ce n'était qu'une question de temps avant que les intellectuels puissent déduire de ces études qu'une condition semblable pouvait se produire parmi les civilisations de l'homme, et qu'elle pouvait également causer la maladie et la mort. Il fallait s'attendre à ce que dans leurs autopsies d'empires inhumés, les chercheurs concluent que cette maladie, le parasitisme, avait été un facteur déterminant dans les maladies mortelles ayant frappé les civilisations humaines.

Mais aucun chercheur ne tira cette conclusion. Dans toute la Bibliothèque du Congrès, on ne trouve aucun ouvrage traitant des effets sociaux du parasitisme sur la civilisation. Il existe des centaines de travaux sur les aspects médicaux du parasitisme, mais aucun sur ses effets socio-économiques tout aussi graves. Pourquoi cela ? Pourquoi les milliers de chercheurs dans ce domaine, cherchant désespérément le moindre membre sur lequel construire la mince pensée qui leur servira de thèse de doctorat, ont-ils été incapables de voir ce qui se trouve devant eux, les effets destructeurs des groupes parasites sur la civilisation ?

Donnons l'explication la plus simple, puisqu'elle est généralement la bonne. Le groupe parasite de la civilisation a fixé sa domination sur le monde académique et intellectuel. Elle ne tolérerait aucune étude académique qui menacerait sa domination perpétuelle. Est-ce là une conclusion farfelue ? Alors cherchons-en une de meilleur et, lorsqu'incapables d'en trouver une, examinons plusieurs facteurs communément acceptés. Premièrement, nous savons que le parasitisme existe dans l'humanité. Deuxièmement, le groupe parasite est une espèce homogène, bien dirigée (et dirigée de l'intérieur). Troisièmement, le groupe parasite, afin de maintenir sa position parasitaire, doit exercer un certain contrôle sur son hôte, car aucun hôte ne tolère volontairement la présence du parasite. Une forme évidente de contrôle serait un contrôle sur ce que l'hôte pense, lit et voit comme divertissement, éducation et reçoit comme nouvelles sous forme d'informations diverses.

Les études sur le parasitisme ont progressé à un rythme fantastique au cours du XXème siècle, et je ne peux pas m'enorgueillir d'avoir formulé la théorie sociale du groupe parasitaire dans la civilisation humaine, parce que cette théorie nous fait face depuis au moins deux générations. Néanmoins, ce phénomène a été tellement dissimulé qu'il m'a fallu cinq ans pour développer cette théorie, et je suis conscient que même aujourd'hui, je ne fais qu'ouvrir la voie à une foule de chercheurs qui pourront utiliser cette théorie pour faire la lumière sur les problèmes humains beaucoup mieux que je n'ai pu le faire dans ce laps de temps relativement court.

Dans la mesure du possible, j'ai tâché de rendre ce travail le moins technique possible, dans la mesure où la nature de la théorie le permettait, afin que les chercheurs dans de nombreux autres domaines puissent l'employer dans leur propre travail. Les ramifications de cette théorie indiquent qu'elle peut être utile immédiatement et fructueuse dans les domaines de la sociologie, de la politique et de l'histoire, tant pour le chercheur professionnel que pour le profane.

Eustace Mullins,
Washington, D.C.

CHAPITRE PREMIER

LE PARASITE

La plupart d'entre nous considèrent un parasite comme quelque chose de détestable, dont le rôle dans la vie est de se nourrir aux dépens d'un autre. Par conséquent, le terme, lorsqu'appliqué aux humains, exprime toujours une marque de dégoût. Dans les règnes animal et végétal, aussi, le parasite est universellement détesté. L'*Oxford English Dictionary* (1933) définit le terme :

« **Parasite –**
1. Celui qui mange à la table, ou aux dépens d'un autre ; un comportement toujours répréhensible.
2. Biol. Animal ou plante qui vit dans ou sur un autre organisme (techniquement appelé son hôte) et qui y puise sa nourriture directement.
3. (fig.) une personne dont le rôle ou l'action ressemble à celle d'un parasite animal. »

Ainsi, nous trouvons qu'un parasite est celui qui n'est pas aimé, qui se nourrit aux dépens d'un autre, et qui vit dans ou sur un autre organisme appelé hôte. Nous constatons également que le terme peut être appliqué à une personne dont la vie suit le mode de vie classique du parasite.

Maintenant, dans l'étude de l'humanité, nous constatons qu'il y a un groupe ou une catégorie de personnes qui apparaissent de façon persistante dans les archives des grandes civilisations. Ils sont toujours détestés, mais ils restent au milieu des peuples qui ne les aiment pas, et s'ils sont chassés, ils insistent pour revenir, peu importe le prix qu'ils doivent payer. Nous constatons aussi qu'ils parviennent toujours à vivre aux dépens des autres.

L'*Encyclopædia Britannica* définit le parasitisme ainsi :

> « Parasitisme – une relation nutritive unilatérale entre deux organismes de types différents, une relation plus ou moins nuisible, mais qui n'est généralement pas fatale à l'hôte ; une relation, en outre, qui soulage le parasite de la plupart de l'activité ou de la lutte habituellement associée à la nourriture, et tend ainsi à favoriser ou induire un certain degré de simplification ou de dégénérescence. »

Dans les archives de nombreuses civilisations, nous constatons que la présence du groupe parasite est dans de nombreux cas fatale pour le peuple hôte, parce qu'elle entraîne des changements fondamentaux dans le mode de vie du peuple hôte, et détourne ses énergies primaires vers l'alimentation des parasites. Cette altération affecte tous les aspects de l'existence du peuple d'accueil et l'affaiblit inévitablement au point qu'il est détruit. Puisque l'*Encyclopædia Britannica* fait référence à une condition parasitaire purement biologique dans les règnes animal et végétal, il est vrai que la relation parasitaire peut être nuisible sans être fatale, un certain temps, mais même dans ces cas-là, nous trouvons de nombreux exemples de plantes et animaux tués par des parasites, un fait apparemment inconnu du chercheur qui a rédigé l'article de l'*Encyclopædia Britannica* faisant autorité sur ce problème.

Nous constatons aussi que le groupe parasite est continuellement dénoncé par les éléments les plus moraux parmi le peuple hôte, parce que le groupe parasite se livre à toutes sortes de régressions connues. Les raisons en sont évidentes. Comme le souligne l'article de l'*Encyclopædia Britannica*, une existence parasitaire conduit à la dégénérescence. Comme le parasite n'a pas à se soucier de l'approvisionnement actif en nourriture, il a beaucoup de temps et d'énergie pour se consacrer aux activités les plus ignobles et à la débauche des membres du peuple hôte.

L'*Encyclopædia Britannica* mentionne également un facteur important dans la présente étude, la localisation du parasite dans l'hôte. L'article de Britannica souligne :

> « Les parasites sont souvent localisés à un endroit particulier de l'hôte. »

Comme le parasite réduit ses objectifs de vie à un seul but, celui de rester sur l'hôte et de se nourrir à ses dépens, il doit choisir un endroit où cela est possible. L'endroit doit être un endroit d'où l'hôte ne peut pas facilement le déloger, et il doit permettre au parasite de se nourrir sans effort. Par conséquent, le parasite choisit habituellement une place près des organes reproducteurs ou des organes excréteurs de l'hôte.

Tout au long de l'histoire, le groupe parasitaire a choisi de se localiser près des organes reproducteurs ou excréteurs de l'hôte. Dans la plupart des cas, cela s'est traduit par l'installation dans les grandes villes des peuples d'accueil, même si, dans les pays essentiellement agricoles, le groupe parasitaire est parvenu à se disperser dans les villages.

Le *Third International Dictionary* de Webster définit le parasite comme :

> « 2a – un organisme vivant dans ou sur un autre organisme vivant, obtenant de lui une partie ou la totalité de son nutriment organique, et présentant généralement un certain degré de modifications structurelles. »

LA CAPACITÉ DE S'ADAPTER

C'est une caractéristique importante du groupe parasitaire dans l'histoire de l'humanité. Il a fait preuve d'une étonnante capacité à se transformer ou à se modifier pour atteindre son but parasitaire. Il a développé des techniques extrêmement fines pour demeurer accroché à l'hôte et des méthodes sophistiquées pour continuer à se nourrir aux dépens de l'hôte. Il a pris de nombreuses formes et a fait preuve d'une grande capacité d'adaptation pour apparaître sous diverses formes, afin de rester en place.

Poursuivons avec le *Third International Dictionary* de Webster :

> « **Parasite** 3. quelque chose qui ressemble au parasite biologique en dépendant d'autre chose pour exister sans rien donner d'utile ou d'approprié en retour (illus. la grande ville est un parasite du pays – François Bondy). »

C'est la dernière clé importante pour résoudre notre problème, celui du déclin de la civilisation humaine. Le parasite dépend d'autre chose pour exister sans rien donner d'utile ou d'approprié en retour. Tout au long de notre étude de l'histoire, nous constatons que le groupe parasite ne rend jamais rien et ne montre aucune gratitude pour avoir été autorisé à se nourrir à partir des ressources produites par l'hôte. La devise des parasites est de « toujours prendre ». Faut-il s'étonner, alors, que cette devise apparaisse dans la littérature écrite d'un groupe parasitaire connu ?

Nous demandons à présent au lecteur – quel groupe apparaît et réapparaît dans l'histoire d'une civilisation après l'autre ? Quel groupe a toujours été vivement détesté par ses peuples hôtes ? Quel groupe joua un rôle souvent décisif dans le déclin et l'effondrement d'une civilisation l'une après l'autre ? Quel groupe s'adonne à tous les types de dépravations ? Quel groupe se place toujours à certaines positions parmi les peuples d'accueil ? Et quel groupe refuse de jouer un rôle constructif dans une civilisation, mais reste fidèle à sa devise « toujours prendre », tout en refusant de donner quoi que ce soit d'utile ou d'approprié en retour ?

CONNU SOUS LE NOM DE JUIFS

Ce groupe, comme le lecteur l'a peut-être déjà suspecté à partir de ses propres recherches, est connu dans l'histoire sous le nom de juifs. Avant notre étude, les individus ou groupes humains vivant aux dépens des autres furent souvent appelés parasites, mais ce terme était utilisé dans un sens purement sociologique, sans aucun point de référence biologique. On dit que les propriétaires de plantations étaient des parasites parce qu'ils vivaient aux dépens de leurs esclaves, que les aristocrates étaient des parasites parce qu'ils vivaient aux dépens des masses laborieuses, que les armées étaient des parasites parce qu'elles vivaient aux dépens des ouvriers.

Mais, dans tous les cas, les supposés parasites remplissaient certaines fonctions et certaines responsabilités dans la société. Ainsi, nous constatons qu'au sens purement sociologique, il est possible de désigner de nombreux groupes comme parasites, tels que les enfants et ceux qui sont trop âgés pour travailler. Ils se nourrissent certainement aux dépens des autres, n'accomplissent aucun travail utile et ne fournissent aucune rentabilité appropriée. Mais ces groupes ont soit fait un travail utile dans le passé, soit on s'attend à ce qu'ils le fassent dans l'avenir. Ils ne s'inscrivent donc pas dans le cadre accepté de la définition biologique d'un parasite. Tout au long de ce travail, nous constaterons que les références biologiques restent fidèles à un degré étonnant, en établissant l'histoire et la présence d'un groupe parasitaire, et que dans tous les cas, les archives des juifs prouvent qu'ils jouent le rôle de parasites biologiques.

AUTRES ASPECTS BIOLOGIQUES

Dans la nature, nous constatons que le parasite tente souvent de dissimuler son cycle de vie parasitaire et de ressembler à des plantes et des animaux ordinaires. Voici une description de la plante biologique *Krameria* dans *The Conditions of Parasitism in Plants* de D. T. MacDougal et W. A. Cannon (Carnegie Institute of Washington, 1910) :

> « Le buisson du désert de l'ouest des États-Unis *Krameria* est un parasite présent sur un certain nombre d'hôtes ligneux. Le *Krameria* ne semble pas à première vue être un parasite, car il ne pousse pas directement sur son hôte, mais ses racines se répandent sous le sol et entaillent les racines de son hôte, s'en nourrissant. Son hôte préféré est le *Covillea tridentata*, bien qu'il soit également lui-même un parasite de l'acacia et de plusieurs autres plantes. Son état de parasitisme fut découvert après que les scientifiques se soient étonnés qu'il n'ait pas de racine profonde. C'est un arbuste grisâtre, portant des fruits et des feuilles à certaines saisons de l'année. »

Le parasite dans la nature trouve souvent commode de se déguiser et de dissimuler ses objectifs, de persuader qu'il est autre chose, afin d'accomplir sa mission parasitaire. De plus, le parasite n'est pas une espèce, mais une *forme de vie* qui s'attaque à de nombreuses autres espèces différentes. À cet égard, le juif, en tant qu'espèce biologique, n'est pas tant une race qu'un organisme qui s'attaque à toutes les autres races. Comme le souligne Geoffrey LaPage, dans son ouvrage irréfutable, *Parasitic Animals* (Cambridge University Press, 1951, page 1) :

> « Un animal parasite n'est pas une espèce animale particulière, mais un animal qui a adopté un certain mode de vie. »

Concernant l'échec du *Krameria* à développer des racines profondes, qui ne sont pas nécessaire à la conduite de son existence parasitaire, on peut noter que le juif ne développe jamais de racines profondes dans la culture d'un peuple hôte, mais se limite aux aspects les plus superficiels et les plus rapidement lucratifs de son existence.

Par conséquent, un juif n'est pas tant une espèce particulière dans le monde civilisé, qu'un organisme qui a adopté une certaine forme de vie parasitaire et s'est adapté pour exister sur un hôte qui peut lui fournir sa nourriture.

LaPage continue :

> « Contrairement à beaucoup d'autres termes biologiques, le mot parasite et l'adjectif ont été introduits dans le langage courant des hommes et des femmes et ont acquis, par leur usage courant, des connotations émotionnelles et morales avec lesquelles la science – et donc la biologie – n'a rien à voir. Le point de vue du biologiste est scientifique, et c'est pourquoi il fait tout ce qui est en son pouvoir pour retirer de ses études tous les goûts et aversions humains et tous les jugements moraux humains. Il ne méprise ni n'admire, n'aime ni ne déteste, ne condamne ni n'approuve l'organisme parasite. Il étudie sa façon de vivre aussi sereinement que possible, considérant les parasites comme l'une des différentes façons de vivre pratiquées par différentes espèces d'animaux. »

L'APPROCHE SCIENTIFIQUE

Nous sommes tout à fait d'accord avec l'avertissement du professeur LaPage d'être tout à fait scientifique et d'avoir la volonté de ne pas se laisser influencer par des jugements émotionnels. C'est précisément par cette méthode d'étude impartiale que l'auteur est arrivé à sa définition du juif biologique. Ce n'est qu'en l'étudiant sans émotion en tant que phénomène biologique que nous pourrons espérer apprendre à combattre l'influence maléfique que le corps parasitaire exerce inévitablement sur les civilisations humaines les plus avancées.

LaPage souligne que l'on trouve en général deux types d'associations animales, celles qui appartiennent à une même espèce, comme les troupeaux, les colonies de coraux, les communautés d'abeilles, etc. et deux associations d'espèces différentes dans une même zone. Le parasite appartient à cette deuxième catégorie, car nous trouvons des groupes ayant des racines dans une région et qui divertissent des parasites qui n'ont pas de racines dans cette région. Une des facettes les plus intéressantes du parasitisme est que le parasite vit une existence qui dépasse souvent les lois coutumières de la nature et de l'homme. Le parasite ne semble pas être lié par des facteurs contraignants tels que le climat, la géographie et d'autres éléments qui jouent un rôle déterminant dans la vie de la plupart des groupes. Ainsi, nous constatons qu'un parasite peut survivre dans une zone où il n'a pas de racines, alors que son hôte a des racines dans la zone et y a établi son existence sur une certaine période de temps.

PAS DE COMMENSALISME

LaPage note également que le parasitisme est différent du commensalisme, un terme biologique souvent utilisé pour désigner le fait de « manger à la même table ». Il cite comme exemples de commensalismes, les oiseaux pique-bœufs qui se perchent sur le dos des rhinocéros, des éléphants et autres grands animaux des plaines africaines. Non seulement ces oiseaux mangent les tiques, les poux et d'autres parasites qui infestent les animaux, mais ils les avertissent aussi du danger.

En Angleterre, nous constatons que les étourneaux et les moutons ont un arrangement commensal similaire. Nous avons aussi le phénomène de la symbiose, un terme biologique qui signifie « vivre ensemble ». Il s'agit d'un mode de vie un peu plus intime que le commensalisme, car nous trouvons en symbiose une dépendance physiologique de chaque partenaire l'un envers l'autre. Chacun fournit à l'autre de la nourriture sans laquelle la vie serait plus difficile, voire impossible, et ni l'un ni l'autre ne vit une vie indépendante.

Le parasitisme, cependant, est défini par LaPage comme semblable au commensalisme et à la symbiose dans la mesure où l'association est fondée sur le besoin d'un approvisionnement alimentaire suffisant. Il affirme que le parasitisme est une association entre un partenaire, appelé parasite, qui obtient, par un certain nombre de méthodes différentes, sa nourriture du corps de l'autre partenaire, qui est appelé l'hôte du parasite. Mais, demande LaPage, l'autre partenaire, l'hôte, en bénéficie-t-il ? Il répond que ce n'est jamais le cas. L'hôte est toujours blessé par le parasite. Ainsi, le parasitisme diffère du commensalisme et de la symbiose en deux points : premièrement, non pas les deux, mais un seul des partenaires, le parasite, gagne un approvisionnement alimentaire, et deuxièmement, un seul des partenaires en bénéficie, et non les deux, tandis que l'hôte souffre toujours de quelques blessures.

LA MODIFICATION DE L'ORGANISME

LaPage en déduit que le premier parasite pourrait avoir été un organisme non parasite qui pénétra par une voie quelconque le corps d'un autre type d'animal, et y trouva de la nourriture, telle que le sang, riche en nutriments et facilement digestible, et qu'au cours de l'évolution, les descendants de ce premier parasite aimèrent ce mode de vie, et maintinrent une telle association avec un autre animal. Par la suite, ces organismes sont devenus entièrement dépendants du parasitisme comme moyen d'obtenir de la nourriture et ne pouvaient pas survivre autrement. C'est ainsi qu'il est devenu un « parasite forcé », totalement dépendant de son hôte physiologiquement. Comme le souligne LaPage, l'hôte ne tolère pas passivement cette association avec le parasite, mais réagit à la blessure qu'il subit :

> « La lutte entre hôte et parasite s'est déroulée selon les lois de l'évolution, et cette lutte est toujours en cours aujourd'hui.
>
> Le parasitisme est très différent de la relation de proie et de prédateur, dans laquelle un corps se nourrit en tuant et en absorbant le corps d'un autre. Ici, le prédateur est toujours plus grand et plus fort que sa proie, tandis que le parasite est toujours plus petit et plus faible que son hôte. »

LE VIOL DE LA NATURE

Ainsi nous constatons encore une fois ici que le parasite viole une loi fondamentale de la nature. C'est une loi de la nature que le plus fort survive aux dépens du plus faible, la survie du plus apte, car le plus faible est mangé pour nourrir le plus fort. Dans le phénomène du parasite, cependant, nous constatons que le plus faible survit aux dépens du plus fort, le moins apte à survivre devient le vainqueur, et le plus fort est vaincu.

C'est là aussi un aspect fondamental du cycle de vie du juif biologique. Tout au long de l'histoire, il a toujours été plus petit et plus faible que son hôte gentil, mais il a souvent réussi à le maîtriser. Le faible gringalet, comme le célèbre comédien juif Charlie Chaplin, parvient toujours à déjouer et à vaincre son adversaire Gentil, plus grand et plus fort. Nous trouvons que ce culte est une approche fondamentale dans tout l'humour, la littérature et l'art juifs. Le petit David bat le plus grand Goliath, l'astucieux Mardochée bat le plus fort des Gentils, Haman. David, bien sûr, est le petit parasite, et Goliath est le grand hôte, frappé de loin, avant d'avoir eu la chance d'utiliser sa force supérieure contre le faible adversaire.

LES PARASITES TEMPORAIRES

LaPage classe comme « parasites temporaires » les insectes tels que les moustiques et les sangsues, qui sucent le sang de l'hôte. Il les nomme ectoparasites parce qu'ils n'entrent pas dans le corps de l'hôte. D'autres poux, qui vivent sous la peau de leurs hôtes, sont classés comme endoparasites. Il y a aussi les hyperparasites, qui vivent d'autres parasites (les dynasties rabbiniques), et les couvées ou parasites sociaux, qui se trouvent dans des familles de fourmis et d'abeilles, et qui vivent de la communauté.

L'ÉVOLUTION ET LES PARASITES

LaPage souligne que chaque animal, quel que soit son mode de vie, est progressivement altéré par les processus lents de l'évolution. Il dit que le parasite, loin d'être une exception à cette règle, en est un exemple.

> « Il développe des dents avec lesquelles gratter les tissus de l'hôte, des organes de succion pour sucer ses fluides, des coagulants pour s'accrocher au corps de l'hôte. La ruse remarquable avec laquelle certaines espèces de chauves-souris suceuses de sang traquent leurs victimes et leur volent leur sang doit également être prise en compte parmi les modifications que leurs habitudes parasitaires temporaires ont produites. Des espèces de *Desmodus* s'attaquent aux bovins, aux chevaux et aux autres animaux, y compris l'homme et la volaille la nuit, lorsqu'ils dorment. Ils observent attentivement leurs victimes et, lorsqu'ils dorment, ils marchent ou se faufilent vers eux et enlèvent un morceau de chair si délicatement que l'animal endormi ne découvre la morsure que le matin, en même temps que le saignement. »

L'une des modifications caractéristiques du juif est sa capacité à sucer le sang de l'hôte Gentil sans alarmer sa victime, l'affaiblissant sans être découvert, grâce aux instruments habiles et aux techniques très sophistiqués que le juif a développés au cours des siècles dans ce but spécifique, et qui n'ont pas d'équivalent chez aucune autre espèce. Au vu de ces techniques, faut-il s'étonner que certains des Gentils les plus affaiblis par les saignées du juif soient parmi ses défenseurs les plus véhéments, qui se battraient jusqu'à la mort pour protéger leurs ''bienfaiteurs'' juifs. Ils sont totalement incapables de reconnaître leur mise en danger ou la nature insidieuse de l'attaque parasitaire.

LA SPÉCIALISATION CHEZ LES PARASITES

LaPage décrit un type de parasite appelé myxine, classé parmi les Cyclostomes, nom dont l'origine fait référence à l'ouverture circulaire à l'intérieur de leurs bouches :

> « Tous ces poissons ont une forme de ver et le plus connu d'entre eux est peut-être la lamproie. La myxine a deux rangées

de dents sur sa langue puissante et une dent médiane sur le haut de sa bouche. Ses yeux sont très importants et sont cachés sous la peau, probablement parce que la myxine creuse profondément dans les tissus des poissons qu'elle attaque, de sorte que ses yeux sont devenus inutiles. Pour la même raison, ses ouvertures branchiales sont reliées par de longs tubes à une seule ouverture à la surface beaucoup plus en arrière que les ouvertures branchiales de la lamproie, de sorte que la myxine peut respirer l'eau pendant que sa tête est enterrée dans le corps du poisson qu'elle parasite. Certaines espèces de myxines peuvent s'attacher si fermement aux poissons vivants par l'intermédiaire de leur bouche sutorielle que ces poissons ne peuvent que rarement s'en débarrasser. Ils arrachent ensuite la chair du poisson et sucent leur sang. Certaines espèces consomment le muscle du poisson jusqu'à ce qu'il ne reste plus grand-chose du poisson vivant à part ses os et ses viscères, jusqu'à ce que le poisson meure. »

LaPage offre ainsi une contradiction totale avec l'article savant et officiel de l'*Encyclopædia Britannica* sur le parasitisme qui affirme que le parasite n'est jamais fatal pour l'hôte. L'activité de la myxine, en suçant le sang du poisson encore vivant jusqu'à sa mort, correspond étroitement à l'ancien rite religieux juif du meurtre rituel, dans lequel la victime Goy en bonne santé est attachée sur une table, des entailles rituelles sont faites dans sa chair, et le sang coulant est bu par les juifs joyeux dans un des actes symboliques les plus importants de leur existence parasitique. La cérémonie du sang se poursuit jusqu'à l'expiration de la victime Goy, dans une parfaite reconstitution sociale de l'activité physique de parasites tels que la myxine. Nous voyons ici la corrélation étroite entre les activités des parasites dans les règnes végétal et animal et celles qui se sont développées au cours des siècles de civilisation humaine.

LaPage affirme que de nombreuses sangsues combinent des organes d'attache avec des organes d'aspiration, mais que d'autres n'ont que des organes d'attache, comme les crochets développés par de nombreuses espèces d'animaux parasites fixés soit à l'extérieur, soit aux organes internes de l'hôte. De la même manière, lorsque le peuple hôte d'une communauté juive de parasites tente de la déloger, il constate que le parasite a déployé des tentacules spéciales profondément fichées dans chaque facette de la vie du peuple hôte. Ces tentacules sont si profondément enracinés que le délogement n'est pas seulement difficile, c'est une opération tellement exigeante et douloureuse que le délogement lui-même peut être mortel pour l'hôte.

L'hôte constate que ses hypothèques sont détenues par des banquiers juifs, que ses enfants sont formés par des professeurs juifs, que son gouvernement est administré par des ''conseillers'' ou des ''consultants'' juifs qui, même s'ils n'occupent aucune fonction élective ou nommée, prennent toujours les décisions importantes. Ils se tournent vers leur religion pour se consoler, et ils constatent que les juifs convertis, aidés par des dons d'argent appropriés, sont entrés au sein de l'administration de leurs paroisses et se sont rapidement imposés jusqu'à ce que les croyances religieuses soient modifiées pour embrasser tous les principes de la communauté parasite des juifs. Que reste-t-il donc à l'hôte Gentil ? Le sort apparemment inévitable d'être lentement saigné à blanc, après quoi les parasites quitteront le corps de leur victime et chercheront un autre hôte à parasiter.

LES PHASES ADULTES DU PARASITE

LaPage souligne que dans de nombreux cas, au cours des phases adultes des parasite, ils ne se déplacent pas beaucoup dans le corps de l'hôte, parce qu'ils sont entourés de nourriture et peuvent l'obtenir sans l'aide des organes locomoteurs. Ainsi, nous constatons que les juifs ne s'intéressent pas beaucoup à l'industrie des transports, préférant les occupations les plus sédentaires. La communauté parasitaire peut en fait devenir complètement immobile dans l'hôte pendant de longues périodes de temps, parce qu'elle est caractérisée par la capacité de dormance, de mentir sans bouger au fil des ans, sans perdre sa puissance. Nous constatons que les tiques porteuses de maladies infectieuses peuvent rester dans le sol cent ans durant, et lorsqu'elles émergent, elles sont encore infectieuses.

Les communautés juives se sont établies dans les nations Goy et sont restées pendant des centaines d'années sans montrer aucun signe de danger pour leurs hôtes, mais, si l'hôte gentil tente de les déloger, elles relèvent immédiatement le défi et apportent leurs modifications spécifiques pour rester accrochées à l'hôte. LaPage souligne que les parasites sont naturellement enclins à mener une vie sédentaire, « et à subir les modifications auxquelles ce mode de vie conduit. »

En raison de leur mode de vie parasitaire, les communautés juives ont développé des habitudes sédentaires qui, à leur tour, ont induit certaines maladies directement attribuables à ce mode de vie, ces dernières sont connues pour leur récurrence élevée chez les juifs. C'est pourquoi le diabète est appelé dans de nombreux dictionnaires médicaux « la maladie juive ».

Le diabète survient principalement parce que la vie sédentaire et parasitaire empêche les juifs de brûler l'excès de sucre qu'ils ingèrent dans leur alimentation destiné à être brûlé sous forme d'énergie directe dans le sang. Cela provoque une surabondance de sucre dans le système, qui ne tarde pas à se changer en diabète. De plus, des générations de personnes sédentaires causent des dysfonctionnements ou un affaiblissement graduel du fonctionnement du pancréas et d'autres organes responsables du contrôle du taux de sucre dans le sang. Ainsi, le diabète devient une maladie héréditaire chez des générations de personnes sédentaires.

La communauté juive a développé un certain nombre de maladies dégénératives, telles que les troubles sanguins, les cancers de toutes sortes et d'autres formes de dégénérescence physique, qui sont directement attribuables à leur mode d'existence parasitaire et à la dégénérescence physique qui en résulte. Au fur et à mesure qu'ils cohabitent avec la communauté des Gentils et que leur mode de vie sédentaire se propage, ces maladies dégénératives commencent à apparaître dans la communauté de l'hôte.

C'est l'une des corrélations physiques les plus importantes entre la communauté juive et les types connus d'organismes parasites dans les règnes végétal et animal, selon M. LaPage :

> « Parmi les autres organes qui sont souvent affaiblis ou détruit lorsque l'on adopte la vie parasitaire, on retrouve le système nerveux. Il peut être affaibli dans son ensemble ou l'atrophie de ses fonctions peut affecter principalement les yeux et d'autres organes. Les organes des sens se développent mieux chez les animaux actifs qui se nourrissent d'autres animaux et ont besoin de se défendre contre leurs ennemis. Ils ne sont pas requis par les animaux parasites qui vivent une existence relativement abritée sur ou dans le corps de leurs hôtes au milieu d'une relative abondance de nourriture. »

L'effet d'un mode d'existence parasitaire sur le système nerveux, que l'on peut observer chez de nombreux types de parasites, est particulièrement remarquable chez le juif. Les sociologues supposent depuis longtemps que la dégénérescence du système nerveux en un état de maladie mentale grave chez trente pour cent en moyenne de tous les juifs est due au métissage physique dans la communauté juive, mais l'incidence élevée de maladie mentale chez les juifs dont les familles se sont mariées avec des Gentils, est la même que chez ceux qui sont restés dans cette communauté. Cela indique une origine strictement biologique de cette dégénérescence du système nerveux, et confirme la thèse du Professeur LaPage selon laquelle la conduite d'un mode d'existence parasitaire conduit inévitablement à une réduction ou à une dégénérescence du système nerveux.

CHANGEMENTS PRONONCÉS SUR LA STRUCTURE DU SQUELETTE

L'une des observations les plus frappantes que LaPage ait faites dans cette étude sur les parasites animaux est une découverte :

« parce que ce mode de vie tend à causer une perte de structure (squelettique) suffisamment résistante pour être conservée sous forme de fossiles, nous avons peu de preuves géologiques de l'histoire passée des animaux parasites. Au moins six espèces de vers ronds fossiles, cependant, ont été décrites, deux d'entre elles, *Hydonius antiquus* et *H. matutinus* dans le lignite de l'Éocène, et les quatre autres dans l'ambre baltique. »

L'existence sans effort du parasite n'affecte pas seulement son système nerveux qui, comme tout autre attribut physique, tend à s'atrophier lorsqu'il n'est pas utilisé ou requis par l'animal, mais elle conduit aussi, au fil du temps, à des changements importants dans la structure osseuse de l'animal qui devient souple et amorphe avant de rapidement se désintégrer après sa mort. Voici une autre corrélation remarquable entre le cycle de vie des animaux parasites et le cycle de vie du juif. En raison de leur mode d'existence parasitaire, les juifs n'ont pas laissé d'artefacts qui pourraient être découverts parmi les ruines des anciennes civilisations, même s'ils ont vécu parmi ces civilisations pendant de longues périodes. Malgré les traces historiques de leur présence, nous ne trouvons pas d'artefacts concrets attestant de leur existence.

L'ABSENCE D'ARTEFACTS CULTURELS

Comme nous ne cessons d'entendre parler de la grande culture juive du passé, les archéologues ont fourni de considérables efforts pour découvrir quelques exemples d'art, de sculpture et d'architecture juives au sein des restes des anciennes civilisations, des preuves solides qui auraient survécu aux ravages du temps et aux catastrophes naturelles. Ils n'ont pourtant rien trouvé. Les seuls résultats de ces recherches se résument à quelques morceaux de carafes à eau rudimentaires, faites de boue, qu'un homme de l'âge de pierre aurait pu produire à mains nues, puisqu'il ne connaissait pas l'utilisation du tour de poterie qui fit son apparition dans les civilisations primitives. Ces maigres témoignages du grand passé juif ne sont qu'une preuve de plus de l'existence parasitaire biologique que le juif a toujours menée en tant que créature faible, amorphe et sans racines, se nourrissant aux dépens des autres et ne laissant aucun objet concret pour commémorer sa présence.

LaPage déclare :

> « Les écrits humains sur certaines espèces d'animaux parasites nous ramènent aux premiers écrits de l'homme. Un papyrus égyptien de 1600 av. J.-C. fait référence aux ténias, aux douves et aux ankylostomes de l'homme. »

Ainsi, le parasite biologique aurait été un problème de l'homme depuis l'aube de l'histoire consignée. Bien que les humains aient été conscients de l'inconfort physique et du danger que les parasites animaux ont toujours représenté, ils ne reconnurent jamais le danger spécifique du parasite juif avant qu'il ne soit trop tard.

LaPage déclare également :

> « L'animal parasite doit faire face à des difficultés et à des risques auxquels les non-parasites ne sont pas exposés. Il a peut-être trouvé un abri et de la nourriture en abondance, mais il les a obtenus au prix d'une dépendance partielle ou totale à l'égard de ses hôtes. L'animal parasite doit en trouver un et s'y introduire ou se s'attacher à sa surface et il doit s'y maintenir. »

Ainsi, le juif est confronté à plusieurs dangers qui ne mettent généralement pas en péril d'autres genres de communautés. Le plus important est le danger de génocide, d'actions contre sa communauté en tant que groupe, lorsque l'hôte découvre que sa présence met sa santé en danger. Le juif est le seul groupe humain qui a subi à plusieurs reprises des réactions hostiles en masse, ou pogroms, contre lui.

En raison de son mode d'existence parasitaire, la communauté juive n'a fait aucun effort pour développer une nation ou un état indépendant pendant les milliers d'années d'histoire consignée. Cela signifie que le juif n'avait pas d'armée permanente pour le défendre contre ses ennemis. Lorsqu'un État juif, Israël, fut finalement créé, le budget de la nation l'identifia comme une extension de la communauté parasitaire, car soixante-dix pour cent de son budget national était constitué de contributions de l'étranger, et trente pour cent de la vente d'obligations qui, bien sûr, étaient sans valeur et ne seraient jamais payées.

LA HAINE

En raison de sa dépendance totale vis-à-vis de l'hôte Gentil, le parasite juif développe une haine profonde et un mépris pour les animaux qui lui fournissent nourriture et abri. Cette haine est un cadre protecteur qui sert de bouclier à la communauté juive et l'empêche d'accepter la vie et les objectifs du peuple hôte pour les siens. Herbert Spencer faisait peut-être référence au phénomène parasitaire juif lorsqu'il écrivit :

> « Si un groupe accorde plus d'importance à la qualité de l'inimitié qu'à celle de l'amitié, un cadre criminel se développe. »

Puisque le juif est le seul groupe qui accorde une grande importance à la qualité de l'inimitié, Spencer renvoyait sans doute indirectement au parasite juif. Du point de vue du peuple hôte, tout ce que fait le juif est la manifestation d'un acte criminel, mais du point de vue du parasite, il ne fait que suivre les processus de son cycle de vie qui ont évolué et été établies sur une période de milliers d'années. Le conflit vient de deux codes d'éthique distincts et inconciliables, celui de l'hôte, mettant l'accent sur la décence, l'honneur et l'autonomie, et celui du parasite, qui fonctionne selon un *modus vivendi* reposant sur son parasitisme.

Le juif vit dans la peur constante d'être rejeté, d'être chassé de l'hôte, ce qui signifierait sa famine et sa mort. En conséquence, le juif voit tout sous l'angle de la façon dont il « se rapporte » à l'hôte, ou comment il maintient sa situation parasitaire.

LES MODIFICATIONS ADAPTATIVES

Les modifications adaptatives du parasite sont des tentatives d'anticipation des changements possibles de l'hôte. LaPage explique :

> « D'autres parasites mettent en corrélation leur cycle biologique avec celui de l'hôte ; la douve monogénétique, ou *Polystoma integerrimum*, qui vit dans la vessie de la grenouille commune, ignore tous les têtards qui n'ont pas atteint un stade de développement dans lequel il pourrait survivre, mais lorsqu'il rencontre celui qui l'a atteint, son mouvement cesse ; il semble faire une pause et attendre son opportunité pour traverser le trou en forme de bec pour s'introduire par la poche formée dans les branchies intérieures. Comment sait-il que le têtard a atteint ce stade de développement interne, nous ne le savons pas, mais il est peut-être aidé par ses taches oculaires et son système nerveux ou par des substances chimiques sécrétées par le têtard dans l'eau qui stimulent la larve du miracidium. »

La capacité extrasensorielle du parasite à repérer un hôte bien développé a toujours été caractéristique des juifs. Depuis les débuts de l'histoire, ils l'ont exercée infailliblement pour reconnaitre les civilisations les plus avancées et les plus prometteuses, ignorant les peuples les plus primitifs ou les moins développés. Ainsi, nous ne trouvons pas le juif partageant l'existence spartiate des pygmées dans la forêt tropicale Uturi ; il vit dans un confortable appartement à New York, où il mange du caviar et du champagne.

LES DIFFÉRENTES PHASES
DE LA REPRODUCTION

LaPage observe que le moment de la libération des phases reproductrices des animaux parasites pour qu'ils puissent infecter l'hôte est également montré par certaines espèces de protozoaires qui vivent dans le rectum de la grenouille. Là encore, on note l'affinité du parasite pour les organes excréteurs, le *Polystoma integerrimum*, mentionné plus haut, qui réside dans la vessie de la grenouille, et les protozoaires qui préfèrent le rectum de la grenouille comme environnement le plus approprié pour sa vie.

LaPage affirme que la dormance des parasites est un phénomène observé en permanence, conservant leur puissance pendant de nombreuses années d'inactivité et d'isolement. Ainsi, une communauté de juifs peut vivre tortueusement dans son ghetto pendant des siècles, apparemment concentré sur sa propre existence bornée, et ayant peu d'effet sur son hôte Gentil, jusqu'à ce qu'une combinaison de facteurs l'amène à devenir furieusement active. En peu de temps, elle imprègne tous les aspects de l'existence des peuples hôtes et les conduit jusqu'au point de la destruction. La communauté juive du ghetto de Francfort en Allemagne est une bonne illustration de ce type de dormance parasitaire. Elle est restée inactive pendant trois cents ans et, en l'espace d'une seule génération, a produit un groupe de banquiers et de commerçants qui ont rapidement pris le contrôle des destinées de la civilisation occidentale.

LES RÉACTIONS DE DÉFENSE

M. LaPage souligne que les parasites provoquent des réactions de défense chez l'hôte contre un parasite envahisseur, caractérisées par des efforts pour localiser et neutraliser les effets nuisibles du parasite, des tentatives pour réparer les dommages causés et des tentatives pour tuer ou éliminer le parasite. Il les décrit comme des « réactions tissulaires », et il s'agit principalement de réactions locales, mais des réactions plus avancées, comme une immunité de résistance, peuvent être développées par l'hôte comme la réaction de l'organisme entier. Il explique que les réactions tissulaires sont des inflammations causées par des bactéries,

> « des virus et des organismes inanimés, et peuvent être aiguës ou chroniques. Elles sont le résultat de blessures ou d'irritations causées par les organes ou les dents de l'animal parasite, par sa migration à travers ces tissus, ou par des

substances chimiques qu'il sécrète ou excrète dans le corps de l'hôte. »

LES DOMMAGES PARASITAIRES

LaPage poursuit en décrivant en détail les différents types de dégâts que le parasite inflige à l'hôte. Il dit qu'en plus de ces divers dommages tissulaires, les parasites introduisent d'autres types de parasites dans l'hôte, ainsi que des virus dangereux. Les parasites peuvent produire des substances nocives pour l'hôte, des toxines ou d'autres types de poisons. En effet, le parasite commence à exercer une influence dangereuse sur le cycle de vie de l'hôte, une influence qui va bien au-delà du simple but de rester attaché à l'hôte et de s'en nourrir. Que le parasite le veuille consciemment ou non, il devient progressivement l'influence unique la plus importante dans la vie de l'hôte. L'histoire de l'industrie de la presse aux États-Unis en est un exemple typique. Il y a un siècle, les journaux étaient petits et insignifiants dans ce pays, alors que la profession de journaliste se classait à peine au-dessus des professions de dératiseur et d'éboueur. Au fur et à mesure que les juifs commencèrent à jouer un rôle plus important dans la vie de l'hôte Gentil, ils trouvèrent que les journaux étaient un véhicule essentiel pour atteindre leurs objectifs. Ils commencèrent à inonder le monde de journaux, et les journaux sont devenus les porteurs de virus de diverses formes de poisons mentaux et de toxines qui ont brouillé, désorienté ou paralysé l'hôte Gentil, le mettant dans un état d'animation suspendue tant que ces venins pouvaient être maintenus.

D'AUTRES PARASITES

Comme le souligne LaPage, le parasite introduit d'autres types de parasites dans l'hôte. Nous constatons que lorsque les juifs ont obtenu le contrôle des service de l'immigration des États-Unis dans les années 1890, par l'intermédiaire de commissaires juifs comme Straus et Cohen, les portes furent ouvertes à un flot d'immigrants juifs des ghettos d'Europe, dont la plupart avaient été exclus pour cause d'analphabétisme, de criminalité, de diverses formes de contagions physiques ou de maladie mentale.

LaPage indique aussi :

> « Les parasites peuvent causer des modifications biologiques telles des espèces qui provoquent des changements dans les glandes reproductrices des hôtes, la castration parasitaire, comme le crustacé parasite *Sacculina*, qui détruit les organes reproducteurs de son hôte, le crabe à queue courte *Inacus mauritanicus*, attaqué par *Sacculina neglecta*. Les effets de *Sacculina* font que soixante-dix pour cent des crabes mâles acquièrent certaines des caractéristiques sexuelles secondaires de la femelle. L'abdomen de ces mâles devient large, ils peuvent acquérir, en plus de leur type mâle de copulation, des appendices modifiés pour porter des œufs, et leurs pinces deviennent en même temps plus petites. »

Il est inévitable que l'effet considérable du parasite sur l'hôte entraîne des altérations biologiques telles que l'effet de *Sacculina* sur *Inacus mauritanicus*. Nous avons vu en Amérique au cours du dernier quart de siècle, coïncidant avec la grande puissance atteinte par les juifs dans tous les domaines de la vie, des modifications surprenantes dans les apparences et les habitudes des hommes américains, ainsi qu'une augmentation considérable dans la pratique publique de l'homosexualité masculine. Les hommes américains ont pris certaines des caractéristiques sexuelles secondaires de la femelle, et ils ont montré un déclin étonnant des caractéristiques masculines primaires telles que l'énergie, l'agressivité, et la force physique.

Les rôles traditionnels des sexes ont également subi de profonds changements, dus principalement à l'agitation juive pour ''l'égalité des sexes''.

Cette campagne n'a pas abouti à l'égalité des sexes, car cette égalité ne peut être atteinte qu'en éliminant toutes les différences physiques entre les hommes et les femmes. Cependant, elle a entraîné un déclin des traits masculins chez l'homme américain, ainsi qu'une confusion psychologique quant à son rôle. Ce développement peut être assimilé à l'influence pernicieuse que le parasite exerce sur l'hôte, comme LaPage décrit la rencontre de *Sacculina* avec *Inacus mauritanicus*. Là encore, on note l'activité et l'influence remarquables du parasite par rapport aux organes reproducteurs et excréteurs de l'hôte.

LES RÉACTIONS CONTRE LE PARASITE

Tout au long de ses études remarquables sur la relation parasite-hôte, LaPage note que la défense de l'hôte contre le parasite est toujours de nature active ou réactionnaire, comme le bovin qui remue sa queue, ou le poisson qui fuit dans des virages soudains et imprévisibles et d'autres actions sauvages qui, espère-t-il, délogeront le parasite. Au cours des cinq mille ans d'histoire où l'on a consigné la présence du parasite biologique dans les communautés civilisées, nous ne pouvons pas trouver la moindre preuve que le peuple hôte ait jamais traité le phénomène du parasite d'une manière autre qu'active, une action involontaire et irréfléchie pour déloger le parasite.

L'hôte réagit instinctivement contre la présence du parasite, parce qu'il sait qu'il souffrira des conséquences d'une blessure de cette étrange créature, avec son cycle de vie et ses objectifs différents. C'est pourquoi les juifs appellent toujours ceux qui s'opposent à eux des ''réactionnaires'', c'est-à-dire ceux qui réagissent contre la présence du parasite. Par conséquent, l'une des principales tâches du parasite est de rechercher tous les ''réactionnaires'' potentiels parmi les populations hôtes et de les éliminer.

CONNAISSANCE DU PARASITE

À cause de cette réaction aveugle et irréfléchie, qui est rarement efficace pour débarrasser l'hôte du parasite, M. LaPage déclare :

> « L'essence fondamentale de toute campagne contre un animal parasite est une connaissance approfondie de chaque phase de son cycle de vie et aussi de ses relations avec tous les hôtes sur lesquels il peut vivre. Nous avons besoin de connaître tous les hôtes car certains d'entre eux peuvent être des hôtes réservoirs conservant les sources des parasites qui peuvent alors infecter l'homme. Avec cette connaissance, nous pouvons sélectionner et attaquer les points les plus faibles de l'histoire de la vie et de la biologie de l'animal parasite. »

La savoir et l'éducation sont donc les outils nécessaires pour contre-attaquer l'influence néfaste du parasite. Il faut surtout éviter les réactions aveugles et instinctives, car le parasite a appris depuis longtemps à anticiper et à contrôler ces réactions, voire à les utiliser à son propre avantage.

TOUJOURS UN ENNEMI

LaPage souligne que :

> « l'animal hôte et l'animal parasite doivent toujours être considérés ensemble, car l'animal parasite est, comme tout autre être vivant, intimement lié tout au long de son existence à son environnement. Le fait que l'environnement soit, pour une partie ou la totalité de sa vie, la surface ou l'intérieur d'un autre animal, ne dispense pas le parasitologue de la pratique du biologiste de considérer l'animal et l'environnement comme un tout. Un deuxième objectif est la démonstration que certaines espèces d'animaux parasites sont parmi les ennemis les plus puissants de l'homme et de sa civilisation. »

Le souci des parasites pour son environnement éclaire l'un des développements intellectuels les plus importants de l'homme moderne, le Siècle des Lumières, cette force révolutionnaire qui fut le fer de lance du contrôle croissant du parasite sur son hôte. Les siècles de pensée humaine qui ont précédé les Lumières considéraient l'environnement de l'homme comme un critère secondaire, en raison de la foi en la volonté de l'individu et de la conviction qu'il pouvait parvenir à triompher de son environnement. Après l'importance soudaine accordée à des intellectuels français comme Jean Jacques Rousseau, l'homme n'est plus considéré comme plus important que son environnement. D'un seul coup, nos grands penseurs ont décidé que l'environnement était la chose la plus importante dans la vie. Et il l'est, en effet, pour le parasite, dont l'environnement est l'hôte qui le nourrit.

Mais pour l'hôte, qui se débrouille seul dans la vie, l'environnement n'est pas le principal facteur de son développement. Mais pour le parasite, l'environnement est tout. Tous les penseurs socialistes, et les diverses écoles de pensée sociologique qui ont émergées de ce développement, accordent une importance primordiale à l'environnement de l'homme, plutôt qu'à sa capacité d'utiliser cet environnement et de se créer une vie pour lui-même, tout comme il atteint ses objectifs dans la vie.

Lorsque nous comprenons la théorie du parasite, nous sommes capables de comprendre, POUR LA PREMIÈRE FOIS, toute l'école de pensée socialiste moderne, parce que nous pouvons la reconnaître pour ce qu'elle est, la psychologie environnementale que le parasite a développée autour de son propre cycle vital. En tant que tel, il nie toute la pensée, les objectifs et la culture de l'hôte.

LaPage nous exhorte à nous rappeler que le parasite est l'un des ennemis les plus puissants de l'homme et de sa civilisation. Là encore, il semble sur le point d'aborder le problème juif, mais il évite d'appliquer ses théories aux problèmes de la sociologie humaine. Il ne pouvait certainement pas parler de virus parasites ou de moustiques suceurs de sang, car même s'ils ont entravé la construction du canal de Panama, on ne peut pas dire qu'ils ont causé l'effondrement d'une civilisation humaine. Que pouvait-il signifier sinon le parasite biologique qui a infesté la civilisation de l'homme depuis le début de l'histoire, et qui provoqua la chute de tous les empire l'un après l'autre ? C'est peut-être pour cela qu'il nous exhorte à sélectionner et attaquer :

« les points les plus faibles, dans l'histoire de la vie et de la biologie de l'animal parasite. »

CHAPITRE DEUX

LE JUIF BIOLOGIQUE

Au cours du XXème siècle, l'homme a commencé à se préoccuper du problème de l'effondrement des cultures du monde, des grands empires qui atteignent leur apogée, puis déclinent mystérieusement. Nous savons pourquoi ils émergent. Ils grandissent parce qu'un peuple se retrouve avec une mission, ou parce qu'il développe des techniques pour maîtriser son environnement. Un peuple profite des conditions favorables, parce qu'il a la volonté d'accomplir sa mission. Pendant la période où les peuples sont capables de canaliser leurs énergies de manière constructive, une nation grandit étonnamment en taille et en puissance, dans un rapport géométrique. Puis, soudain, il commence à s'affaiblir puis à mourir. L'Angleterre élisabéthaine, qui avait expulsé les juifs, en est un exemple. Quand Oliver Cromwell ramena les juifs, le peuple anglais fut désorienté, et bien que son élan fût encore suffisant pour les mener sur une voie ascendante à travers la période victorienne, nous constatons aujourd'hui que leur aristocratie a été dépossédée, et leurs biens, considérablement réduits, sont administrés par des étrangers.

Deux chercheurs ont formulé des théories, élaborées au cours de nombreuses années d'études, pour expliquer ce processus de la chute des nations.

Le premier, Oswald Spengler,[4] était un intellectuel allemand d'une force et d'une énergie uniques. Il a compilé des documents interconnectés de toutes les civilisations connues, et a procédé à des études comparatives complexes qui ne pourraient être faites aujourd'hui que par un ordinateur électronique, tant sa maîtrise des facteurs conjonctifs de l'entrelacement était complexe.

Spengler a conclu qu'une civilisation est un corps comme les autres, qui est soumis aux lois qui régissent les corps naturels. Il en déduit qu'une civilisation avait son stade de naissance, un stade jeune et vigoureux, et un âge avancé qui la laissait faible et en proie à ses ennemis. En proposant ce modèle biologique pour les civilisations, Spengler était sur la bonne voie. Il n'était pas insensible non plus au fait que les civilisations développent des problèmes internes qui fonctionnent, comme une maladie mortelle. Sur un seul point, il semblait aveugle, le concept du parasite. Cela n'a rien d'étrange, car Spengler se préoccupait beaucoup des aspects les plus raffinés de la culture humaine, des plus grandes réalisations de l'Homme, de son art, de sa musique, de sa poésie, de son architecture. Bien sûr, un érudit de cette hauteur de pensée ne voulait pas se préoccuper de choses dégénératives qui rampent et s'entrelacent aux organes reproducteurs et excréteurs de l'homme, ces organismes parasites qui causent des malaises, des maladies et pour finir la mort.

UNE THÉORIE TARDIVE

Arnold Toynbee fut le deuxième explorateur de cette étude, un Anglais stupide. Il était tout aussi réticent à faire face à l'omniprésence et au détestable fait du juif biologique. Il se lança dans une vaste étude de la civilisation, qui couvrait essentiellement le même terrain que Spengler, et ajouta peu aux conclusions de Spengler. Sa seule contribution originale fut une

---

[4] *Le déclin de l'Occident*, par Oswald Spengler, Gallimard, 1948.

théorie qui devint immédiatement populaire auprès des intellectuels attardés de l'époque, car se conformant à leurs propres préjugés. Elle fut lancée dans le jargon pseudo-sociologique accepté par les universitaires imbéciles qui l'emploient pour s'ennuyer les uns les autres, et embrouiller leurs étudiants.

Les civilisations tombent, selon Toynbee, à cause d'une « défaillance nerveuse », à un moment donné de son développement, une civilisation qui vit par un système de « défi et de réponse » ne parvient pas à répondre à un défi, et s'effondre sur elle-même.

Maintenant, ceci pourrait se référer au juif biologique, puisque le parasite est un défi qui menace continuellement l'existence de l'hôte. Cependant, c'est un défi qu'aucun hôte gentil n'a jamais été prêt à relever. C'est un germe qu'il vaut mieux vaincre par l'inoculation, ou par l'hygiène personnelle et une attention particulière aux questions de santé.

L'histoire de Spengler sur le déclin et la chute des civilisations ne pouvait pas être confirmée parce qu'elle ne tenait pas compte du fait évident que peu de civilisations, voire aucune, étaient mortes de vieillesse. Presque toutes avaient été assassinées, d'une manière ou d'une autre, mais Spengler était trop préoccupé par les beaux-arts pour s'intéresser aux problèmes liés au crime et à la maladie.

Toynbee, d'autre part, ne pouvait pas enquêter sur ce terrain, pour la bonne et simple raison qu'il avait passé la majeure partie de sa vie sous subvention des classes criminelles parasitaires. Ses années d'études avaient été financées par de généreux dons de l'Institut Royal des Affaires Internationales, l'un des réseaux d'organisations créés par des banquiers juifs internationaux pour servir de pions dans leurs opérations. L'organisation sœur du RIIA aux États-Unis est le Council on Foreign Relations, que j'ai été le premier à désigner comme principal instrument de pouvoir de l'Establishment parasitaire de ce pays. Dans la première édition de *Mullins on the Federal Reserve*[5], en 1952, une notice biographique en quatrième de couverture annonçait que je terminais une suite au livre de la Réserve Fédérale qui serait un démasquage du Council on Foreign Relations. C'était la première fois qu'un nationaliste américain attirait publiquement l'attention sur cette organisation. Quelques mois plus tard, un juif new-yorkais de Hongrie, le Dr Emanuel Josephson, précipita l'édition d'un livre sur le Council on Foreign Relations, qui tentait de montrer que c'était un instrument des gentils comme les Rockefeller, et non une façade pour la communauté juive parasite. Je lui ai rendu visite et nous avons parlé durant sept heures. Il était évident qu'il savait tout ce que je savais sur le Council on Foreign Relations, dont les bureaux n'étaient qu'à quelques pas de chez lui, et il était également évident qu'il avait livré une interprétation différente de ses conclusions personnelles.

Tout comme Emanuel Josephson refusait de regarder les faits en face au sujet du Council on Foreign Relations, Arnold Toynbee, qui vivait grâce à de confortables subventions de la famille Rothschild, n'a trouvé dans son vaste ouvrage (*A Study of History*, Oxford, 1934) aucun signe de faiblesse parasitique des civilisations. Au lieu de cela, Toynbee a étudié superficiellement les modèles nerveux des cultures, et les stimuli qui les avaient affectés, sans mentionner une seule fois l'ennemi le plus vicieux du système nerveux : le parasite. Quand Toynbee dit qu'une civilisation n'a pas réussi à relever un défi, il nous demande de croire qu'un homme qui se tient au coin d'une rue et qui est renversé par derrière par un camion qui prend la fuite, n'a pas réussi à relever un défi. Le fait est qu'il a été lâchement tué.

L'IMPORTANCE DE LA BIOLOGIE

---

[5] *The Secrets of the Federal Reserve*, Omnia Veritas Ltd, www.omnia-veritas.com.

Toynbee a-t-il déjà entendu parler de la biologie ? A-t-il déjà entendu parler des parasites ? Nous n'en trouvons aucune preuve dans ses études encyclopédiques. A-t-il la moindre idée que les civilisations permettent à des corps étrangers de s'installer en leur sein, de s'épanouir et d'opérer sans supervision ni contrôle, aussi pernicieuse que puisse être leur influence ? Comment Toynbee pourrait-il passer vingt ans plongé dans l'étude des civilisations anciennes sans savoir que les juifs avaient ouvert les portes de Babylone aux envahisseurs persans, sans savoir comment les juifs avaient mis Rome à genoux, sans savoir comment les juifs avaient soumis l'Égypte à une terrible dictature pendant trois cents ans, jusqu'à ce que les Égyptiens se soulèvent et les chassent ? Seul un grand pervers intellectuel, à la solde des parasites, pouvait dissimuler de telles informations après les avoir découvertes. Un acte comparable serait la destruction par Pasteur des dossiers de son vaccin antirabique après l'avoir découvert, ou la dissimulation par Jenner de la formule de son remède antivariolique.

LE PROFIL DU PARASITE

L'étude du parasite biologique révèle un modèle, un ensemble de faits caractéristiques et entrelacés de sa nature :

1. le parasite préfère un organisme sain comme lieu d'alimentation ;

2. le cycle de vie du parasite dépend de la découverte d'un hôte sur lequel il peut se nourrir ;

3. un organisme sain envahi par un organisme parasite est inévitablement blessé et meurt souvent des conséquences néfastes de la présence du parasite. Le plus souvent, le parasite fait perdre à l'hôte son sens de l'orientation, de sorte qu'il devient impuissant et incapable de se défendre contre ses ennemis extérieurs.

Ce modèle englobe un ensemble de facteurs qui ont été communs à toutes les grandes civilisations qui ont décliné soudainement et ont disparu. M. Toynbee, au cours de ses décennies d'études appliquées, aurait-il été incapable d'en discerner une seule ? Apparemment, la réponse est oui. Nous voyons un état de choses dans lequel un peuple a construit, par ses propres efforts, un grand empire, dont les navires commercent avec des terres lointaines, dont les armées sont invincibles. Ce peuple est fort, sûr de lui et conscient de ses vertus. Pourquoi craindraient-ils quelques étrangers miteux et furtifs venus d'endroits inconnus qui s'installent discrètement au cœur de la cité, si discrètement qu'il semble qu'ils y aient toujours été ? Ces étrangers sont prêts à faire n'importe quoi, à accomplir n'importe quelle tâche désagréable que les indigènes estiment dégradante. Les étrangers se livrent au trafic de jeunes filles, installent des maisons de jeu, se débarrassent des biens volés, prêtent de l'argent, construisent des maisons dans lesquelles on peut pratiquer tous les types imaginables de dégénérescence sexuelle, et fournissent des assassins à louer.

L'EMPRISE INEXTRICABLE

En peu de temps, les étrangers connaissent tous les secrets des dirigeants des peuples, et ont établi leur emprise sur eux. La colonie d'étrangers se multiplie rapidement, et bientôt un peuple autrefois prospère se retrouve impuissant, parce que leurs vertus indigènes de force, de courage et d'honneur, qui les ont rendus grands, ne sont d'aucune utilité contre les nouveaux venus. L'hôte ne comprend pas le parasite, qui est comme une créature d'une autre planète, parce qu'ils n'ont pas les mêmes buts, ni ne répondent aux mêmes stimuli, que les hôtes gentils. Ils semblent même avoir des schémas nerveux différents. Au fur et à mesure que l'influence pernicieuse augmente, l'armée est démoralisée, les dirigeants autochtones sont assassinés ou exilés, et les richesses de la nation passent rapidement entre les mains des étrangers. Le peuple est dépouillé de tout, et surtout de son amour-propre. Aucun membre d'un peuple hôte n'est autorisé à préserver son respect de soi ou sa vie privée, une fois que le parasite a pris le pouvoir.

Un matin, les navires d'une nation rivale apparaissent dans le port. En échange de certaines garanties, les parasites les accueillent. Le peuple hôte ne résiste pas, un empire a disparu. Toutefois, ce processus n'est pas une phase de vie caractéristique d'une culture à la Spengler, ni un défi et une réponse à la Toynbee. Le peuple hôte aurait pu repousser toute autre attaque d'un envahisseur armé, mais il n'a pas pu lutter contre l'apparition d'un parasite furtif et le déclin inévitable qu'il apportait avec lui, une maladie affectant et paralysant l'organisme entier du peuple.

LES CORPS ÉTRANGERS

La théorie du parasite biologique explique pour la première fois la chute de l'Égypte, de Babylone, de Rome, de la Perse et de l'Angleterre. Un peuple prospère et fort permet à un corps étranger de s'établir en son sein. Le corps étranger le paralyse puis le détruit. Ce nouveau concept de l'histoire permet de mettre à jour à la fois Spengler et Toynbee. Il peut aussi offrir pour la première fois, à la civilisation d'aujourd'hui, l'occasion d'échapper au sort de ses prédécesseurs.

L'étudiant sérieux peut se trouver consterné par les aspects les plus répugnants de l'étude du parasite biologique. Il constate qu'un type de poisson des mers du Sud a un corps long et effilé, et qu'il pénètre à l'arrière de poissons plus gros et se nourrit des excréments qu'ils contiennent. L'homme est tourmenté par un ténia qui pénètre dans son corps, s'accroche au gros intestin à l'aide d'un crochet qu'il a développé uniquement pour cela, et commence à absorber la nourriture ingérée par l'homme. Diverses formes de poux se développent autour des organes reproducteurs ou excréteurs de l'homme et lui causent un inconfort extrême.

Les parasites trouvent que les déchets excrétés par l'homme sont un terrain fertile pour eux, parce que l'homme est une forme de vie supérieure qui utilise de grandes quantités de nourriture et en excrète une grande partie avec des valeurs nutritives intactes. Ces excrétions fournissent une riche nourriture au parasite, mais son attachement à celui-ci pose des problèmes de santé pour l'homme. Par conséquent, les humains tentent de se débarrasser de leurs déchets afin qu'ils ne deviennent pas un terrain fertile pour diverses formes odieuses de parasites. Le parasite considère cela comme très cruel et injuste, et il s'efforce par tous les moyens de neutraliser toute défense de l'hôte. S'il met en danger la vie de l'humain, et alors ? Une mouche sur un tas de fumier ne se soucie pas de savoir si elle représente une menace pour la santé des humains.

L'ATTITUDE DU PARASITE

Il s'ensuit que le parasite qui s'est établi sur l'hôte Gentil ne se soucie pas de savoir à quel point il blesse l'hôte. Son seul but est de mener une vie parasitaire aux dépens de l'hôte, et ses cibles naturelles sont généralement les organes reproducteurs et excréteurs. Tout au long de l'histoire, nous trouvons le juif enroulé autour des organes reproducteurs de l'hôte Gentil comme un lierre parasite qui étrangle lentement un arbre sain. Le juif a toujours le mieux fonctionné comme proxénète, pornographe, maître de la prostitution, apôtre de la perversion sexuelle, ennemi des normes et des interdictions sexuelles en vigueur dans la communauté des Gentils. Quand le titre de « plus grand pornographe d'Amérique » fut attribué par les enquêteurs de police, qui en fut détenteur ? Un certain Irving Klaw de New York, qui exploitait une vaste entreprise de photographies de nus et d'autres objets similaires.

D'autres juifs, aux grandes aspirations intellectuelles, sont devenus des écrivains, transformant notre littérature en récits abjects d'actes sexuels, et rendant impossible la publication de quoi que ce soit qui ne soit pas conforme à leurs normes de dépravation. D'autres juifs intellectuels ont créé une nouvelle profession, si caractéristique qu'elle est connue partout comme une profession juive : celle de psychiatre. Cette occupation n'est qu'une variation de l'obsession du parasite pour les habitudes de reproduction et d'excrétion de l'hôte. Quelle est la base de la "science" de la psychiatrie, telle que formulée par son fondateur et saint patron juif, Sigmund Freud ? La base de la psychiatrie est le "complexe anal", la théorie selon laquelle l'obsession de l'anus est la principale influence dans notre développement émotionnel. Des millions de mots ont été écrits sur ce sujet, malgré ses connotations désagréables, et des discours savants sur la compulsion anale sont prononcés par des savants devant les corps éduqués d'hommes émérites du monde entier.

LE COMPLEXE ANAL

Avec le complexe anal qui donne le ton de bon goût des obsessions du parasite, le juif a développé d'autres théories sur les processus de l'excrétion humaine. L'influence la plus importante dans l'école moderne d'éducation progressiste est la science de l'apprentissage de la propreté, tandis qu'une grande partie de l'art moderne est basée, et facilement reconnaissable dans ses origines, sur le complexe fécal, ou la manipulation de ses selles par l'enfant d'âge préscolaire. D'autres contributions importantes de la pensée psychiatrique juive, saluées comme des développements intellectuels majeurs d'une profondeur et d'une portée considérables, sont trop sales pour être répétées ici.

Lorsqu'on contemple le spectacle d'une grande salle, remplie d'hommes et de femmes bien habillés et instruits de nombreux pays, qui écoutent attentivement, et parfois applaudissent, un petit juif en smoking faisant une thèse savante sur les habitudes anales et excrétoires de l'humanité, on réalise un autre aspect du juif. Quoi qu'il fasse, le juif est si fantastique qu'il devient une figure comique. Quand l'ancien Premier ministre français, Mendès-France, annonça que sa nation abandonnait aux communistes l'énorme investissement français au Vietnam, on savait à peine s'il fallait rire ou pleurer, tant l'image était comique ; celle d'un marchand de haillons béat aux joues sombres hurlant dans les rues « v-v-i-i-e-eux hai-i-ll-ll-ons ! ».

Le poète Ezra Pound m'a fait un jour remarquer que lorsqu'il commença à suggérer aux gens que les juifs exerçaient un pouvoir indu dans le monde des Gentils, personne ne le prit au sérieux, car chacun savait que les juifs n'étaient que des clowns. Comme d'habitude, le juif utilisait cette impression pour assurer sa position sur l'hôte Gentil. Charlie Chaplin, avec ses gestes caractéristiques de sa race, employa ses mouvements typiquement obscènes pour être salué comme un grand génie comique par l'infatigable clique juive internationale. Il gagna des millions de dollars en remuant le derrière en public, en se grattant frénétiquement les fesses et en démontrant l'habituelle préoccupations séculaires du parasite pour les organes reproducteurs et excréteurs.

Sigmund Freud est un comédien encore plus comique que Charlie Chaplin, car les théories freudiennes du comportement humain, comme nous l'a rappelé le grand psychologue Gentil, Carl Jung, sont basées sur les énormes idées fausses que le parasite biologique se fait de la nature de son hôte, et celles de Freud sont encore plus comiques que celles de Charlie Chaplin. Pourtant, nous rions de Chaplin et étudions sérieusement les théories de Freud.

LES PARASITES PRÉSENTS DANS DE NOMBREUX ASPECTS DE LA VIE

Une autre obsession du parasite est qu'il doit se frayer un chemin dans tous les aspects de l'existence de l'hôte. Il ne peut supporter l'idée qu'un groupe de Gentils discute de quoi que ce soit sans que le parasite ou un de ses agents *Shabbat goy* soit présent pour prendre des notes. Ainsi, le juif fait campagne pour se frayer un chemin dans toute organisation de Gentils, qu'elle soit sociale, religieuse, une école privée, un club ou un quartier, partout où les Gentils pourraient être en mesure de se réunir et de discuter de choses que le juif veut savoir.

Cette obsession est due au fait que le juif ne peut jamais connaître de réelle sécurité dans son existence parasitaire. Il vit tous les jours avec la terrible peur que l'hôte le chasse, et même lorsqu'il a obtenu le contrôle à tous les niveaux de la vie des Gentils, le juif ne se sent toujours pas en sécurité. Si le Gentil parvient à le tenir à l'écart de quoi que ce soit, le juif devient fou de rage.

L'AFFAIRE DREYFUS

Cette obsession de la sécurité fut la véritable force derrière la fureur de l'affaire Dreyfus en France au siècle dernier. Un Capitaine juif nommé Dreyfus avait réussi à pénétrer dans l'ancien Haut Commandement français, autrefois entièrement constitué de Français de souche. Peu de temps après, il est accusé d'avoir vendu des secrets militaires français au plus offrant. Bien qu'il s'agisse d'une affaire rapidement classée, comme d'habitude, les juifs lancèrent une campagne internationale frénétique pour le libérer. Il paraissait étrange que tant de bruit ait été fait sur le sort d'un officier français, mais la théorie du parasite biologique explique le mystère. Le parasite avait pénétré dans l'un des derniers bastions de l'hôte Gentil. Il connaissait à présent tous les secrets militaires, et il était également en mesure d'informer son peuple si l'armée devait s'impliquer dans une réaction contre la présence des parasites. Mais le parasite fut arrêté et condamné comme traitre, ce qu'il était, parce que sa loyauté première était envers la communauté parasitaire. La tragédie n'était pas qu'il ait été condamné, mais que les juifs aient perdu leur homme au Conseil de sécurité de la nation. D'un seul coup, toute la communauté parasitaire se porte à sa défense, faisant preuve d'une peur et d'une colère terribles. Ce rejet ou cette exclusion est le sort qui hante le parasite, car, pour lui, c'est une question de vie ou de mort. S'il est rejeté par l'hôte, il ne peut pas mener une existence parasitaire, et il meurt. D'où la grande fureur propre à l'affaire Dreyfus.

NOS PROPRES AFFAIRES DREYFUS

Ces dernières années, les administrations démocrates des États-Unis ont connu une pléthore d'affaires Dreyfus, dans lesquelles un parasite retranché dans les conseils de sécurité de la nation a été accusé de déloyauté. L'un d'eux fut le Dr Oppenheimer, un juif dont le cercle social était composé d'agents communistes dévoués, dont la plupart étaient connus comme tels, tandis qu'il travaillait sur les secrets de défense les plus vitaux de notre nation. On lui refusa finalement une habilitation de sécurité, en raison de l'inquiétude du public au sujet de ses antécédents, et la communauté juive internationale fit retentir une clameur terrible, qui dura des années. Nous ne savons toujours pas quels dommages il a causés à la nation.

Un cas plus célèbre est celui d'un juif d'origine russe, Walt Rostow. Il est simplement le responsable de notre sécurité nationale ! Pourtant, il y a quelques années, des employés loyaux du département d'État refusèrent une habilitation de sécurité à Rostow, non pas une mais trois fois, à cause de ses associations notoires. Pourtant, lorsque John F. Kennedy devint président, il confia à Walt Rostow la responsabilité de notre sécurité nationale !

Drew Pearson révéla récemment que c'est ce juif qui avait personnellement pris la décision d'employer de nombreuses troupes américaines au Vietnam, une des plus grandes victoires du communisme depuis 1917. Pendant que les Américains étaient massacrés au Vietnam, la Russie pouvait s'asseoir et nous voir saigner à mort sans que le monde communiste ne soit affaibli. Dans cette affaire Dreyfus, les juifs ont gagné chaque round, tandis que le Gentil qui le démasqua, Otto Otepka, est toujours persécuté par ''notre'' gouvernement.

LES OPPORTUNISTES GENTILS

En France, quelques Gentils intelligents ont senti dans quel sens le vent soufflait dans l'affaire Dreyfus, même s'ils n'avaient aucune compréhension de la théorie parasitaire. Un obscur gribouilleur nommé Émile Zola écrivit des articles enflammés, tels que « J'Accuse », exigeant que Dreyfus soit libéré, et la machine de propagande juive internationale commença immédiatement à propulser Zola le faisant passer pour un grand auteur. Il a joui d'une grande renommée et d'une grande fortune pendant le restant de sa vie, bien que ses romans soient aujourd'hui dépassés.

Un pompeux petit avocat de campagne, Clémenceau, trouva également un marchepied pour sa carrière dans l'affaire Dreyfus. Il est intervenu au nom de Dreyfus, et les juifs le nommèrent Premier ministre de France. La voie du *Shabbat goy* peut être aplanie s'il sait se soumettre au juif.

La menace de rejet provoque toujours un torrent de peur et de colère chez le parasite. L'auteur en eut un exemple lorsqu'il acheta un matelas d'occasion à Jersey City. Tard cette nuit-là, il fut réveillé par une présence malvenue. Il alluma la lumière, et là, sur son estomac, il y avait une grosse punaise, gonflée de son festin, et réticente à abandonner son hôte même exposée à la lumière.

Quand la lumière s'alluma, la punaise de lit poussa un cri furieux de colère et se dandina pour s'enfuir. À cette époque, l'auteur ne relia pas immédiatement cet épisode à la théorie du parasite biologique, mais il se rendit compte plus tard que cette colère de la punaise de lit, qui poursuivait son activité habituelle, était compréhensible. Nous ne pouvons pas nous attendre à ce que le juif apprécie les efforts de l'hôte Gentil pour le déloger et l'éloigner du festin. C'est pourquoi il travaille jour et nuit pour empêcher qu'une telle chose se produise jamais.

LA NÉCESSITÉ DU CONTRÔLE

C'est la raison pour laquelle le juif DOIT contrôler nos moyens de communications ; c'est pourquoi il DOIT contrôler notre éducation ; c'est pourquoi il DOIT contrôler notre gouvernement ; et surtout, c'est pourquoi il DOIT contrôler notre religion. S'il ne le fait pas, dans n'importe quel domaine, il met en danger sa survie en tant que parasite biologique. Même en Union soviétique, avec son slogan idéaliste « À chacun selon ses moyens, à chacun selon ses besoins », le parasite prend le contrôle des ouvriers gentils et les emploi à produire des biens qu'il vend, et en empoche le bénéfice. Les gros juifs et leurs maîtresses blondes se promènent dans leurs luxueuses villas sur la Mer Noire, tandis que d'intenses commissaires Gentils dogmatiques, comme Mikhaïl Suslov, restent au Kremlin, essayant désespérément de concevoir un système que le juif ne peut déformer à son propre avantage. Ils ne peuvent pas réussir, parce que le parasite a toujours une longueur d'avance sur eux.

L'AGRESSIVITÉ

Lorsque les juifs s'emparèrent des terres de pacifiques fermiers arabes par l'agression en 1948, beaucoup de Gentils du monde entier supposèrent qu'une nouvelle ère avait débuté. Ces Gentils pensaient à présent qu'ils avaient leur propre pays, que les juifs allait s'y rendre en masse et cesser de les exploiter. Au lieu de cela, les communautés parasites dans toutes les parties du monde ont intensifié leur exploitation de leurs hôtes gentils, afin de répondre aux vastes besoins du nouvel État d'Israël. Les travailleurs des vêtements des célèbres ateliers de misère de New York, pour la plupart des femmes et des enfants noirs et portoricains, se faisaient extorquer une grande partie de leurs gains par le juif sans cœur David Dubinsky, le dictateur fasciste du syndicat de l'habillement. Ces fonds furent remis à l'État d'Israël.

Cela illustre la facilité du juif à être de tous les bords politiques, et à toujours se retrouver du côté du vainqueur. Chaïm Weizmann, fondateur de l'État d'Israël, cite un dicton souvent répété de sa mère, dans son autobiographie, *Trial and Error* (Harper, New York, 1949) page 13 :

« Quoi qu'il arrive, je serai à l'abri. Si Shemuel (le fils révolutionnaire) a raison, nous serons tous heureux en Russie ; et si Chaïm (le sioniste) a raison, alors j'irai vivre en Palestine. »

LE BUDGET DU PARASITE

Le 17 avril 1950, le *New York Times* annonçait la publication du budget annuel de l'État d'Israël. Il était composé à soixante-dix pour cent de dons provenant de l'étranger et à trente pour cent de la vente d'obligations israéliennes, qui n'auraient jamais de valeur remboursable, et qui ne pouvaient être qualifiées que de contributions. Aucune autre nation au monde ne pourrait envisager un tel budget, car même l'Inde, mendiante éternelle parmi les nations, avec sa population métissée et croissante, ne peut lever qu'un pour cent de son budget à l'étranger, et cela est entièrement donné par les États-Unis. Pourtant, l'État d'Israël envisage avec confiance un budget national pour les années à venir composé de charité et de trafic de papier douteux. C'est le budget d'une nation de parasites, qui dépend toujours des hôtes gentils.

LA TENDANCE À LA DÉGÉNÉRESCENCE

L'existence bizarre et malsaine du parasite, avec sa tendance à la dégénérescence et son système nerveux en décomposition, le place en dehors de tout système connu de morale et de décence humaine. Aujourd'hui, il a mis au point une bombe infernale juive qui menace de détruire l'hôte et lui-même. Quand Alexander Sachs, de la firme bancaire juive internationale Lehman Brothers de New York, et Albert Einstein, ont "suggéré" au président Roosevelt d'investir des centaines de millions de dollars dans la production d'une bombe infernale, comment Roosevelt aurait-il pu refuser ? À présent, ils avaient besoin d'un front gentil pour leur projet. Le major-général Leslie Groves fut chargé de diriger le projet, mais lorsqu'il découvrit que la plupart des scientifiques étaient juifs, il demanda à être remplacé, déclarant qu'il estimait qu'un directeur juif serait plus efficace dans cette atmosphère. « Pas du tout », lui a-t-on assuré. « Nous avons besoin d'un Gentil comme chef de projet. Ne vous inquiétez pas, nous nous occuperons de toutes les responsabilités. »

Nous savons que le Gentil ne peut jamais s'attendre à aucune pitié de la part du juif. L'horrible pratique du meurtre rituel en est une preuve suffisante. Le meurtre rituel d'enfants gentils en les saignant à mort et buvant leur sang est la plus haute révélation symbolique de la théorie du parasite biologique.

LE SYMBOLE DE LA VICTOIRE

L'homme primitif buvait parfois le sang des ennemis tombés comme symbole de victoire, et pour absorber une partie de la force de l'ennemi, mais une autre pratique de consommation de sang, celle du meurtre rituel, est la seule qui ait survécu aux temps modernes. Cette cérémonie religieuse de boire le sang d'un enfant gentil innocent est à la base de toute la conception que le juif a de son existence en tant que parasite, vivant du sang de l'hôte. C'est pourquoi il refuse d'abandonner cette coutume, même si elle l'a mené à plusieurs reprises au bord de l'extinction.

Quand le juif ne peut plus symboliser son rôle en kidnappant un enfant gentil physiquement parfait, en l'emmenant dans une synagogue et en le transperçant rituellement aux endroits dont ils se vantent d'avoir blessé le Corps du Christ et en buvant le sang de l'enfant mourant, alors, selon la croyance juive, il est condamné. Ses prophètes l'ont averti que lorsque cette coutume ne pourra plus être observée, l'emprise du parasite juif sur l'hôte sera terminée, et il sera rejeté. Même si cette cérémonie est si horrible que la plupart des juifs refusent d'y participer, et tous nient sa pratique, elle reste la méthode finale par laquelle les dirigeants juifs signifient et gardent leur contrôle sur ce peuple. S'ils abandonnaient la pratique du meurtre rituel, il y aurait peut-être une possibilité que le juif soit sevré de son rôle historique de parasite biologique et devienne un membre constructif de la communauté des Gentils, tournant le dos au palmarès de cinq mille ans d'effusions de sang, de trahison et de meurtre, qui constitue toute son histoire. Nous disons peut-être, parce que nous n'en savons rien.

LE SCHÉMA BIOLOGIQUE

Considérant cette perspective à partir des réalités biologiques, il semble peu probable que le juif puisse renoncer à son passé et rejoindre la société des Gentils comme un membre actif et contributeur. Nous n'en trouvons certainement aucune preuve dans les écrits des juifs eux-mêmes, même à l'heure actuelle. Du plus religieux au plus mondain, leur attitude envers l'armée des Gentils est la même : une haine féroce et immortelle. Considérez ce que déclare la grande prêtresse des intellectuels juifs modernes, Susan Sontag, dans l'organe de presse juif, la *Partisan Review*, en 1967 :

> « La race blanche est le cancer de l'histoire. C'est la race blanche et elle seule – ses idéologies et ses inventions – qui éradique la civilisation autonome partout où elle se répand. »

Ces trente mots renferment une énorme quantité d'informations sur la relation parasite-hôte. Tout d'abord, c'est l'expression de la haine éternelle que le parasite porte pour son hôte de race blanche. Deuxièmement, ils révèlent que le juif ne s'est jamais considéré et ne se considérera jamais comme faisant partie de la race blanche, qu'il voit comme une espèce distincte. Troisièmement, ce passage n'attribue la sauvagerie qu'à la race blanche – pas aux tribus sanguinaires du Congo, ni aux massacres en Chine, ni à qui que ce soit d'autre que la civilisation nord-européenne hautement développée en Europe et en Amérique. Et quatrièmement, Susan Sontag révèle toute la situation dans son expression « civilisation autonome ». Qu'entend-elle par civilisation autonome ? Elle veut dire la communauté parasitaire, qui exige la liberté totale de s'attacher à l'hôte, de gouverner l'hôte et d'empêcher l'hôte de le rejeter. Et elle dit ici que la race blanche, parce qu'elle a réagi dans le passé contre la « civilisation autonome » du parasite juif, est totalement sauvage et mauvaise.

CHAPITRE TROIS

LE SHABBAT GOY

Nous avons remarqué l'étrange omission dans nos bibliothèques des ouvrages traitant du phénomène des communautés parasites au sein des civilisations humaines. Et nous avons suggéré que ces travaux n'avaient pas été écrits parce que le parasite exerce un contrôle sur la vie universitaire et scientifique de l'hôte. Est-ce une conclusion extraordinaire ? Pas du tout.... Puisque l'hôte est physiquement plus fort que le parasite, évidemment le parasite ne peut pas le contrôler par la force physique, il doit alors exercer sur lui une forme de contrôle mental.

Comment cela s'accomplit-il ? Le parasite juif contrôle l'hôte Gentil à travers l'enrôlement de toute une caste de Gentils qu'il a créés et qui le servent, tout en gardant le contrôle sur l'hôte Gentil pour lui. Cette caste est connue sous le nom de *Shabbat goy*.

LES CIVILISATIONS AVANCÉES

Nous avons fait remarquer que le parasite juif était une maladie des civilisations les plus avancées. On ne trouve pas de juif partageant le désert hostile avec les aborigènes australiens. L'homme primitif n'avait aucune expérience des parasites. Il y avait peu de nourriture et moins d'abris. Mais ceux qui ont survécu ont commencé à maîtriser leur environnement, à cultiver la terre, à domestiquer les animaux, et il commença à y avoir des surplus de nourriture. Ainsi, des rats et des cafards sont apparus, se régalant de ces surplus (un des héros du mouvement intellectuel juif, Franz Kafka, a écrit une œuvre dans laquelle un homme s'identifie à un cafard, évoquant une mémoire raciale ancestrale qui dérouta les milliers d'étudiants universitaires auxquels leurs professeurs firent gober cette fange sans jamais leur en expliquer l'origine véritable).

Avec ces excédents, apparaît aussi un nouveau type de personne, une variante de l'espèce, qui existe en ne produisant aucun bien ou service, mais devient habile à produire une illusion qu'il fournit ces biens et services. C'est le juif, qui a fait son apparition sur la scène de l'histoire en tant que magicien, voyant, voleur minable, ou, à l'état sauvage, bandit traître et de sang-froid. Il est devenu médecin, professeur, acolyte dans n'importe quel groupe religieux. Dès sa plus tendre enfance, il a pratiqué le prêt d'argent, et toujours à des taux d'intérêt usuraires.

Toutes ces vocations juives ont une chose en commun, la possibilité de fraude. Le juif a toujours fonctionné sur une base frauduleuse et a facilement glissé d'une vocation à l'autre. Un juif pratique la médecine dans une ville et, laissant derrière lui une traînée de cadavres, se retrouve dans une autre ville comme devin. Après que certaines veuves se soient fait voler leurs économies, il reprend la route, aidé, comme toujours, par la communauté juive internationale. Dans une autre ville, il devient prêtre novice, et bientôt il offre de nouvelles interprétations audacieuses des croyances religieuses, jusqu'à ce que ses supérieurs découvrent qu'il transforme furtivement chaque principe de leur foi en un dogme étrange et barbare. Il s'en va, et se présente dans une autre ville comme un fonctionnaire intègre du gouvernement, respecté de tous, jusqu'à ce qu'un soir, les portes de la ville soient ouvertes à un envahisseur, et que le juif devienne le Grand Vizir des conquérants.

UNE DÉFINITION

Mais est-ce du parasitisme, ou s'agit-il simplement d'un crime ? C'est un crime, oui, car chacun de ces événements isolés est un crime, mais le tout n'est pas seulement un crime, c'est du parasitisme. Trahison, fraude, perversion, toutes les caractéristiques de la vie juive chez les Gentils de la diaspora. Et c'est du parasitisme. Toutes ces choses ne sont pas de simples crimes, ce sont des crimes commis en tant qu'éléments essentiels de la relation parasitaire du juif avec l'hôte Gentil. Nous devons nous rappeler qu'il n'y a pas de crime juif proprement dit, puisque l'existence du parasite juif sur l'hôte est un crime contre nature, parce que son existence met en péril la santé et la vie de l'hôte. Ainsi, tout ce que le juif fait en relation avec cette existence parasitaire est un acte criminel, et fait partie d'une existence criminelle globale.

CONDAMNATION ET EXPULSION

Un gouvernement gentil qui se soucierait de la santé de la nation condamnerait le parasite juif et le rejetterait. Cela s'est produit des centaines de fois dans l'histoire. Par conséquent, le juif sait que sa première tâche, lorsqu'il arrive dans une communauté de Gentils, est de renverser et de prendre le pouvoir, et de paralyser le peuple par de subtiles injections de poison, de sorte qu'il devienne impuissant et incapable de se défendre. Ainsi, le juif commence à mettre en place un gouvernement "progressiste", aussi appelé "front populaire", un gouvernement "démocratique", un gouvernement "populaire", un gouvernement "libéral", tout cela étant synonyme de gouvernement juif, qui protégera la présence du parasite et le protègera contre la colère des gentils exploités.

Lorsqu'il a mis en place ce gouvernement, généralement par subversion, le juif s'emploie à exterminer tous les anciens dirigeants des Gentils, qu'il qualifie de "réactionnaires", c'est-à-dire ceux qui pourraient réagir contre la présence du parasite.

Premièrement, ils sont empêchés d'exercer un emploi rémunéré. Ensuite, comme tous les membres de leur famille, ils se voient confisquer leurs terres, leurs comptes bancaires et d'autres biens. Enfin, après une grande campagne contre eux, le juif retourne la population contre eux et ils sont pourchassés et tués, parce qu'ils pourraient être capables de mettre en place un gouvernement ''réactionnaire'' si on leur permet de survivre. C'est ainsi que le juif introduisit dans les affaires mondiales la coutume sanguinaire du génocide, ou de l'extermination de masse.

Cela ne vous semble-t-il pas familier, la confiscation des biens, les massacres ? Oh, oui, la Russie, 1917, la victoire des bolcheviks, la réalisation du programme communiste de Marx, lorsqu'un gouvernement qui croyait au principe de ''solidarité'' fut installé pour asservir le peuple gentil russe. Le tsar, sa femme et ses enfants furent assassinés de sang-froid, parce que le juif biologique ne se soucie pas de la chevalerie dans sa lutte pour garder le contrôle sur l'hôte gentil. Il suffit de lire le sadique livre d'Esther dans la *Bible* pour voir en détail la coutume juive du meurtre de masse.

LA FAIBLESSE DE L'HÔTE

L'impuissance de l'hôte Gentil devant l'attaque du parasite provient-elle d'une faiblesse essentielle ? Il suffit de penser à l'homme fort et en bonne santé maîtrisé par le virus de la grippe pour obtenir la réponse. La santé en toutes choses est la principale défense contre l'attaque du virus parasite. Pendant des siècles, l'hôte Gentil, plus grand et plus fort, a été vaincu par le virus parasite, plus petit et plus faible, mais plus mortel. La survie de l'hôte Gentil est une question de compréhension des lois biologiques. La communauté des Gentils a mis en place des codes élaborés par lesquels elle vit, des codes d'honneur, des codes de lois, et la confiance que l'observance de ces codes engendre chez les membres de la communauté. Ils respectent la loi, ils respectent les familles des uns et des autres, ils respectent leurs biens respectifs et ils défendent la nation lorsqu'elle est attaquée.

LIÉS PAR AUCUN CODE

C'est le code d'honneur qui donne au parasite juif sa première fissure dans l'armure de l'hôte Gentil, puisque ce code lie la communauté des Gentils et que ses membres n'obtiennent un statut dans la communauté que s'ils le respectent. Mais le parasite n'est lié que par sa détermination à obtenir une emprise parasitaire sur l'hôte. Le code du Gentil est lui-même un phénomène biologique, puisqu'il découle de son attitude envers toute vie, et qu'il est une manifestation de son courage inné, de son honneur et de son industrie, les vertus sur lesquelles il construit sa nation.

Le code du juif est très différent : c'est un code qui annule tous les autres codes. Il accepte de payer un prix et n'en règle par la suite que la moitié ; il comparaît en cour avec des actes et des testaments falsifiés, il paie des faux témoins et soudoie des juges, prenant ainsi possession des biens des gentils. Il profite des épouses des Gentils pendant que leurs maris sont au travail, les humiliant ainsi, et en temps de guerre, le juif évite le service militaire et perturbe la vie civile au foyer. Aux moments les plus périlleux, il conclut des marchés avec l'ennemi et trahit la nation.

LE PARADOXE DU PARASITE

Puisque le parasite dépend de l'hôte pour sa nourriture, on pourrait supposer qu'il ferait tout ce qui est en son pouvoir pour aider la communauté des Gentils à devenir plus riche et plus puissante. Mais la détermination du parasite à garder sa position sur l'hôte l'emporte sur toute autre considération. Pendant cinq mille ans, l'histoire a recensé les efforts des hôtes gentils pour déloger leurs parasites juifs.

Les empires s'élèvent et s'effondrent, les continents sont découverts, les espaces sauvages sont explorés et colonisés, et l'homme progresse grâce à de nouvelles inventions. Pourtant, malgré tout, un facteur demeure constant. L'hôte Gentil, craignant les dégâts découlant de la présence du parasite juif, tente de le déloger. Le parasite s'est bien préparé à de tels efforts, qu'il prévoit toujours, en s'attachant si solidement à l'hôte que l'hôte se blesse au cours de cette lutte sauvage. Dans certains cas, l'hôte Gentil va jusqu'à se détruire lui-même. Le parasite juif préfère voir l'hôte Gentil détruit plutôt que de quitter paisiblement un hôte encore vivant. Si l'hôte meurt, le parasite cherche un autre hôte. Il n'a aucun sentiment pour l'hôte qui lui a fourni de la nourriture. Cette attitude impitoyable est typique de la philosophie du juif, et elle est illustrée par l'expression courante si populaire dans le Hollywood juif, « Qui en a besoin ? »

Comme d'autres dictons juifs, cette phrase est devenue partie intégrante de la vie américaine contemporaine, mais les Gentils ne savent pas ce qu'elle signifie. Cela signifie que le juif n'a pas besoin de l'hôte Gentil, parce qu'il peut toujours en trouver un autre.

LE TRAVAIL ACHARNÉ

Des millions de Gentils Américains travaillent dur toute leur vie, élèvent leurs enfants et nourrissent leur famille. Lorsqu'ils meurent, il reste difficilement de quoi payer les frais funéraires. Bien qu'ayant mené des existences utiles et productives, ils n'en ont retiré aucun des profits, ni pour eux ni pour leur famille, ils n'ont pu acquérir aucun des biens du monde. Pourtant, des millions de juifs, qui ne produisent rien, amassent de grandes fortunes et meurent avec une part disproportionnée de la richesse de la nation, qui va ensuite à la communauté parasitaire. Pourquoi en est-il ainsi ? Est-ce parce que l'ouvrier Gentil est paresseux ? Non, il a travaillé dur toute sa vie. A-t-il perdu ses gains au jeu ?

Non, il n'a jamais joué. Ce sont les juifs qui constituent la majorité des joueurs de la nation.

LA THÉORIE DU PARASITISME BIOLOGIQUE

Nous trouvons la réponse à cette question dans la théorie du parasitisme biologique. L'ouvrier Gentil a passé sa vie à subvenir aux besoins du parasite juif, permettant au parasite de vivre dans le luxe pendant que l'ouvrier Gentil travaille de longues heures chaque jour afin de vivre à un simple niveau de subsistance. Les gains de l'ouvrier Gentil disparaissent sous ses yeux dans le système monétaire juif, tandis que des lois monétaires abstraites et absurdes entrent en vigueur. Pendant ce temps, le système éducatif juif enseigne aux enfants de l'ouvrier Gentil qu'ils doivent espérer impatiemment d'avoir le privilège de travailler toute leur vie pour alimenter le peuple élu de Dieu, qui vit dans le luxe auquel ils se sont habitués.

Le système monétaire juif est une série de variantes du jeu de passe-passe à la fête foraine. Le Gentil est certain que le petit-pois est sous la coquille à gauche, mais lorsqu'il parie dessus, il n'y rien sous la coquille de gauche. Le Gentil place son argent dans d'autres petit-pois juifs, mais tout ce qu'il achète se déprécie soudainement. Les obligations qu'il achète perdent de la valeur et il les vend à perte, afin d'éviter de perdre tout ce qu'il possède.

Beaucoup de gens ont émigré en Amérique parce que les Rothschild avaient soudainement pris le pouvoir en Europe, et pillaient à présent le continent. Tandis que ces Gentils s'enfuyaient, les parasites juifs avides infligeaient des impôts plus lourds à ceux qui restaient, enrôlaient les jeunes dans des armées louées à d'autres nations et s'immisçaient à chaque niveau de la vie par leur influence pernicieuse.

Ainsi, une des caractéristiques du parasite est sa mobilité. Lorsque l'hôte se déplace, le parasite le suit, le rattrape et rétablit son emprise. Les pionniers américains s'indignèrent des efforts des parasites pour les suivre, et l'un des plus longs débats du Congrès continental concernait une proposition d'exclusion permanente des juifs. Elle fut finalement vaincue par le curieux argument selon lequel, les juifs n'étant pas un problème à ce moment-là, il était peu probable qu'ils le deviennent à l'avenir. Cela allait certainement à l'encontre de tout ce que l'on savait sur les juifs et leurs méthodes. Des comptes-rendus de ces débats n'ont survécu que quelques notes prises par certains délégués. Les projets de Constitution qui contiennent la proposition d'exclusion des juifs ont tous été détruits. Une des vocations juives est celle de marchand de livres anciens et de documents rares. Dans ces transactions, les documents contenant des références défavorables au passé peuvent être saisis et détruits. D'autres documents rares, ne contenant aucune référence défavorable aux juifs, sont vendus à des collectionneurs Gentils avec d'énormes profits. Comme d'habitude, le juif a les deux, protégeant ses arrières en détruisant toute référence à ses activités, et finançant cette tâche avec l'argent des Gentils.

LA FONCTION DU GOUVERNEMENT

Quelle est la fonction du gouvernement ? La fonction du gouvernement est de fournir au peuple des services essentiels, de guider la défense de la nation et de promouvoir la justice et la libre entreprise. Maintenant, quelle est la fonction d'un gouvernement gentil qui est placé sous la direction du parasite ? La fonction principale d'un gouvernement contrôlé par le parasite est de garantir son droit à se nourrir aux dépends de l'hôte, de le protéger contre toute forme de rejet et de permettre à d'autres parasites de venir se nourrir sur le dos de l'hôte. Ainsi, la fonction principale d'un tel gouvernement est liée aux campagnes pour les droits civiques des minorités, à la libéralisation de toutes les lois sur l'immigration et aux attaques contre d'autres hôtes qui menacent de se débarrasser de leurs parasites. Toutes les autres considérations du gouvernement sont mises de côté dans l'exécution de ces fonctions, si essentielles au bien-être du parasite.

Ainsi, aux États-Unis, le Federal Bureau of Investigation ignore la montée de la criminalité alors que ses agents passent tout leur temps à combattre ces ''réactionnaires'' Gentils qui réagissent à la présence néfaste du parasite. Nous constatons que le gouvernement américain est devenu un vaste organisme collecteur d'impôts au profit des parasites, et que quatre-vingt-quatre pour cent des revenus des Gentils leur sont enlevés de force et donnés aux parasites. Nous constatons que chaque ministère du gouvernement s'implique dans le rôle supplémentaire de garantir en permanence la sécurité du parasite et de sa position sur l'hôte. Ils ont créé de nombreuses nouvelles dispositions économiques dont la fonction est d'acheminer toutes les ressources économiques de la nation vers les mains des parasites. Nous constatons que le Département de la Défense, au lieu de protéger notre nation, lui inflige d'effroyables effusions de sang en envoyant des milliers de nos meilleurs jeunes au massacre dans des jungles à des milliers de kilomètres de nos côtes, dans des guerres que les parasites juifs ont déclenchées à cette seule fin.

QUELLE JUSTICE ?

Au lieu d'assurer une justice égale pour tous, les tribunaux de la nation sont devenus des Chambres Étoilées pour la persécution des Gentils qui réagissent à la présence du parasite. Ces ''réactionnaires'' gentils sont arrêtés sous un prétexte ou un autre, ou bien des preuves les incriminant sont placées par des agents du FBI, et ils sont condamnés à de lourdes peines de prison.

Qu'en est-il du système éducatif ? Nous constatons que le parasite juif est un fétichiste de l'éducation. Il doit y avoir une éducation universelle, une éducation pour tous. Mais quel genre d'éducation reçoit l'hôte Gentil dans un état dominé par le parasite juif ? D'abord, on lui enseigne qu'il ne doit jamais penser par lui-même, parce que c'est le péché originel. Il est soigneusement instruit sur la façon d'être un esclave docile pour le reste de sa vie, un zombie robotisé qui ne sera jamais capable d'utiliser son esprit pour sa propre protection ou pour progresser.

Pourquoi le parasite juif doit-il contrôler l'intelligence indigène du Gentil ? Premièrement, le juif n'est pas invisible, il est très visible. Il sait que le Gentil est tenu de le voir, de s'irriter de sa présence et de vouloir le chasser. Le Gentil n'a qu'à regarder dans la rue sur n'importe quelle avenue en Amérique pour voir que la plupart des commerces appartiennent à des juifs. L'endroit où il travaille appartient à un juif. Il paie un loyer chaque mois, ou une hypothèque à vie, à une banque juive. Il sait qu'il est exploité sans merci par un corps étranger connu sous le nom de Royaume d'Israël. Par conséquent, le parasite biologique dispense son instruction à l'enfant Gentil, avant même qu'il sache l'alphabet, par le martellement du péché interdit. Quel est ce péché interdit ? Il ne faut jamais faire preuve de ''préjugés'' à l'égard d'un autre être humain. Les enfants entendent cet avertissement tous les jours dès leur entrée à la maternelle. Ils en sont perplexes, parce que les enfants sont naturellement ouverts et généreux, ils ne détestent personne. Ils ne se rendent jamais compte que si la maitresse ne leur donne pas cette leçon quotidienne sur les ''préjugés'', elle perdra son emploi.

L'INFLUENCE DIRECTE

Au lycée et à l'université, le Gentil se retrouve sous l'influence plus forte des professeurs juifs. Ils trouvent que les professeurs juifs sont intéressants, parce qu'ils semblent avoir carte blanche pour dire ou faire ce qu'ils veulent en cours, tandis que les professeurs Gentils semblent paralysés dans tout ce qu'ils font. Les enseignants juifs recommandent aux enfants des livres pornographiques, discutent en détail des perversions sexuelles et harangue souvent leurs classes pendant des heures sur les horreurs du nazisme. Puisqu'il n'y a aucun gouvernement nazi nulle part, les enfants Gentils sont intrigués. Ils ne comprennent pas la peur et la haine terribles qui emplissent le peuple juif à la mémoire d'un peuple Gentil qui a réagi contre eux et les a chassés.

Chez lui, l'enfant Gentil regarde des émissions de télévision largement consacrées à des thèmes antinazis. Cela n'est pas surprenant, puisque les parasites juifs possèdent carrément les trois réseaux de télévision, et qu'aucune émission ne peut être diffusée sans être soumise à leur censure tordue. Dans les universités, on enseigne au Gentil que toute la culture du monde provient des écrits de trois parasites juifs, Marx, Freud et Einstein. Les artistes et écrivains Gentils ne sont plus mentionnés.

LE PLUS GRAND PÉRIL

Demandez à n'importe quel diplômé américain : « Quel est le plus grand mal qui ait jamais existé sur cette terre ? » Il répondra très promptement et avec énergie : « le Nazisme ! »

Il donne cette réponse car c'est ce qu'on lui a enseigné. En fait, *c'est tout* ce qu'on lui a enseigné, et c'est le seul résultat de quatre années d'études supérieures. Ne lui demandez pas POURQUOI le nazisme est le plus grand mal qui ait jamais été connu, car il ne le sait pas. Vous ne ferez que l'embrouiller et le mettre en colère contre vous, parce qu'il ne connaît pas le POURQUOI de quoi que ce soit. Il n'a été endoctriné qu'avec des réponses conditionnées, il répète la leçon qu'on lui a inculquée jusqu'à ce qu'il l'ait apprise par cœur, de la part de ses professeurs juifs et *Shabbat goy*. Dans les centaines de livres qui ont été écrits sur le nazisme, vous ne trouverez pas de définition de ce qu'est le nazisme. C'est tout à fait compréhensible. Les juifs ne veulent pas que quiconque sache ce qu'est le nazisme. Le nazisme est simplement ceci : une proposition que le peuple allemand se débarrasse des juifs parasites. L'hôte Gentil a osé protester contre la présence continue du parasite et a tenté de le rejeter. C'était une réaction inefficace, car elle était émotionnelle et mal informée, comme toutes les réactions des Gentils qui l'ont précédée pendant cinq mille ans. Et comme elle fut vaine, puisqu'aujourd'hui, les banquiers juifs possèdent soixante pour cent de l'industrie allemande, et leurs avoirs sont protégés par l'armée d'occupation de l'Amérique.

QU'EST-CE QUE LE *SHABBAT GOY* ?

Comme le parasite est plus petit et plus faible que l'hôte, il doit le contrôler principalement par la ruse. Et parce qu'il est en sous-nombre, il doit dépendre des agents actifs parmi les Gentils. Une fois les dirigeants autochtones éliminés du peuple d'accueil, il crée une nouvelle classe dirigeante, un groupe recruté parmi les plus faibles et les plus dépravés des Gentils. Cette classe est connue sous le nom de ''nouvelle classe'', et est composée de représentants du gouvernement, de professeurs, de juges et d'avocats, ainsi que de chefs religieux. Cette ''nouvelle classe'' est connue par le juif sous le nom de *Shabbat goy,* ou son ''bétail des Gentils pour le sabbat''.

La création de la classe *Shabbat goy* montre que la religion juive est essentiellement une ritualisation des techniques du parasite pour contrôler l'hôte. Un principe clé de la religion juive est qu'il ne doit pas accomplir la moindre tâche le jour de son sabbat. Il ne peut pas débuter son office religieux avant que les bougies ne soient allumées, mais sa religion lui interdit d'allumer les bougies, car ce serait du travail. Il doit trouver un Gentil pour allumer les bougies pour lui. Ce Gentil s'appelle un ''*Shabbat goy*''. Ainsi, la religion juive ne peut pas être pratiquée jusqu'à ce que le juif trouve un Gentil pour faire son travail à sa place.[6]

---

[6] Drew Pearson décrit le processus dans une chronique du *Washington Post* du 5 juillet 1968, citant le maire de San Francisco, Joseph Alioto, un catholique : « J'ai été élevé dans l'ombre de la synagogue en face de chez moi, et mon curé était le Rabbin Fine. Chaque semaine, j'allume une bougie dans la synagogue, et Cyril Magnin allume une bougie dans ma cathédrale. » Le succès politique d'Alioto est dû à sa fonction de *Shabbat goy,* allumant des bougies pour les juifs.

La religion juive interdit également au juif de travailler pour un Gentil, bien que cela soit autorisé pour de courtes périodes de temps si le juif trouve nécessaire de prendre une telle position pendant qu'il complote pour s'emparer de l'affaire du Gentil !

Ces Gentils qui deviennent *Shabbat goy* pour les juifs mènent une vie confortable aux dépens de leurs entourage, mais ils ne peuvent jamais surmonter leur honte, indépendamment de la richesse et de la puissance que les juifs leur confèrent. La classe exploitante que les juifs créent à partir de la classe la plus servile et la plus méprisable des Gentils sont les êtres humains les plus méprisables qui aient jamais infesté la terre. Bien qu'ils fassent partie des classes instruites et riches d'un pays d'accueil qui a été la proie des parasites juifs, les misérables *Shabbat goy* ne mènent jamais une vie heureuse. Aux États-Unis, nous constatons que les banquiers, les juges, les présidents d'université et les dirigeants de mouvements religieux qui ont pour mission d'être des perroquets pavloviens, dressés comme des chiens selon les caprices des juifs, sont aussi ceux qui ont les taux d'alcoolisme les plus élevés, le taux de divorce le plus élevé, le taux de suicide le plus élevé et le taux de délinquance juvénile les plus élevés parmi leurs enfants.

LA DÉGÉNÉRESCENCE SEXUELLE

Cette ''société d'abondance'' du *Shabbat goy* a également engendré une vague massive d'homosexualité et de dégénérescence en Amérique. Est-ce surprenant ? Il suffit de rappeler la description du professeur LaPage de l'effet que le parasite Sacculina a sur son hôte, l'araignée de mer à courte-queue, *Inacus mauritanicus*. LaPage indique que ses recherches montrent que soixante-dix pour cent des araignées de mer mâles acquièrent certaines des caractéristiques sexuelles secondaires de la femelle et voient leurs organes reproducteurs détruits par l'attaque de *Sacculina neglecta*. Il déclare également que :

« l'abdomen de ces mâles devient large, ils peuvent acquérir, en plus de leur type de copulation mâle, des appendices modifiés pour porter des œufs, tandis que leurs pinces deviennent plus petites. »

Quelle meilleure description pourrait-on avoir d'un professeur d'université d'âge moyen qui mijote dans le sillage d'un joueur de football musclé ? L'une des caractéristiques des nations contrôlées par les juifs est l'éradication progressive de l'influence et du pouvoir masculins, et le transfert de l'influence sous des formes féminines. C'est compréhensible. La force masculine est naturellement agressive et affirmée, indépendante et autonome, courageuse et prête à se battre pour ses droits. La force féminine, par contre, est plus passive, prête à accepter des ordres et évite l'action directe. Ainsi, la Russie et l'Amérique, les deux puissances les plus influentes dans le monde d'aujourd'hui, un monde contrôlé par les parasites juifs, sont essentiellement des puissances féminines, mais les deux puissances qui étaient les plus masculines dans leurs attributs, l'Allemagne et le Japon, et qui se sont opposées aux parasites juifs, sont petites et de moindre influence. Néanmoins, en tant que forces masculines, elles conservent la volonté d'exercer à nouveau la puissance sur le monde, tandis que la Russie préfère utiliser son influence dans de sinistres intrigues, un réseau mondial d'espions et d'assassins, de ceux qui poignardent dans le dos. Aujourd'hui, l'Amérique a suivi les traces de la Russie avec l'influence mondiale de la Central Intelligence Agency, et sur son territoire, les opérations furtives du FBI visent uniquement à contrôler les ''réactionnaires'' parmi le peuple hôte.

LA MOLESSE ET LA TRAITRISE

Dans un environnement contrôlé par les juifs, les hommes Gentils deviennent mous et capables de toute trahison, parce que leur nouvelle classe, les *Shabbat goy*, sont les incarnations du mensonge vivant, avec leurs conspirations insidieuses au nom du gouvernement secret des parasites. Dans ce genre de monde, la virilité, la force et l'honneur sont méprisés.

La caractéristique la plus importante des misérables *Shabbat goy*, en tant que représentants libéraux et masque des intérêts juifs, est qu'ils ne résolvent jamais aucun problème. Si nous avons un problème national aujourd'hui, nous pouvons être sûrs qu'il sera pire dans dix ans, et encore pire dans vingt-cinq ans. *Tous les problèmes s'intensifient,* c'est *la* loi fondamentale du gouvernement des *Shabbat goy*.

Nous n'avons qu'à considérer le problème racial en Amérique, comme une illustration typique. Il y a cent ans, nous avons mené une guerre sanglante qui a ravagé une grande partie du pays, afin de résoudre le problème de la minorité noire en Amérique. Cent ans plus tard, la nation est sur le point d'être à nouveau déchirée par ce problème, car les misérables *Shabbat goy* ont travaillé sans relâche depuis 1900 pour intensifier ce problème, qui avait été en sommeil de 1870 à 1900. De Tocqueville a dit tout ce qu'il y avait à dire sur le problème racial en Amérique il y a plus d'un siècle, mais personne ne lui a prêté la moindre attention.

UNE VIE SANS ESPOIR

L'un des points marquants de l'identification de la nouvelle caste de *Shabbat goy* est l'érosion complète de tout sens des responsabilités. Puisque la vie de *Shabbat goy* signifie qu'ils vivent seulement pour eux-mêmes, comme ennemis de leur peuple, il est compréhensible qu'ils ne pensent pas beaucoup à l'avenir, mais cela va plus loin, comme une conséquence biologique directe de l'effet du parasite juif sur les plus faibles et les plus pauvres du peuple hôte. Aujourd'hui, le principal groupe en Amérique qui a résisté à cet effet biologique est la classe ouvrière. Cela est dû à plusieurs facteurs, d'abord parce que la classe ouvrière a moins subi l'effet d'années ''d'enseignement supérieur'' qui, dans ce pays, n'est qu'une extension de l'enseignement du *Shabbat goy*, et ensuite parce que les travailleurs qui produisent leur propre subsistance sont plus autonomes et ont moins de détérioration de leur sens des responsabilités et du respect de soi.

Bien que j'aie dépassé tous les effets délétères que le parasite juif ou le *Shabbat goy* pourrait avoir sur moi, je connais le désespoir de la vie de mon peuple. J'ai été libéré de cette paralysie, que le juif inflige à tous les membres en bonne santé d'une nation hôte, de deux façons, d'abord, par ma vie à travers l'art, et ensuite, par ma vie en Christ.

LA JOIE D'UNE VIE SAINE

En 1948, quand je suis allé à San Miguel de Allende, un beau village du Mexique, j'ai commencé à vivre ma vie immergé dans l'art. À l'âge de vingt-cinq ans, c'était ma première expérience de joie, parce que ma vie s'était écoulée dans l'obscurité que la tourmente du parasite juif avait jetée sur l'Amérique. J'ai commencé à comprendre ce que D. H. Lawrence avait vécu pendant ses années d'errances désespérées à la recherche du soleil et d'une vie saine. Non seulement D. H. Lawrence souffrait de tuberculose, mais il souffrait aussi du terrible malaise qui s'était installé sur la civilisation européenne, de la perte de la volonté de vivre, qui avait été érodée par des siècles d'esclavage par les juifs et de mauvaise gouvernance par le *Shabbat goy*.

Dans les rues ensoleillées de San Miguel de Allende, pour la première fois, je savais ce qu'était la lumière. Les gens, bien que pauvres, étaient forts et autonomes, ils ne ressemblaient en rien aux Américains que j'avais laissés chez moi. Bien que je ne m'en sois pas rendu compte à l'époque, il n'y avait pas de juifs ici, ni de *Shabbat goy*. Là, j'ai commencé à connaître la joie de la vie créatrice, ma vie dans l'art, la vie de l'esprit et les talents donnés par Dieu duquel nous sommes tous nés et dont les juifs et les *Shabbat goy* nous ont dépossédés.

Or, il n'y avait rien d'égoïste dans le fait d'atteindre cette joie, parce que je ne la prenais à personne d'autre, et depuis ce temps, je n'ai souhaité rien de plus que d'apporter cette joie à tout mon peuple. Comme ce désir devenait désormais la principale orientation de ma vie, j'ai commencé à vivre ma vie en Christ, parce que je voulais apporter de la joie aux autres. Bien que ces efforts ne m'aient apporté rien d'autre que la pauvreté et ce qui aurait pu être du désespoir, j'ai néanmoins trouvé le Christ et connu une plus grande joie dans ma vie à travers l'exercice de l'art.

Si le peuple américain ne savait rien de la joie de ma vie dans l'art, il en savait encore moins de la joie de ma vie en Christ ! La question était à présent de savoir comment les libérer de deux mille ans de sujétion mentale. Durant ces siècles, les juifs n'ont cessé de dénoncer l'institution de l'esclavage physique et, tout en parlant de la possibilité d'une liberté physique pour tous, ils ont subtilement imposé leur propre forme de servitude mentale aux Gentils. Et si l'esclavage physique est un crime, combien plus grave est l'esclavage mental, l'appropriation de l'esprit d'un être humain né libre !

L'un des plus grands problèmes auxquels notre pays est confronté aujourd'hui est la privation des droits du travailleur américain et de la classe moyenne. Son vote n'a pas de sens, il ne vaut rien puisque, peu importe pour qui il vote, sa position personnelle dans la vie se détériore. Ses impôts augmentent, les pressions commerciales s'intensifient et sa vie de famille est soumise à la terreur et à la honte des minorités agressives, poussées par les misérables *Shabbat goy* et les grands seigneurs juifs.

Avec le *Shabbat goy* en charge des ministères de notre vie religieuse, de notre vie académique et de notre vie culturelle, les travailleurs américains et la classe moyenne découvrent que n'importe où qu'ils se tournent, ils sont confrontés au juif. Un juif dirige l'orchestre symphonique, quatre-vingt-dix pour cent des galeries d'art sont dirigées par des juifs, de sorte que les artistes Gentils ne peuvent pas exposer leur travail s'ils n'embrassent pas les vues dégénérées du juif. Les trois réseaux de télévision appartiennent et sont exploités par des juifs, tandis que les studios, les producteurs et les écrivains, presque tous juifs, nous présentent des émissions dans lesquelles les Gentils jouent la mélodie juive. En fait, une minorité de cinq pour cent a pris le contrôle de tous les aspects de la vie américaine.

UNE PROFONDE ALIÉNATION

Ainsi, cette prise de conscience instinctive fait que le travailleur américain et la classe moyenne deviennent découragés, à cause d'un profond sentiment d'aliénation, d'un sentiment écrasant de mort. Il sait que ce n'est pas son art, ce n'est pas sa culture, ce n'est pas sa religion, ce n'est plus son pays, parce qu'un étranger a pris le contrôle de tous les aspects de sa vie. En conséquence, le travailleur américain et le membre de la classe moyenne perd son pouvoir de concentration, il ne peut plus rien penser, parce que son éducation, sa vie culturelle et son gouvernement sont tous entre les mains de l'étranger, et parce qu'il ne peut pas réfléchir à ses problèmes, il perd la détermination d'agir, il sombre dans les attitudes sans espoir d'esclavage mental à vie que lui a imposé le parasite.

UNE INTENSE SOUFFRANCE

Mais, même si le travailleur américain ou le membre de la classe moyenne a perdu son pouvoir de réfléchir aux choses et d'agir selon sa volonté, il est encore un être humain, il peut sentir. Ainsi, il supporte une souffrance mentale intense, parce que tout a été retiré de sa vie, sauf la tâche de travailler pour nourrir le parasite juif. Et même si j'ai dépassé cette souffrance, je ne peux me reposer car je sais ce que cette souffrance fait au peuple américain. Je ne ressens pas cette souffrance, à cause de la joie de ma vie dans l'art, et de la joie de ma vie dans le Christ, et, connaissant cette joie, je n'ai pas besoin de l'Amérique, et encore moins de l'Amérique juive. Mais l'Amérique est une création de Dieu, et en tant que telle, elle ne peut pas être abandonnée aux parasites juifs, la souffrance de l'hôte Gentil doit être soulagée.

LA TÂCHE QUI NOUS ATTEND

Bien que je vive dans la joie et la paix, je sais que l'Amérique doit être rendue au Christ. Je voudrais la libérer de son esclavage envers Satan, dans la sphère métaphysique, et de son esclavage envers les juifs, dans la sphère biologique. Bien que j'aie été libéré de la souffrance par la connaissance du Christ, je sais ce que la souffrance fait à mon peuple, qui a été dépouillé de tout, et qui a été transformé en robots sans cerveau qui accomplissent mécaniquement des tâches selon les instructions qui leur sont imposées par une programmation juive, et qui répondent à chaque question par une réponse juive.

Je n'aime pas le fait que ma nation et mon peuple aient été transformés en un pays de chiens conditionnés par Pavlov, et je suis résolu à les voir redevenir des hommes. Parce qu'ils sont coupés de la vie créative, parce qu'ils sont coupés de la vie de leur nation par le parasite juif, leur vie est vide et inutile.

PAS DE HÉROS

Un des problèmes de ce conditionnement pavlovien est que nous n'avons plus de héros. Mais une nation ne peut pas grandir et prospérer sans héros. Au cours des cinquante dernières années, nos héros ont été les produits de synthèse du libéralisme juif, ces Américains qui ont exploité avec succès leur peuple au profit des juifs, et ont accéléré l'abâtardissement du peuple américain. Ces héros fabriqués sont faits de plastique, ils n'ont aucune des qualités humaines. Un héros fabriqué typique est Hubert Humphrey, vice-président des États-Unis, que l'on peut presser dans n'importe quelle forme, telle une poupée en caoutchouc, parce qu'il n'a pas de structure osseuse. Il a accepté tous les aspects du rôle du *Shabbat goy*, et il n'a aucune culture et aucun but, sauf ceux implantés en lui par les programmateurs juifs.

LE RAPPORT MULLINS

En 1957, alarmé par la publication d'un rapport connu sous le nom de rapport Gaither, qui insistait sur le fait que tous les aspects de la vie de *Shabbat goy* et du libéralisme juif devaient être intensifiés en Amérique, certains de mes associés m'ont poussé à faire une réponse formelle. Cette demande s'inscrivant dans le cadre de certains projets sur lesquels j'étais alors engagé, j'ai pu, en quelques semaines, élaborer une réponse globale. Ce rapport est reproduit ici exactement tel qu'il a été publié en août 1957 par M & N Associates, à Chicago, Illinois :

(En raison de l'inquiétude du public au sujet du rapport Gaither, qui admet que les États-Unis deviennent rapidement une puissance de seconde classe, mais n'ose pas admettre pourquoi cela est inévitable, M & N Associates a décidé de publier le rapport confidentiel de Mullins, préparé en août 1957 pour un groupe d'industriels américains. Nous publions ce rapport à titre de service public par un organisme de recherche impartial. C'est déjà entré dans l'histoire.)

D'ICI 1980, LES ÉTATS-UNIS OCCUPERONT LA MÊME PLACE DANS LES AFFAIRES INTERNATIONALES QUE CELLE DE L'INDE AUJOURD'HUI. Les États-Unis seront alors un pays surpeuplé et appauvri, avec un niveau de vie inférieur de 50 % à celui de 1957.

Par conséquent, il n'est pas nécessaire et peu probable que la Russie fasse la guerre aux États-Unis. Le déclin rapide des États-Unis en tant que puissance mondiale permettra à la Russie de transformer les continents américains en satellites communistes d'ici 1980, si elle le souhaite, mais cette perspective est peu probable. Du point de vue géopolitique, les continents d'Amérique du Nord et d'Amérique du Sud ne seront pas d'une grande utilité pratique pour la Russie. Ses politiques européennes et asiatiques resteront primordiales pour sa sécurité nationale, mais les continents américains auront moins d'importance géopolitique que l'Afrique.

En raison de cette perspective, le rapport Rockefeller et d'autres demandes du gouvernement en faveur d'une augmentation des dépenses de la "défense" peuvent être correctement évalués comme des tentatives de dernière minute pour soutenir une prospérité artificielle et condamnée. Comment se fait-il que les États-Unis, qui, en 1945, étaient incontestablement la puissance mondiale suprême, aient pu décliner aussi rapidement ? Pour comprendre, un bref survol de l'histoire de la nation est nécessaire. Le pays fut colonisé par des Européens du Nord audacieux et énergiques, prêts à risquer leur vie dans une région sauvage pour posséder leur propre maison et leur propre terre. Une main-d'œuvre bon marché était nécessaire, mais les Indiens refusèrent de devenir des subalternes, alors on les tua ou on les plaça dans des réserves. Les habitants de la Nouvelle-Angleterre importaient des nègres, mais ils se sont avérés moins productifs que le coût de leur maintien, de sorte qu'ils furent vendus à des propriétaires de plantations du Sud, où le climat était plus propice et leurs propriétaires moins exigeants. Malgré cela, leur importation fut rapidement interrompue car peu pratique.

Pendant ce temps, les premiers colons d'Europe du Nord ont prospéré et se sont multipliés. Disposant d'un vaste espace et de nombreuses ressources naturelles, ils sont rapidement devenus les personnes les plus compétentes et les plus productives que le monde ait jamais connues. De nouvelles inventions en jaillirent et ils jouirent de la plus grande prospérité de l'histoire de l'humanité.

Des vagues successives de main-d'œuvre bon marché vinrent d'Europe. Une vague importante en provenance d'Irlande produisit de nombreux aspirants citoyens, mais après 1860, peu d'autres immigrants vinrent d'Europe du Nord. La plus grande partie provenait d'Europe centrale et du Sud, avec quelques Asiatiques. Aux côtés des colons d'Europe du Nord vivaient les familles naissantes de citoyens plus foncés. Peu nombreux sur leurs propres terres en raison de leur faible productivité, ils se reproduisaient beaucoup plus nombreux ici en raison de la productivité plus élevée de leurs hôtes.

Malgré que ces citoyens plus foncés jouissaient d'un niveau de vie plus élevé ici, grâce à la technologie supérieure des Européens du Nord, ils ne ressentaient aucune gratitude. Au lieu de cela, ils étaient consumés par la haine et l'envie à l'égard des Européens du Nord, dont beaucoup avaient amassé de grandes fortunes et vécu comme des princes. En 1900, les citoyens américains plus foncés formèrent un bloc électoral pour combattre la direction politique des Européens du Nord. Déjà un profond schisme racial s'était formé qui condamnait la jeune république à l'apogée de sa promesse. Les Européens du Nord concentrèrent bientôt leur force dans le Parti républicain, tandis que les citoyens plus foncés devinrent démocrates, un parti qui représentait également les Blancs du Sud à la suite de la guerre entre les États. Cette étrange alliance remporta sa première grande victoire politique en 1912 avec l'élection de Woodrow Wilson, un idéaliste malavisé qui salua la Révolution communiste russe de 1917 comme une « victoire de la démocratie sur les forces du despotisme ». Wilson conduisit la nation vers une politique étrangère suicidaire causée par le schisme racial de son peuple. Cette politique visait à mettre fin à toute injustice raciale, à réparer les péchés de l'impérialisme britannique, à réprimander l'impérialisme français, à stopper l'impérialisme allemand et à établir un protectorat mondial pour les peuples de couleur. Les Américains Nord-Européens n'avaient aucune idée de l'intention de cette politique et étaient trop occupés et trop prospères pour s'en soucier. La nation gagna en richesse et en pouvoir en entrant dans la Première Guerre mondiale. Quelques années plus tard, le krach de 1929 anéantit la fortune et les biens de plus de la moitié des Nord-Européens d'Amérique. Le décor était planté pour le régime Roosevelt, qui devait établir la domination des citoyens plus foncés sur les Américains blancs pauvres et découragés, une domination exercée par les directives de Truman et Eisenhower. Notre entrée dans la Seconde Guerre Mondiale avait pour but de stopper l'Allemagne ''raciste'', comme si tous les groupes humains dans le monde n'étaient pas ''racistes'' et intéressés par leur croissance et leur propre affirmation. En 1945, les États-Unis victorieux réaffirmèrent leur rôle de protecteur du monde coloré. Mais la Russie soviétique prétendait aussi être la protectrice du monde des Noirs et fit remarquer que les Américains blancs refusaient de se marier avec les citoyens plus foncés. La plupart des Américains blancs ont maintenu des communautés, des écoles, des clubs et des lieux de culte homogènes, tout comme tous les autres groupes aux États-Unis. Cependant, les héritiers du régime Roosevelt ont à présent jugé illégal pour les Américains blancs de se séparer, bien que tous les autres groupes aient été autorisés à le faire sans entrave de la part du gouvernement. Désormais, le gouvernement commença à appliquer une politique d'amalgamation raciale, bien qu'aucune autre nation dans le monde, en particulier la Russie soviétique, n'ait suivi une telle politique. En grande partie par l'intermédiaire de la Cour suprême, un instrument fondé sur des pouvoirs usurpés par le Congrès, les Américains blancs furent dépouillés de leurs institutions privées et forcés de vivre dans des écoles et des quartiers intégrés sur le plan racial. Les mariages mixtes étaient inévitables, notamment à cause de l'afflux de la propagande ''d'intégration''.

Tous les groupes religieux aux États-Unis déclarèrent qu'il était de leur devoir religieux de s'amalgamer racialement, bien qu'aucun de leurs dirigeants ne puisse citer un seul dogme qui l'exige. Dans les écoles et les églises, on enseignait aux enfants blancs qu'il était de leur devoir de se marier avec les citoyens plus foncés, et la presse, la radio, la télévision et les films appuyaient la campagne de métissage. Le gouvernement continua les poursuites judiciaires contre les dernières organisations privées de citoyens blancs, bien qu'aucune mesure n'ait été prise contre les institutions nègres, juives ou d'autres groupes. Pourtant, au moment même où les américains Blancs étaient contraints de s'amalgamer racialement, leurs compétences techniques étaient plus demandées que jamais auparavant ! Les missiles guidés étaient mis au point par des scientifiques allemands importés car les Américains blancs appauvris travaillaient comme ouvriers, incapables d'éduquer leurs enfants dans les écoles techniques. Mais la pénurie d'ingénieurs était due au fait que nous n'avions pas profité de nos talentueux nègres ; un peuple ayant passé 20 000 ans accroupi dans la jungle poussiéreuse des kraals sans apporter la moindre amélioration de ses conditions était à présent déclaré l'héritier légitime de la technologie américaine ! Nos universités furent inondées d'étudiants de couleur, leurs frais de scolarité payés par des subventions gouvernementales et des fondations "racistes" pour les étudiants de couleur seulement. Les Américains blancs qui auraient pu sauver notre technologie en déclin continuèrent le travail manuel.

Tout cela était inévitable. L'Américain d'origine nord-européenne, bien que se rendant compte qu'il possédait des compétences supérieures, n'avait aucune mauvaise volonté envers les citoyens plus foncés. Mais l'homme de couleur ne pouvait pas voir un homme blanc sans le haïr, car le visage blanc rappelait à l'homme de couleur qu'il était noir. Soit l'homme de couleur doit devenir plus clair, soit l'homme blanc doit devenir plus foncé. Aucun autre remède ne l'apaiserait. Quiconque a vu les publicités pour les "blanchisseurs de peau" dans la presse noire sait à quel point cette pulsion est fondamentale chez les personnes noires. Le vote décisif des nègres a fait que l'homme blanc n'existe plus dans la nation qu'il avait créée, et la Cour suprême a même déclaré : « Tous les Américains sont nègres ! » M & N Associates ne fait aucun commentaire sur la justice ou l'injustice de ce développement. Nous n'évaluons que les faits. Le résultat inévitable était qu'en détruisant le désir de l'Américain blanc de se préserver en tant que manifestation de la Sainte Volonté de Dieu, et en le forçant à se marier avec les Noirs, la nation était condamnée à suivre le chemin des autres grandes puissances mondiales, l'Inde, l'Égypte, la Grèce et Rome, dont le leadership blanc avait disparu dans les mariages avec les peuples plus foncés.

La disparition d'une grande nation de la scène de l'histoire du monde n'est ni une tristesse ni une réjouissance. C'est simplement un événement historique. Le processus devait être beaucoup plus rapide aux États-Unis en raison du rythme de la vie moderne et de l'énorme pression derrière la volonté des gens de couleur de se marier avec les Blancs. Dans le même temps, l'élite blanche de gestion de la Russie soviétique, qui n'avait pas l'intention de se marier avec des peuples plus foncés, continuait à se spécialiser. La reproduction sélective est devenue une politique d'État, et la Russie a ainsi assuré son avenir, car l'avenir était connu depuis longtemps pour appartenir à cette nation qui pouvait produire le type le plus élevé de l'élite technologique.

À ce stade tardif, il fut demandé à M & N Associates de vérifier si les citoyens de couleur pouvaient être retenus dans leur agression contre les Américains blancs. La réponse est non. Ils ne se contenteront jamais de jouir de leur niveau de vie plus élevé ici, parce qu'il ne peut compenser les rappels constants qu'ils se font à eux-mêmes qu'ils sont inférieurs. Une fois de plus, les blancs les plus audacieux émigreront, cette fois en Australie et en Nouvelle-Zélande. Au mieux, les États-Unis pourraient devenir une sorte de Guyane britannique, une colonie colorée du Canada blanc, dont le dollar vaut déjà plus que le nôtre !

Il est trop tard pour que le socle racial nord-européen, une minorité de 50 000 000, réaffirme son leadership sur 120 000 000 de sang-mêlé. On ne peut pas faire appel aux Noirs pour des raisons patriotiques, car ils ne peuvent jamais connaître le sentiment d'appartenance à une nation, mais seulement une forme de solidarité raciale. Seul un peuple capable de défendre sa terre peut connaître le patriotisme. Le conseil d'A. Philip Randolph aux nègres de refuser de servir dans l'armée américaine était caractéristique. M & N Associates ne croit pas qu'un mouvement blanc puisse prendre le pouvoir. Il n'y a plus de marché blanc aux États-Unis, que ce soit sur le plan commercial ou politique. Au mieux, les Blancs pourraient faire sécession en tant que république blanche du Sud, laissant le mulâtre du Nord suivre sa propre voie, mais le résultat serait le même, la disparition des États-Unis comme puissance mondiale. Nos petits-enfants mulâtres verront tranquillement la décadence de la nation dont ils ont hérité, tandis que le reste du monde, y compris la Russie soviétique, n'accorde pas plus d'attention à nous qu'il n'en accorde actuellement aux bouches des mulâtres habitants de l'Inde. Le monde est réaliste.

PRESCIENCE

Lorsque ce rapport fut rédigé il y a plus d'une décennie, j'indiquais que c'était déjà du passé. Depuis lors, la position américaine s'est aggravée sur les lignes précises que j'avais tracées. Je déclarais qu'il n'y avait pas de marché blanc, et tous les politiciens américains depuis lors m'ont soutenu. Je n'ai commis une erreur que sur un seul point ; je n'ai pas tenu compte de l'éventuelle récupération de l'Amérique par la connaissance du Christ, parce qu'à ce moment-là je n'avais pas progressé aussi loin, je n'avais pas prévu cette seule possibilité de salut pour l'Amérique.

Certains des auteurs de ce rapport ont estimé qu'il était indûment pessimiste. Pourtant, en moins d'une décennie, bon nombre de nos grandes villes, y compris la capitale nationale, ont été réduites en cendres et plongées dans le chaos multiracial, tandis que nous étions entrés dans une crise économique qui semblait impossible à résoudre. Or, même le rapport Mullins n'a pas prédit la faillite nationale dans un contexte de villes brûlées et pillées, en moins de dix ans ! Qui osera être suffisamment pessimiste sur les dix prochaines années ?

Récapitulons comment tout cela s'est produit. En 1945, les États-Unis étaient la seule puissance militaire suprême du monde, la seule nation industrielle dont les usines n'avaient pas été détruites par la Seconde Guerre Mondiale. Militairement et économiquement, l'Amérique était le maître du monde, et le monde attendait notre commandement. Nous n'avions qu'à lever la main, et notre commandement serait obéi.

L'Angleterre, la France, l'Italie, la Russie, l'Allemagne et l'Asie, le Japon, étaient en ruines, leurs usines n'étant plus que des tas de décombres.

PARALYSÉ PAR DES PARASITES

Mais nous n'avons donné aucun ordre. Pourquoi ? Parce que les parasites et leurs misérables *Shabbat goy* n'avaient qu'un seul désir, celui de reconstruire la Russie communiste. Dean Acheson proposa que d'énormes prêts nouveaux soient accordés à la Russie, par l'intermédiaire de son cabinet d'avocats, Covington and Burling, qui représentait si habilement neuf nations communistes auprès de notre bureau fédéral. L'économie américaine de l'après-guerre fut paralysée par les juifs communistes comme David Niles, un homosexuel notoire qui se vantait que Harry Truman n'avait jamais pris de décision sans le consulter, et qui avait une sœur aux renseignements israéliens à Tel Aviv, et une autre sœur aux renseignements soviétiques à Moscou. Harry Dexter White, juif lituanien et éternel agent communiste, supervisa également les décisions de Truman en tant que président des États-Unis.

Au sommet de ce tas de vers se tortillait le maître parasite, Bernard Baruch, un agile spéculateur juif qui gagnait jusqu'à un million de dollars par jour en connaissant à l'avance les décisions gouvernementales qui affectaient le marché boursier. Pas étonnant que Harry Truman ait dit de Bernard Baruch qu'il était « le plus grand Américain vivant » ! Ce maître parasite tirait les ficelles d'une horde de misérables politicards à sa solde et collectait les sénateurs des États-Unis comme un homme de moindre envergure pourrait attraper des hamsters méfiants. Il se vanta publiquement d'avoir dans sa poche des sénateurs comme Harry Byrd, James Byrnes, Harry Truman et bien d'autres...

UNE ÉCONOMIE PARALYSÉE

Or, la conversion de l'Amérique à une économie de temps de paix fut retardée par ces juifs, afin de donner à la Russie un temps précieux pour reconstruire son économie en ruines. Non seulement les États-Unis étaient paralysés par les ''planificateurs économiques'' juifs, dont le seul but était de retarder l'édification d'une économie prospère, mais les communistes avaient également trouvé l'instrument idéal pour affaiblir l'Amérique de l'intérieur, une guerre raciale planifiée. Avec la guerre raciale et la paralysie de l'économie américaine, les communistes gagnèrent du temps, une précieuse décennie, pour que la Russie fabrique une bombe atomique, avec l'aide des Rosenberg et d'une vaste horde d'espions juifs, tandis que d'autres agents ont lancé les masses noires contre les barricades dans une guerre raciale dangereuse et destructrice. À présent, le gouvernement des États-Unis a pratiquement cessé de fonctionner, car la ''demande'' ''spontanée'' et soigneusement répétée du peuple noir pour ses ''droits civique'' a pris le pas sur tout le reste à Washington. Les misérables *Shabbat goy* fonçaient dans la mêlée du côté des nègres, gémissant des réponses précises à chaque ordre des parasites juifs, leurs pattes agitant l'air tels des esclaves attendant leur part de viande crue, lorsque les juifs criaient ''droits civiques'' ou ''paix''.

LA COUR SUPRÊME

En tant que grands prêtres des misérables *Shabbat goy*, la Cour suprême a donné un statut officiel à toutes les demandes d'inspiration communiste des masses en 1954, lorsqu'elle décida que toutes les écoles devaient être intégrées. Aucune autre décision de la Cour suprême n'a jamais plongé le pays dans un tel chaos. Les Américains furent consternés lorsque des armées de soldats américains défilèrent dans les villes américaines, frappant à la baïonnette et tirant sur des citoyens blancs qui tentaient de revendiquer leurs droits. Mais, dix ans plus tard, lorsque nous avons vu des soldats américains marcher à nouveau dans les villes américaines, ce fut pour protéger les foules noires qui pillaient et incendiaient en toute impunité !

Ainsi, comme nous l'avons mentionné, en 1945, les États-Unis occupaient une place prééminente dans le monde, telle une nouvelle Rome. Mais en 1955, la Russie était sur la bonne voie pour se rétablir en tant que puissance mondiale, tandis que les États-Unis étaient plus faibles qu'en 1945 ! Et en 1965, la balance avait déjà penché en faveur de la Russie, car au cours de cette décennie, les agents soviétiques avaient mené avec succès une guerre raciale à grande échelle aux États-Unis, et avaient également réussi à engager des soldats américains dans l'holocauste sans fin d'une guerre terrestre asiatique. Pris au piège d'une lutte au corps à corps contre les milliards qui grouillaient en Asie, les États-Unis se videraient lentement de leur sang tandis que la Russie se renforçait chaque jour, sans perdre un seul homme. Et la Russie, chez elle, était sereine, tandis que les États-Unis étaient entraînés dans une guerre raciale, que le gouvernement était paralysé, que le système éducatif était paralysé et que le peuple américain n'avait pas un seul représentant pour défendre ses intérêts.

LES ORDURES DE LA TERRE

L'or juif avait acheté le plus triste lot de mendiants et de voleurs qui avaient jamais infesté la capitale de notre nation, des hommes qui, tout en remettant des milliards aux juifs, s'étaient vendus pour quelques maigres milliers de dollars chacun ! Nos sénateurs et représentants n'ont même pas demandé pour leur âme le prix d'un esclave noir en bonne santé d'avant la Guerre Civile. Le rapport Mullins, en fixant une date butoir de 1980 pour voir les États-Unis réduits au statut d'une seconde Inde, avait commis une erreur de dix ans. Il semble maintenant que 1970 soit la date la plus probable.

LA FIN DU CHEMIN ?

Les géopoliticiens disent depuis des années que l'Amérique s'affaiblit. Tout ce que notre pays a accompli s'est fait au prix d'un énorme élan d'énergie et d'intelligence spontanée. Il y a eu aussi beaucoup d'avidité et de cruauté de la part des autochtones, l'exploitation impitoyable des travailleurs immigrés, les massacres massifs de la Guerre Civile et la destruction systématique de la seule culture autochtone de l'Amérique, le renouveau de la bienveillance grecque dans le Sud. Ce sont des chapitres sombres de l'histoire de l'Amérique. Mais il y a aussi des pages lumineuses, où l'Amérique a tenu toutes ses promesses de liberté et ses offres d'espoir à une civilisation européenne malade et pourrie, qui expirait lentement à cause des excès commis contre elle par les parasites juifs. Et à présent, c'est au tour de l'Amérique de chanceler au bord de l'abîme, tandis que son économie est ébranlée par l'assaut des foules révolutionnaires du pays et par les folles aventures juives à l'étranger. Mais il y a encore des scientifiques qui ouvrent de nouvelles voies pour le monde, peut-être qu'un pour cent de la nation reste constructive face à ces catastrophes.

En 1957, je ne pouvais pas prédire la mise à sac des villes américaines tandis que la police et les gardes nationaux restaient là, ayant l'ordre de « faire preuve de toute la courtoisie possible envers les émeutiers ». Je ne pouvais pas prédire qu'un juif s'étant vu refuser trois fois l'habilitation de sécurité engagerait des troupes américaines à grande échelle au Vietnam afin de saboter notre économie nationale, un effort qui fut annoncé comme un effort pour « stopper le communisme » alors que la CIA planifiait l'exécution du dirigeant anticommuniste de la nation, Ngo Diem. Pas étonnant que sa veuve ait dit aux journalistes : « Avec l'Amérique comme amie, on n'a pas besoin d'ennemis. »

LES COMMUNISTES VONT-ILS S'ARRÊTER ?

L'effort de 300 milliards de dollars pour stopper le communisme au Vietnam serait plus crédible s'il n'avait pas été inauguré par les mêmes marxistes dévoués du Département d'État qui ont saboté le gouvernement de Chiang Kai-Shek et livré la Chine aux communistes. Peut-on vraiment croire que ces traîtres, qui ont offert au monde communiste un cadeau de six cents millions de personnes, seraient désormais prêts à tout mettre en œuvre pour sauver quelques Vietnamiens du même sort ? Ils ont montré leur jeu en refusant l'offre de Chiang Kai-Shek d'envoyer des troupes au Vietnam, tout comme ils avaient refusé son offre d'envoyer des troupes en Corée, parce que les planificateurs du Département d'État devaient s'en tenir à leur plan de montrer à l'Asie que ce sont les ''impérialistes blancs'' qui empêchent les Vietnamiens de créer un État communiste de manière pacifique. Si des Asiatiques étaient envoyés pour combattre le communisme, les marxistes de Washington perdraient un élément important de leur programme pour détruire notre nation.

Pendant ce temps, au pays, alors que le produit national brut atteignait de nouveaux sommets (dus principalement à l'inflation galopante), les marxistes continuèrent à piller le Trésor américain. La création de plus d'une centaine ''d'usines à penser'', dans lesquelles les parasites juifs percevaient d'énormes salaires pour s'asseoir et inventer de nouvelles façons d'exploiter l'hôte Gentil, fut caractéristique. Nous constatons que le Hudson Institute d'Herman Kahn a été révélé dans la *Nation* du 13 mai 1968, comme ayant été examiné par le General Accounting Office et que son contrat d'un million de dollars par année n'avait rien donné de valable. Le General Accounting Office qualifia le travail de l'Institut Hudson par « ses idées reprises », « superficielles », « sans valeur ». La *Nation* nota que « pratiquement aucun registre n'était tenu à l'Institut Hudson ou par le General Accounting Office sur la façon dont l'argent était dépensé, ni sur l'avancement des programmes » ni sur les autres procédures commerciales habituelles.

Nous constatons qu'il y a une centaine d'institutions semblables à travers tout le pays, des filiales de l'Institut Rand, qui dépensent en moyenne 50 000 $ par personne et par année. C'est un salaire de mille dollars par semaine pour un juif assis dans un bureau à fumer un cigare, une sorte de gâchis inspiré par les vingt millions de dollars que Mortimer Adler a reçus de la Fondation Ford pour ''étudier la philosophie'', avec comme seul résultat tangible l'habituelle remise à plat sans valeur des idées superficielles. Ces fonds proviennent de fondations exonérées d'impôts ou d'agences gouvernementales, principalement le Département de la Défense, sans jamais soulever la moindre objection de nos Sénateurs et Représentants, qui n'osent pas critiquer cette méthode d'exploitation de l'hôte gentil par le parasite juif.

L'EFFET RUINEUX

La détérioration rapide de l'Amérique, qui est passée d'une position de force à un rang de puissance de seconde classe, en proie à des émeutes et à la faillite, est un exemple classique de l'effet que le parasite juif a sur l'hôte gentil. Dans un article paru dans le *Washington Post* du 5 avril 1968, Drew Pearson révélait Walt Rostow comme l'homme qui avait engagé des troupes à grande échelle au Vietnam. Rostow est un juif dont le père est un socialiste avoué, et Rostow lui-même, après s'être vu refuser trois fois une habilitation de sécurité, a été chargé de notre sécurité nationale ! L'homme qui lui a refusé l'habilitation de sécurité en raison de ses antécédents est un Américain loyal du nom d'Otto Otepka, qui a subi des persécutions continues depuis. Des dossiers du département d'État ont été détruits, des témoins ont été soudoyés et un parjure a été commis pour empêcher Rostow de devenir un autre Dreyfus, un juif ayant été admis dans les principaux conseils de sécurité du pays et qui devait désormais être rejeté en raison de son passé.

Plus tard, en tant que directeur de notre sécurité nationale, Walt Rostow et un petit groupe de juifs de haut rang du gouvernement se réunirent tôt un matin au Pentagone pour encourager l'attaque israélienne furtive contre ses voisins, et trinquèrent pendant que des avions israéliens massacraient les marins américains de l'USS Liberty dans les eaux internationales !

LA PLANIFICATION DES ÉMEUTES

Les émeutes qui ont dévasté les villes américaines pendant trois ans et laissé des pans entiers en ruines fumantes, remarquablement proches des destructions que les bombardiers dirigés par les juifs avaient fait subir dans les villes de France et d'Allemagne il y a quelques années, avaient débuté par les écrits d'un petit trafiquant noir dans une brochure intitulée *The Fire Next Time*. Elle fut publiée dans un organe de la maison des parasites juifs, *le New Yorker Magazine*, et plus tard édité sous forme de livre. Dans ce travail, James Baldwin promettait que les Noirs brûleraient les villes américaines. Baldwin servit longtemps d'animal domestique aux parasites juifs, et il vécut pendant deux décennies sur les émolument versés par diverses fondations démocrates exonérées d'impôt. Certaines subventions lui furent accordées en échange de ses faveurs, d'autres pour encourager ses activités révolutionnaires, mais aucun de ces prix ne pouvait être considéré comme une appréciation sincère de son faible talent littéraire. Depuis le début des incendies, il est prudemment demeuré à Paris, ricanant à une série de soirées gay sur la rive gauche pendant que les villes américaines sont dévastées par les foules noires pour lesquelles il est une source d'inspiration. Dans ses interviews, qui sont toujours bien en vue dans le *New York Times*, il qualifie les États-Unis de « Quatrième Reich », une plaisanterie ''en vogue'' parmi les parasites.

L'INFLUENCE COMMUNISTE

Si James Baldwin a donné une impulsion intellectuelle aux émeutes, c'est bien aux communistes chinois qu'il incombe de les planifier. L'histoire cachée de l'incendie de Washington est que les communistes chinois ont conçu un plan selon lequel la ville de Washington deviendrait une ''ville libre'', séparée des États-Unis et administrée par une commission Black Power. Cette commission facturerait alors aux États-Unis dix millions de dollars par an de loyer pour le Capitole des États-Unis, la Maison-Blanche et d'autres bâtiments gouvernementaux. Lorsque le maire Walter Washington présenta ce plan au président Lyndon Johnson, on lui répondit qu'il n'en était pas question. Quelques jours plus tard, la ville de Washington était en feu. Trois jours plus tôt, lors d'une réunion de la cellule communiste, les dirigeants du Parti avaient décidé de la mort du Dr Martin Luther King. Un professionnel nord-vietnamien, Nuy

Ti Ganh, fut envoyé par avion pour ce travail, tandis qu'un ''Oswald'' ou bouc émissaire américain, puisque son nom est à présent entré dans le langage courant en Amérique, fut assassiné et son corps enterré cette nuit même.

Lors de cette réunion du Parti communiste, l'un des conspirateurs, un membre du personnel du maire Washington, mentionna que « notre frère d'âme, Walter » avait garanti la sécurité des pillards et des pyromanes lors de l'incendie imminent de Washington. Pas un coup de feu ne serait tiré contre eux – c'était le contrat. La promesse fut tenue. Pendant trois jours de pillage et d'incendie de Washington, pas un seul émeutier ne fut blessé par les milliers de policiers et de soldats qui avaient ordre de ne pas tirer le moindre coup de feu.

Le maire Washington déclara, au début de l'émeute, que tout policier qui tirait sur un émeutier serait accusé de meurtre. Il s'est battu âprement contre l'ordre d'intervention de la Garde nationale, et il ne l'autorisa qu'après avoir obtenu l'engagement incroyable du commandant de la Garde nationale que les troupes garderaient leurs armes déchargées, et qu'elles ne seraient autorisées à charger et à tirer qu'avec la permission écrite d'un officier supérieur ! C'est l'ordre le plus ridicule jamais donné à des troupes en situation de combat ! Ces conditions ont ensuite été lues sur les chaînes de télévision *WTOP* et *WTTG* à Washington, afin que les émeutiers sachent qu'ils pouvaient piller et brûler sans qu'on leur tire dessus.

LA DESTRUCTION MASSIVE

Au plus fort de l'incendie, vendredi soir, après que les communistes eurent assassiné le Dr Martin Luther King comme prévu, le président Lyndon Johnson appela le maire de Washington et le supplia de laisser entrer la Garde nationale. Le maire Washington refusa sèchement et lui raccrocha au nez, tellement l'arrogance du chef nègre était grande.

L'après-midi suivant, alors que la majeure partie de Washington était en flammes, le maire Washington permit à la Garde nationale de n'intervenir que pour protéger les pillards, car certains membres de la police de la ville de Washington, qui avaient été frappés et sur lesquels les émeutiers avaient tiré, menaçaient de riposter. Les commerçants applaudirent l'arrivée de la Garde nationale, parce qu'ils supposaient que cela signifiait l'arrêt du pillage et de l'incendie. Ils furent stupéfaits de voir les soldats qui attendaient tandis que les nègres conduisaient des Cadillac de Newark et de Philadelphie jusqu'à leurs magasins, chargés de téléviseurs couleur, de vêtements les plus chers et d'autres butins, dans les voitures, et s'en allaient, tandis que les soldats ne faisaient rien pour les arrêter. Lorsque les magasins eurent été pillés, ils furent incendiés, et encore une fois les soldats n'intervinrent pas.[7]

GARANTIE DE SÉCURITÉ

Samedi après-midi à 15 h 15, le maire Washington fit lire les instructions à la Garde nationale sur les stations de télévision *WTOP* et *WTTG*. Il a assuré les pillards que « 1. les soldats portaient des armes déchargées et qu'ils ne seraient autorisés à charger et à tirer qu'après avoir reçu l'autorisation écrite d'un officier supérieur, et 2. que les soldats et la police avaient reçu l'ordre de faire preuve de toute la courtoisie possible envers les pillards. » Avec cette assurance, les émeutiers ont intensifié leur activité et l'émeute s'est propagée à Baltimore, où les mêmes conditions étaient en vigueur. Les instructions du maire Washington donnèrent lieu à une autre nuit de pillages et d'incendies. Cinq cent cinquante-huit bâtiments furent réduits en cendres dans la ville de Washington après avoir été pillés, au prix

---

[7] *Le Washington Post*, le 14 juillet 1968, faisait état d'une enquête gouvernementale qui avait établi que les Nègres avaient été persuadés d'incendier les magasins car les communistes chinois leur avaient promis qu'une fois les magasins juifs brûlés, l'aide gouvernementale leur permettrait d'ouvrir des commerces à leur place et que les juifs auraient peur de revenir.

de quatre-vingts millions de dollars en biens volés et de dix millions de dollars en dommages matériels. Comme l'a expliqué un émeutier, lorsqu'il fut interviewé par un cameraman de télévision les bras pleins de vêtements de marque d'une valeur de plusieurs centaines de dollars, « Mec, c'est merveilleux ! Ils ne peuvent pas nous déranger parce qu'on a un frère d'âme là-haut ! »

LE PILLAGE SELON LE PLAN

Au plus fort des émeutes, Hal Walker, un journaliste du *WTTG*, un Noir autorisé à se déplacer librement dans la ville pendant les émeutes, interviewa un commerçant juif, John Hechinger, qui était président du conseil municipal de Washington.

« Vous ne voyez pas un schéma dans ce pillage ? » demanda Walker. « Oh, non, c'est au hasard », répondit Hechinger.

« Mais certains types de magasins ne sont-ils pas les seuls à être incendiés ? » poursuit Walker. « Non », murmura Hechinger, et l'interview fut soudain coupée de l'antenne.

Hal Walker faisait référence à la carte qui avait été préparée avant l'émeute à Washington, sur laquelle chaque magasin juif était indiqué, et dont trois cents exemplaires avaient été distribués dans la ville le matin avant le meurtre de Martin Luther King. Les communistes chinois avaient persuadé les dirigeants du pouvoir noir d'organiser un soulèvement antisémite massif contre les commerçants juifs qui les avaient exploités. L'objectif principal de l'incendie était la destruction des dossiers de crédit, et cet objectif fut atteint. Hechinger et d'autres commerçants juifs débutèrent alors une campagne frénétique pour dissimuler la nature du soulèvement anti-juif. Un commerçant de Washington, Irv Weinstein, refusa la dissimulation, et il déclara ouvertement que l'incendie de Washington était le plus grand soulèvement anti-juif au monde depuis la fin de la Deuxième Guerre mondiale.

Il souligna que l'odieuse Nuit de Cristal en Allemagne sous le régime nazi, en 1938, où les magasins juifs avaient été détruits, n'avait causé que des dommages totalisant cent mille dollars, alors que le soulèvement de Washington avait coûté cent millions de dollars aux juifs.

PÉTITIONS DES ÉTATS-UNIS

Contre la volonté de ses compatriotes juifs, qui tentaient désespérément de dissimuler l'histoire, Irv Weinstein tenta de présenter une pétition aux Nations Unies, accusant le maire Washington et le conseil municipal de génocide, car ils avaient encouragé les Noirs à attaquer les magasins juifs et avaient refusé aux juifs la protection de la police municipale et de la Garde nationale.

L'ambassadeur Arthur Goldberg, notre représentant auprès des Nations Unies, refusa la pétition et assura Irv Weinstein que le gouvernement des États-Unis compenserait chaque dollar perdu par les commerçants juifs. De retour à Washington, Irv Weinstein reçut la visite de deux dirigeants du Black Power qui lui déclarèrent qu'il ne lui restait que trois jours à vivre. Quarante-huit heures plus tard, il disparut et l'on entendit plus jamais parler de lui. Pendant ce temps, d'autres commerçants juifs, qui rouvraient leurs magasins à Washington, recevaient quotidiennement la visite de dirigeants du Black Power qui leur facturaient dix pour cent de leurs revenus bruts pour rester en affaires, une tactique qu'ils avaient prise à la mafia. Un marchand d'alcool juif qui les refusait, Ben Brown, fut abattu de sang froid dans son magasin, et le maire Washington refusait toujours la protection aux commerçants. Pendant ce temps, d'autres nègres assassinaient chaque soir des chauffeurs d'autobus, ce qui provoquait un ralentissement de leur activité. Le but de ces tactiques, de détruire la vie économique de la ville et son système de transport, avait été planifié par les dirigeants communistes chinois afin de paralyser les négociations de paix au Vietnam. Ils avaient raison de supposer qu'avec notre capitale en flammes et sa vie économique brisée, nous perdrions la face et serions incapables de faire une proposition forte lors des pourparlers de paix de Paris. Le meurtre du Dr Martin Luther King avait été planifié à cette fin.

Entre-temps, on a découvert que des agents de la Central Intelligence Agency avaient également joué un rôle dans la préparation de l'émeute de Washington.

Lorsque leur rôle fut révélé, les responsables de la CIA déclarèrent que les bâtiments incendiés suivaient exactement le tracé d'une voie express à travers la ville de Washington, qui avait été proposé depuis plus de vingt ans, mais qui ne pouvait être mis en œuvre en raison du coût d'acquisition des bâtiments commerciaux et de leur démolition. À présent qu'ils avaient été brûlés, la voie express pourrait être construite à un coût raisonnable.

LE PROGRAMME DE MÉTISSAGE

Les émeutes qui ont dévasté les villes américaines ont représenté une nouvelle étape du programme de métissage que les parasites juifs avaient conçu pour affaiblir les États-Unis, et, si des juifs comme Irv Weinstein semblaient être les perdants dans cette nouvelle phase, c'est qu'ils avaient refusé de regarder le programme à long terme conçu pour les États-Unis par les communistes chinois et leurs instruments, les militants du Black Power.

Ce programme avait été imposé à l'Amérique pendant la Seconde Guerre Mondiale, alors que le peuple vivait sous la loi martiale, et devait accepter sans protester chaque nouveau décret dictatorial du gouvernement fédéral. À la fin de la guerre, le programme communiste chinois a rapidement mis en œuvre un programme de métissage forcée sur trois fronts :

1. L'intégration forcée de toutes les unités de l'armée, pour empêcher l'existence de toute unité armée telle qu'une garde d'élite blanche qui pourrait lutter contre le communisme dans son pays.

2. L'intégration forcée des écoles, pour éduquer les enfants dès leur plus jeune âge à accepter docilement les décrets gouvernementaux d'intégration.

3. L'intégration forcée des églises, des clubs privés et des quartiers, pour empêcher tout adulte blanc américain d'avoir un endroit où ils pourraient se rencontrer pour discuter des réactions possibles contre les activités des parasites juifs.

UNE PUBLICITÉ FAIT MARCHE ARRIÈRE

Pendant la campagne pour l'intégration forcée de toutes les unités de l'armée américaine, les communistes chinois constatèrent qu'il y avait une pénurie de nègres dans les forces armées, et ils lancèrent un programme précipité pour attirer plus de nègres dans l'armée. L'une de ces tentatives consistait en une affiche qui fut largement distribuée dans les zones commerciales et résidentielles nègres et qui fut exposée bien en vue dans les tavernes et les salons de coiffure nègres. L'affiche disait :

JEUNES HOMMES NÈGRES !

Êtes-vous victimes de préjugés raciaux ? Est-ce que les filles blanches refusent de rentrer chez elles avec vous ? En tant que soldat américain, vous pouvez voyager à l'étranger et être stationné dans les pays de nos alliés, où votre salaire élevé vous rendra riche aux yeux du peuple. Votre argent vaut cinq fois plus que le leur. Négro-Américains ! Les filles blanches d'Allemagne et d'Angleterre attendent impatiemment de voir vos sourires sains. REJOIGNEZ AUJOURD'HUI L'ARMÉE DES ETATS-UNIS!

Ce plan s'est brusquement arrêté lorsque des exemplaires de l'affiche furent envoyés en Europe, où une campagne de presse fut lancée pour mettre fin à la débauche des jeunes filles européennes blanches par des soldats noirs, objectif favori des communistes débuté peu après la Première Guerre mondiale, lorsque des détachements de troupes sénégalaises noires de l'armée française étaient stationnés en Allemagne et avaient reçu pour ordre de violer autant de jeunes allemandes que possible.

Le gouvernement fédéral retira toutes les copies de l'affiche et les détruisit. Un journal européen offrit mille dollars pour un exemplaire, mais aucun ne put être trouvé. Une tactique des communistes s'était retournée contre eux.

LA LENTE PARALYSIE

Une caractéristique importante des techniques du parasite juif pour lentement paralyser les centres supérieurs de pensée des masses des Gentils est l'efficacité perpétuelle des anciennes méthodes. La volonté biologique juive de détruire la civilisation des Gentils par l'infiltration et le contrôle des centres névralgiques est concentrée dans les techniques pour fomenter des révolutions communistes dans les pays industrialisés.

En 1848, il y eut des manifestations de rue contre les politiques gouvernementales dans de nombreux pays européens, des émeutes que la police ne pouvait contrôler. Certains gouvernements européens tombèrent avant l'assaut communiste de 1848. Aujourd'hui, un siècle plus tard, nous constatons que les mêmes techniques de manifestations de rue fonctionnent tout aussi bien, parce que les manifestants deviennent plus agressifs et que chaque ministère du gouvernement est mis à l'épreuve encore et encore jusqu'à ce qu'il cède.

L'impulsion initiale des émeutes vient des étudiants qui sont agités par leurs professeurs. Des plans sont faits, les étudiants sont endoctrinés par les membres de la faculté et par des "étudiants" plus âgés. À Berkeley, en Californie, les organisateurs des émeutes étudiantes se sont révélés être des "étudiants" sur la fin de la vingtaine ou au début de la trentaine, et beaucoup des manifestants n'étaient pas du tout des étudiants, mais des personnes installées près du campus afin de préparer des émeutes.

LE RÔLE DES ÉGLISES

Les Églises aux États-Unis jouent un rôle vital en fournissant un "sanctuaire" aux conspirateurs communistes, en collectant des fonds pour les manifestations et en servant des repas aux émeutiers, trop occupés par leur travail de perturbation planifiée pour se soucier de se procurer de la nourriture. Les organisateurs marxistes dévoués, qui sondent toutes les faiblesses de la communauté avec la compétence de chirurgiens hautement qualifiés, ont depuis longtemps compris que les églises et un air de piété fournissent la couverture idéale pour leurs opérations révolutionnaires.

L'infiltration des groupes religieux n'est pas un problème, parce qu'ils sont déjà en proie à des dissensions sur des questions théologiques, et l'administration est composée de personnes ayant une formation universitaire qui ont donc été complètement endoctrinées avec les techniques éprouvées du *Shabbat goy* pour contrôler les masses de Gentils. Ainsi, les communistes infiltrent les séminaires (Josef Staline démarra ses activités révolutionnaires comme prêtre étudiant), et avec l'aide d'autres communistes, ils accèdent à des postes importants dans toutes les confessions religieuses.

L'ADMINISTRATION DE L'ÉGLISE RÉVÉLÉE

Rosemary Reuther, l'une des plus éminentes intellectuelles catholiques du pays et enseignante à l'Université George Washington et à l'Université Howard, a révélé les origines de nos bureaux religieux dans *The Church Against Itself*, (paru chez Herder and Herder, NY en 1967) page 134 :

> « Le premier concept de bureau religieux a été emprunté, sans surprise, à la synagogue juive. Le Sanhédrin, le conseil des anciens qui gouvernait chaque communauté juive, a fourni le premier modèle pour l'administration de l'église. Ce modèle a d'abord été établi à Jérusalem, où, à l'époque de Paul, il avait réussi à remplacer la communauté originelle des disciples de Jésus et à substituer une structure presbytérienne sur le modèle du Sanhédrin de Jérusalem. »

Ainsi, nous constatons que l'administration de l'église, peu de temps après que le Sanhédrin eut exigé la crucifixion de Christ, expulsa les disciples de Jésus et adopta l'administration dictatoriale de ses assassins. C'est l'une des découvertes les plus étonnantes jamais révélées sur le rôle étrange des églises dans la négation du Christ et la tentative de détruire ses disciples ! Lisez-le, encore et encore, jusqu'à ce que vous compreniez pourquoi les Églises embrassent aujourd'hui chaque principe du communisme et rejettent tous les principes du Christ.

DES IMBÉCILES DÉSORIENTÉS

Les membres les plus importants de l'Église qui encouragent la lutte des classes ne sont pas du tout des communistes, mais des imbéciles désorientés, incapables d'accepter le Christ, insatisfaits de leur vie, et voulant provoquer l'Armageddon par tous les moyens à leur disposition.

Ce qui est le plus surprenant, c'est la crédulité permanente des étudiants de nos universités, qui sont toujours fascinés par une ''vague futuriste'' communiste qui s'enlise dans l'atmosphère de 1848. Le marxisme s'inscrit dans le même ensemble de tristes concepts avec lesquels il a affronté le début de la révolution industrielle. Le communisme n'a pas eu une seule idée nouvelle depuis plus d'un siècle, mais il tente de répondre à l'ère de la conquête de l'espace avec une théorie qui était déjà obsolète lorsqu'elle fut présentée par Karl Marx !

LES ÉTUDIANTS SONT MAL INFORMÉS

Nos étudiants ne sont jamais informés que les maîtres idéologiques du communisme, Marx et Lénine, étaient des hommes complètement déconnectés de la vie des sociétés qui les ont produits. Ils parlaient de la ''révolte de la paysannerie'' à une époque où les paysans se déplaçaient vers les villes pour travailler dans les usines, mais alors, que pouvait savoir Marx du monde en mutation en dehors des rayonnages de livres, assis dans une salle poussiéreuse du British Museum et se tortillant d'avant en arrière tourmenté par ses hémorroïdes ? Et que pouvait savoir Lénine du monde durant les années passées à lire tranquillement dans une bibliothèque suisse, menant la vie d'un vendeur d'assurance à la retraite, jusqu'à ce que le XXème siècle ne le rattrape et le ramène en Russie, où il devint l'instrument volontaire d'un meurtrier fou nommé Lev Bronstein, ou Trotsky ? Pourtant, les professeurs américains d'aujourd'hui présentent ces deux arriérés intellectuels, Marx et Lénine, comme les deux penseurs les plus originaux de tous les temps !

LES ÉTUDIANTS SONT TROMPÉS

L'une des raisons pour lesquelles les étudiants américains sont si prompts à adhérer aux doctrines de révolte est qu'ils savent qu'on les vole, qu'ils ne reçoivent pas l'éducation pour laquelle ils paient, parce que la « *trahison des clercs* », que Julien Benda, un universitaire français, a révélée, leur interdit de recevoir un enseignement. Les *Shabbat goy* professeurs, les clercs traîtres, font gober les philosophies dépassées de Marx et Freud aux étudiants alors qu'ils ont besoin d'un enseignement adapté à l'ère de la conquête spatiale !

LE SYNDROME DE MACLEISH

L'une des principales raisons de la rébellion des étudiants est le syndrome MacLeish omniprésent qu'ils rencontrent dans nos meilleures universités, en particulier dans les écoles de l'Ivy League.

Le syndrome de MacLeish a deux principes fondamentaux dont on ne s'écarte jamais :

« 1. Toute culture doit être présentée comme étant d'origine juive.

2. Toute pensée humaine doit être attribuée à Marx, Freud ou Einstein, et doit être clairement étiquetée comme provenant de ces ''génies'' juifs. »

Interdit de connaître le travail de grands esprits Gentils comme ceux d'Ezra Pound, de Werner von Heisenberg, et des centaines d'autres, les étudiants deviennent agités, et après deux ou trois ans de cette sombre éducation rabbinique suivant strictement les principes du Talmud, ils sont mûrs pour n'importe quelle doctrine de révolte. Pourtant, au lieu de se rebeller contre leurs professeurs malades, ils laissent ces derniers les envoyer détruire les institutions survivantes de leur civilisation de Gentils.

Le syndrome de MacLeish est caractérisé par un individu qui a toujours été le docile animal de compagnie du *non compos mentis* libéral. En raison de ressources hérités, ce genre arbore un air génial de supériorité innée et divertit les étudiants dans une tanière faite à partir des premières éditions des œuvres d'anciens étudiants. Il n'hésite pas non plus à décrire comment il a fait en sorte qu'elles soient publiées.

Un noir soumis verse un bon sherry pour les étudiants, tandis que le MacLeish parle facilement de la nécessité de l'égalité humaine. Souvent stupide et toujours malhonnête, le MacLeish s'assoit royalement dans un grand fauteuil en cuir espagnol, fumant un rare mélange de tabacs importés dans sa pipe et portant une veste en soie rouge de Sulka, des pantoufles en cuir noir verni de Peele de Londres se balançant de ses orteils. Les étudiants se prélassent littéralement à ses pieds, tandis que le MacLeish colporte une version édulcorée de l'évangile selon Karl Marx.

Étourdis par le syndrome de MacLeish, les étudiants se lèvent et sortent dans le monde pour transmettre le marxisme classique aux masses que cette philosophie est destinée à asservir. À partir des postes qu'ils obtiennent, ils évoluent rapidement dans les domaines de l'éducation, du journalisme, de la religion et au gouvernement, leurs promotions dépendant uniquement du degré d'efficacité avec lequel ils diffusent l'évangile marxiste. Quels que soient les doutes que les étudiants aient pu entretenir au sujet de cet évangile, ils disparaissent rapidement lorsqu'ils découvrent comment il leur ouvre les portes de la profession qu'ils ont choisie. Ceux dont les systèmes rejettent l'infection découvrent que vingt ans plus tard, ils enseignent dans la salle d'étude de l'école Podunk Grammar, ou s'occupent d'une bibliothèque déserte à East Gowatchee en Pennsylvanie.

LA CRÉDULITÉ

Ce qui laisse perplexe, c'est la crédulité continue des étudiants, qui acceptent aveuglément comme « la vague futuriste » une philosophie de Marx qui était déjà obsolète il y a cent ans. Comment peuvent-ils être si obtus ? En premier lieu, l'élève doit commencer par ce à quoi il est exposé, la lumière du soleil et l'air et l'eau qui sont à sa disposition. Ainsi, s'il ne reçoit que la pensée *Shabbat goy* de ses professeurs juifs, que peut-il savoir d'autre ? Coupé de sa culture occidentale natale, l'étudiant américain est aujourd'hui une herbe sans racine, poussé par le vent d'une théorie marxiste loufoque à une autre, et ignorant son héritage, son peuple et sa nation. Sa colère de constater que l'éducation qu'il paie n'est qu'une mascarade est compréhensible, mais son incapacité à réagir contre les vrais coupables suggère que son instinct naturel a été détruit, puisqu'il réagit contre sa société, plutôt que contre les pervers du système éducatif lui-même.

UN RÉVEIL ÉTUDIANT ?

Les récentes émeutes de l'Université Columbia peuvent présager un réveil des étudiants, car l'expulsion du président Grayson Kirk de son bureau semblerait être un signe de conscience étudiante, mais les mêmes tristes slogans marxistes gravés sur les murs indiquent qu'ils n'ont rien appris. Les élèves qui ont déféqué sur le bureau du Dr Kirk ont peut-être manifesté un ressentiment légitime, mais ils ont aussi révélé leur propre manque de jugement. Au lieu d'attaquer le marxisme de ceux qui les ont pervertis, ils étaient menés par des agitateurs juifs qui reprochaient aux professeurs de ne pas être davantage marxistes ! Y a-t-il encore de l'intelligence chez ces étudiants, ou leur esprit a-t-il été totalement détruit par des activistes juifs comme Mark Rudd de l'université de Columbia, le fils d'un juif lituanien nommé Jacob Rudnitsky, et en France, le leader étudiant qui a détruit le régime de De Gaulle, un agitateur juif roux nommé Daniel Cohn-Bendit, aussi connu sous le nom de « Danny le Rouge » ?

L'ESCLAVAGE MENTAL

Le sort des étudiants reflète la situation malheureuse des masses entières de Gentils, une condition de servage mental. Maintenant, lorsque nous disons que les Américains sont détenus en servitude mentale, que voulons-nous dire ? Nous voulons dire que chaque journal, station de radio, chaine de télévision, magazine, film et pièce de théâtre ont été produits par des agents juifs pour supprimer toute référence à leurs crimes et pour maintenir les masses des Gentils dans un état de somnolence. Ce serait une déclaration fantasque, si nous n'avions pas à disposition les rapports annuels des organisations qui pratiquent cette censure. Au premier plan se trouve l'*Anti-Defamation*

League of B'nai B'rith, avec l'*American Jewish Committee* et l'*American Jewish Congress*, agents importants parmi d'autres de la sévère censure en vigueur aux États-Unis.

Ces groupes publient des rapports annuels dans lesquels ils documentent le fait que leurs agents vérifient chaque présentation publique de quelque nature que ce soit, écrite ou mise en scène, et suppriment toute référence à des méfaits juifs. En tant qu'écrivain, j'ai suivi de près les opérations de l'ADL pendant vingt ans. Si je soumets un article au *Saturday Evening Post*, un membre du personnel de l'ADL, dont le salaire est payé par le magazine, vérifie si l'article fait référence à des activités juives, et vérifie également une liste noire pour voir si mon nom figure sur la liste des critiques des juifs. Même si l'histoire ne contient aucune référence aux juifs, elle est rejetée parce que mon nom figure sur la liste noire des juifs et qu'il faut m'empêcher, d'une part, de gagner de l'argent avec mes écrits et, d'autre part, de toucher un public.

Si je soumets un manuscrit à une maison d'édition, on vérifie d'abord s'il contient des références aux juifs, puis si son auteur figure sur la liste noire juive. De cette manière, les juifs empêchent tout écrivain Gentil d'atteindre le public s'il est connu pour être indifférent ou hostile à leurs objectifs, s'il a refusé de devenir un membre de la classe *Shabbat goy*. Toute publication qui rejette la censure juive est soit supprimée du marché, soit supervisé par des intérêts financiers juifs. Un livre publié par des Gentils qui ne sont pas de la caste des *Shabbat goy* est ignoré par les critiques littéraires des grandes publications, et les librairies refusent de le stocker, car leurs stocks sont examinés mensuellement par des agents ADL itinérants qui entrent dans le magasin incognito, inspectent le stock, et si une publication est trouvée qui mentionne les juifs, le propriétaire est menacé par diverses armes, poursuites, action gouvernementale ou sanction financière.

CATASTROPHES DANS LE MONDE DE L'ÉDITION

De nombreuses publications de Gentils, telles que le *Literary Digest*, *Liberty Magazine*, et d'autres ont été mises en faillite par l'ADL, non pas parce qu'elles publiaient des articles "antisémites", mais parce qu'elles refusaient de laisser les inspecteurs de l'ADL contrôler leurs opérations. D'autres magazines, tel *Collier*, étaient autrefois des publications prospères, mais les juifs ont pris le contrôle de leur rédaction et rempli leurs pages d'invectives hystériques contre quiconque s'y opposait, jusqu'à ce que les abonnés dégoûtés cessent de les lire.

Le *Saturday Evening Post* prend désormais cette voie sans issue. Autrefois une publication virile qui atteignait un pourcentage respectable de la classe moyenne américaine, il est devenu un organe vicieux et irresponsable de propagande juive, et fait face à la faillite pour cette seule raison. Il est devenu si important pour les juifs que Martin Ackerman, un entrepreneur juif, s'est récemment précipité de lui prêter cinq millions de dollars. Une semaine plus tard, il a annoncé qu'il avait récupéré sa contribution en revendant la liste d'abonnement du *Saturday Evening Post* à *Life Magazine*, une opération de magouille typique. Néanmoins, le *Saturday Evening Post* est condamné à suivre la voie de *Collier*, car, sous ses rédacteurs actuels, c'est une publication malsaine et abjecte. Les agents de l'ADL remplissent ses pages de leurs immondices pour tenter de laver le cerveau du peuple américain. Une attaque perfide et non provoquée contre l'homme d'affaires américain H. L. Hunt, dans un récent numéro du *Saturday Evening Post*, rédigée par un clown professionnel nommé William Buckley, était caractéristique. Dans cet article, on qualifiait M. Hunt de « gonzesse aux manières épouvantables », de « bouffon » et d'autres épithètes juives railleuses. Une raison probable de l'attaque de Buckley pourrait avoir été le refus de M. Hunt de contribuer aux pertes énormes subies par l'entreprise d'édition de Buckley, la *National Review*, qui n'était ni nationale ni une revue.

BUCKLEY EXISTE-T-IL ?

William Buckley, présenté clairement comme un « porte-parole conservateur », fut décrit comme le protégé du juif George Sokolsky.

Sokolsky, un provocateur juif, décida d'utiliser l'argent de Buckley pour lancer un magazine ''de droite'' qui vendrait des techniques ''d'anticommunisme'' juives approuvées. Sokolsky et un écrivain comique hollywoodien du nom de Morrie Ryskind ont élaboré le format de la *National Review*, qu'elle suit encore aujourd'hui. Bien que Sokolsky soit mort, la *National Review* fut condamnée à dériver à jamais sur la mer de ses sinistres idées, dans lesquelles on ne pouvait discerner que trois principes. Le premier était que les juifs n'étaient pas communistes, le deuxième que l'antisémitisme était le pire mal dont l'homme pouvait se rendre coupable (un avertissement que Sokolsky emprunta à la Constitution soviétique) et le troisième que tous les Américains étaient fous.

LES BOUFFONNERIES DU *SHABBAT GOY*

L'une des techniques de contrôle de l'ADL est de pousser les Gentils à la gorge les uns des autres par des méthodes éprouvées de provocation. Lorsque Robert Welch fonda un groupe anticommuniste gentil, la *John Birch Society*, un provocateur de l'ADL, persuada Buckley d'attaquer Welch comme ''antisémite''. Piqué par l'accusation, Welch engagea à la hâte des rédacteurs juifs pour superviser ses publications, mais Buckley continua ses attaques, et l'objectif prétendu de la *National Review* et de la *John Birch Society*, l'anti-communisme, disparut dans une avalanche de boue, un imbroglio *Shabbat goy* typique, et les juifs se tordirent de rire. La morale est que chaque fois que vous lancez une balle sur le filet, un juif gagne un point, parce que le conditionnement du *Shabbat goy*, le reflexe des chiens bien dressés de Pavlov, se produit à chaque fois que le juif prononce le mot clé, ''antisémitisme''. Mais les chiens bien dressés, aussi amusants qu'ils puissent être dans un cirque, sont incapables de construire une nation, ou d'administrer une nation bâtie par d'autres.

POURQUOI PAS ?

En regardant cette situation superficiellement, comme nous avons été formés à le faire par les juifs, nous pouvons nous demander pourquoi les juifs ne devraient pas produire toute notre pensée pour nous, censurer nos livres et brûler tout ce qu'ils ne veulent pas que nous lisions ? Mais cela va à l'encontre de la légende américaine de la liberté et de la liberté d'expression, cela nous retire le droit d'examiner et de résoudre nos problèmes nationaux. L'Amérique fait face à une grave crise économique, à une grave crise raciale et à une grave crise militaire, mais le juif refuse de nous permettre de discuter de ces problèmes, de peur que nous puissions critiquer le rôle du parasite dans l'exploitation de son hôte.

Plus important encore, nous sommes frustrés dans notre recherche de la sagesse. Aussi cruciale que le maintien de la vie elle-même est la quête de sagesse de l'homme, le fruit d'une vie saine, afin d'apporter plus de bienfaits à son peuple. Ezra Pound m'a dit un jour : « Un homme devrait étudier la philosophie allemande de quarante à soixante ans, le grec de soixante à quatre-vingts ans, et après avoir atteint l'âge de quatre-vingts ans, il est prêt à aborder la philosophie chinoise. » Mais tout ce que l'on a, c'est la philosophie juive, du berceau à la tombe. Non seulement cette philosophie est consacrée au maintien de l'ascendant du parasite sur l'hôte, mais elle nous empêche aussi de connaître le Christ. Une grande république tombe en poussière, mais qu'est-ce que les juifs en ont à faire ? Comme le dit leur slogan, « Qui en a besoin ? » Ils voyageront vers un autre hôte, et l'Amérique rejoindra les fantômes de Babylone, de l'Égypte, de la Perse et de Rome.

LES TECHNIQUES ÉPROUVÉES

L'ADL dispose d'un vaste arsenal d'armes à utiliser contre les Gentils qui s'y opposent. J'ai connu ce qui suit : être démis de mes fonctions professionnelles ; être empêché de trouver un éditeur confirmé pour mes articles et mes livres ; une campagne de propagande continue pour m'empêcher d'attirer l'attention des Américains conservateurs.

Bien que je ne savais rien de l'ADL quand j'ai commencé à écrire des articles et des livres anticommunistes, je me suis vite heurté à eux. Un grand éditeur new-yorkais a dit à mon agent :

> « Mullins a fait une grave erreur en s'opposant à nous. Il est diversifié et prolifique, nous aurions pu faire beaucoup pour lui. Regardez ce que nous avons fait pour d'autres écrivains Gentils, Hemingway, Steinbeck, Faulkner, ils n'étaient que des lycéens de talents, mais nous en avons fait des noms célèbres en Amérique et de par le monde. Mullins n'aura jamais un sou, parce que ses livres ne feront jamais leur chemin dans ce pays. »

Lorsque cette histoire m'a été racontée, elle ne m'a pas affecté du tout, parce qu'à cette époque, en 1952, j'avais un public grandissant pour mon travail, et certaines personnes influentes à New York avaient commencé une campagne de collecte de fonds afin que je puisse consacrer tout mon temps à l'écriture anticommuniste. Mes fonds propres s'élevaient à ce moment-là à cent cinquante dollars, grâce auxquels j'ai pu survivre, par l'abstinence et l'économie, encore trois mois. Soudain, les collecteurs de fonds cessèrent leurs efforts. J'ai commencé à entendre une rumeur si incroyable que je l'ai ignorée. Cette histoire, largement diffusée parmi les patriotes new-yorkais, était que je possédais de grandes propriétés en Virginie et que les revenus de ces propriétés me permettaient de vivre la vie d'un gentleman érudit, de voyager et d'écrire à ma guise. En réalité, je n'ai jamais rien possédé d'autre que les vêtements sur mon dos, et je n'ai aucune chance d'hériter de quoi que ce soit, mais l'histoire a fait son chemin, et l'ADL a mis un terme efficace à la campagne pour me soutenir dans mon travail.

LE TRAITEMENT DU SILENCE

En 1954, mon nom a disparu des publications "anticommunistes" en Amérique, bien que certaines d'entre elles aient continué à promouvoir mon livre de la *Réserve fédérale*, le nom de l'auteur ayant été soigneusement effacé ! Il est encore présenté de cette façon aujourd'hui. Une seule patriote, Mme Lyrl Clark Van Hyning, continua à me donner de la place dans son journal, *Women's Voice*. Ce traitement du silence prouve l'efficacité du contrôle de l'ADL sur les journaux et magazines prétendument "anticommunistes" de ce pays, parce que je suis devenu, en quelques années, le principal érudit de ce groupe, avec mes reportages sur le Système fédéral de réserve, le Council on Foreign Relations et autres opérations des *Shabbat goy*. Des agents du FBI visitèrent les bureaux de ces publications et les mirent en garde contre l'impression de mon travail ou la mention de mon nom. Pendant près de quinze ans, j'ai travaillé tranquillement chez moi, développant mes théories sur le parasite biologique, alors que la plupart des patriotes supposaient que j'étais mort ou ayant cessé toute activité.

LES ENFANTS DES *SHABBAT GOY*

Avec la dégénérescence de tous les niveaux de vie en Amérique, la décadence la plus prononcée apparut chez les enfants de la société de l'abondance, les familles *Shabbat goy*. Ces enfants formèrent une classe désabusée qu'on appela les "hippies".

Le *Saturday Evening Post* interviewa un grand groupe de hippies à San Francisco. Un jeune Gentil déclara :

> « Mon père est censé être un grand homme dans notre ville, mais j'ai vu qu'il recueillait toujours de l'argent pour des œuvres caritatives juives, signait des pétitions pour les juifs, des choses comme ça. Je lui ai demandé : C'est quoi l'idée ? Tu n'as rien à foutre de personne, encore moins des juifs. Il m'a dit que s'il

refusait de le faire, il serait anéanti en quelques jours. On vit dans une belle maison, on a trois voitures, une télé couleur, etc. Mais je lui ai dit : Ça n'en vaut pas la peine, et je suis parti. »

UNE JUSTE RÉACTION

Cette jeunesse américaine a exprimé une réaction correcte contre l'influence pernicieuse du parasite juif. Ce n'est que lorsque notre jeunesse commencera à exprimer son mépris pour chaque *Shabbat goy*, chaque professeur qui forme les jeunes à devenir des esclaves Gentils, chaque leader religieux qui dit à sa congrégation qu'il est de son devoir de travailler pour les juifs, chaque fonctionnaire qui taxe les Gentils au profit des juifs, que nous pourrons espérer une ''réaction'' contre ces parasites.

C'est cette *''trahison des clercs''*, la trahison du peuple par la classe moyenne instruite, qui rend possible l'emprise continue du parasite. Sans cette aide active, il serait immédiatement délogé. Chaque aspect de l'existence des Gentils est empoisonné par ces Gentils minables, perfides et mesquins qui sont devenus les agents dormants du pouvoir parasitaire. Pourtant, ce sont eux qui sont considérés comme des modèles pour la jeunesse du pays. Ce sont eux les présidents de nos collèges, les directeurs de nos musées, ceux qui dirigent nos maisons d'édition, et nos institutions religieuses. Ce n'est qu'en les défiant à chaque étape que le Gentil peut commencer le processus de délogement des parasites. Comme ces Gentils se méprisent déjà eux-mêmes, ils ne seront pas surpris de découvrir qu'ils sont méprisés par le reste de la population, y compris par leurs maîtres juifs. L'étape suivante consiste à les chasser de tous les postes et à les remplacer par des gens qui ont de la ''bonté'', c'est-à-dire qui sont sensibles aux besoins de leur propre race et qui ne vendront pas leurs employés pour trente pièces d'argent.

ILS VIVENT DANS L'OMBRE

Ce serait une erreur pour l'intellectuel de supposer que toute la communauté de *Shabbat goy* comprend la relation parasite-hôte, ou que nos instructeurs, responsables gouvernementaux et chefs religieux sont des agents actifs dans une conspiration pour asservir les Gentils. Il n'y a pas de conspirations dans la nature. Les gens mènent la vie que leurs gènes leur tracent, et ces lois ne peuvent être contournées que de deux manières, en suivant le Christ, ou en suivant Satan. Le parasite cherche automatiquement à suivre une existence parasitaire, et les Gentils les plus minables, les plus pervers et les plus cupides trouvent leur seul accomplissement dans la vie d'un *Shabbat goy*. Ils éduquent mal, gouvernent mal et embrouillent les masses de Gentils car c'est le seul rôle qu'ils peuvent remplir. Sans l'appui des juifs, les présidents de nos universités auraient de la chance de trouver un emploi de concierge, et nos représentants du gouvernement ne seraient bon qu'à garder des porcs.

Aux États-Unis, beaucoup de *Shabbat goy* appartiennent à la troisième et à la quatrième génération de leur profession de *Shabbat goy*. Les familles Adlai Stevenson et Dulles font la navette entre les hautes fonctions gouvernementales et les postes dans les banques et cabinets d'avocats juifs. Ce sont, nous dit-on, ces aristocrates américains, qui dirigent les masses de Gentils dans les réflexes pavloviens d'approbation de chaque action des juifs.

LA TRAHISON APPLAUDIE

Ainsi, les masses américaines applaudissent les atrocités que les Israéliens commettent contre les Arabes. Pourtant, ces peuples arabes ont toujours été les amis et alliés de l'Amérique. Un dirigeant arabe a demandé :

« Comment les Américains peuvent-ils applaudir les outrages de leurs pires ennemis, les juifs dans l'État bandit d'Israël, et les encourager dans leurs agressions contre nous ? »

La réponse est que les *Shabbat goy*, dans leurs positions dominantes en tant qu'éditeurs, instructeurs et représentants du gouvernement, ont formé les masses américaines aux réponses de groupe, tels des chiens dressés. Ce n'est que lorsque certains de nos jeunes se rebelleront contre le rôle de chien dressé et refuseront d'aboyer quand le *Shabbat goy* leur en donnera l'ordre que nous aurons de l'espoir. Ce n'est qu'en luttant contre l'opressante populace qui rend possible la domination du parasite que nous aurons une chance de sursaut. Ce n'est qu'alors que nous pourrons retirer les tentacules du parasite de notre corps.

Dans la nature, le parasite cherche un hôte. L'hôte essaie de le déloger. S'il réussit, le parasite revient bientôt. Les juifs ont été expulsés des nations européennes des centaines de fois, mais ils sont encore là aujourd'hui. Chaque fois que le parasite est expulsé, il apprend une leçon, il améliorera sa prise la prochaine fois. Il apprend à anticiper et à contrôler les réactions de l'hôte, et alors qu'il transforme leurs nations en vastes prisons délabrés, il influe sur ses impulsions les plus fondamentales et conditionne son existence toute entière.

PRIVÉ DE LIBERTÉ

C'est l'état des civilisations occidentales aujourd'hui. Seules les machines sont libres. Les masses de Gentils des démocraties occidentales sont déjà en train de mourir. Beaucoup d'entre eux sont des zombies, des morts-vivants. Que pouvons-nous dire à ces morts-vivants ? Leur reste-t-il suffisamment d'énergie nerveuse pour répondre à un appel à chasser leurs parasites, ou le poison juif a-t-il paralysé leur corps ?

Quelle est l'éthique de la relation parasite-hôte ? Est-ce immoral ? Non, il est naturel pour le parasite de chercher un hôte dont il peut se nourrir, et il est naturel pour l'hôte de tenter de le déloger. Le juif obéit à son Dieu lorsqu'il accomplit la mission de sa vie, celle d'être un parasite, de trouver et de contrôler un hôte. C'est le sens de son droit propre historique, telle que Trotsky l'a formulé dans le communisme, qui a conduit le juif à croire qu'il était bien un peuple élu, né pour vivre du travail des autres, et pour prendre leurs biens et leurs terres.

TOUT LUI APPARTIENT

Aujourd'hui, le juif croit que tout ce que possède le Gentil vient du parasite, que le parasite a offert la belle vie au bétail ignorant des Gentils, lui a donné une culture, un système monétaire, et une religion. Le juif croit qu'il a donné un but et une direction à la vie des Gentils, en formant les Gentils à devenir ses esclaves, car le juif croit que leur seul rôle dans la vie est de le servir. Pour cette raison, le juif croit que toute l'histoire est l'histoire juive, comme le prétend l'historien Dubnow. Il a peut-être raison, dans la mesure où une grande partie de l'histoire consignée est une série de variations sur le thème du parasite/hôte.

Cependant, Dubnow et tous les autres historiens juifs refusent d'admettre une chose, l'influence néfaste du parasite sur l'hôte.

Pourtant, cela a été prouvé à chaque occasion, soit par l'effondrement de l'hôte par la présence du parasite, soit par une grande renaissance de la culture, de l'apprentissage et du pouvoir de l'hôte lorsqu'il parvient à se débarrasser du parasite, même pour une période relativement courte. Regardez l'Angleterre élisabéthaine, après l'expulsion des juifs. En quelques années à peine, le peuple anglais connut un épanouissement tel que le monde n'en avait jamais vu, des productions extraordinaires d'œuvres poétiques, théâtrales, d'exploration du monde et de découvertes scientifiques. Coke nous donna la Common Law durant cette période, qui servit de base à la Constitution des États-Unis.

Regardez l'Amérique avant 1860, lorsque le pays était en grande partie libéré du fléau des parasites, une jeune nation qui était l'espoir du monde civilisé. Regardez l'Allemagne d'aujourd'hui, où le fait de mentionner le parasite par son nom et de le comparer à l'Allemagne de 1800 est un crime selon la loi. L'Allemagne est aujourd'hui une nation désespérée, parce que le parasite a une fois de plus insinué ses tentacules profondément dans l'hôte, avec l'aide des armées étrangères d'occupation, et empoisonné chaque aspect de la vie allemande. Pourtant, en 1800, toute l'Allemagne était vivante, de grands compositeurs écrivaient les symphonies que nous écoutons aujourd'hui, et le comte von Humboldt étonnait le monde par ses découvertes scientifiques, tandis que Goethe était connu comme l'unique plus grande figure de la philosophie mondiale.

UNE LOI DE LA NATURE

Il faut donc admettre une loi fondamentale de la nature. Si l'hôte ne peut pas déloger le parasite, il s'enfonce dans un traumatisme lent et dégénératif de maladie et de mort. S'il peut déloger le parasite, il atteint rapidement de nouveaux sommets d'accomplissement et de prospérité.

Mais si l'hôte gentil est toujours en proie à la ruse du parasite, comment peut-il survivre ? Il n'y a qu'un seul moyen, le Gentil doit devenir serein dans l'Amour de Jésus-Christ.

À présent, serein dans cet Amour, et en vous connaissant vous-même, préparez-vous à une vie de dévouement à votre peuple, et travaillez pour le jour où l'hôte sera à nouveau libéré du parasite, où chaque membre d'une communauté stimulée coopérera pour chasser les ignobles instructeurs *Shabbat goy*, responsables gouvernementaux et chefs religieux, de leur position en tant qu'outils des parasites. Alors nous pourrons vivre dans une communauté de bonté et d'amour, parce que nous aurons sauvé notre nation des mendiants et voleurs qui cherchent à établir l'Anté-Christ comme maître absolu. Alors nous pourrons accomplir nos rôles dans la vie tel que Dieu l'a voulu.

BIBLIOGRAPHIE

Le contenu de ce livre a été obtenu à partir des sources suivantes :

THE BIBLE (version autorisée de King James)

ENCYCLOPEDIA BRITANNICA (Eleventh Edition)

WEBSTER'S INTERNATIONAL DICTIONARY (1952)

WHO'S WHO IN WORLD JEWRY (1939)

HISTORY AND DESTINY OF THE JEWS, de Josef Kastein

GREAT AGES AND IDEAS OF THE JEWISH PEOPLE, édité par Leo Schwartz

THE WORLD OF JOSEPHUS, de G.A. Williamson

THE FALL OF NINEVEH, de E.J. Gadd

LIGHT FROM EGYPTIAN PAPYRI, du Rev. Chas. H.H. Wright

THE JEWS AMONG THE GREEKS AND ROMANS, de Max Radin

JEWS OF ANCIENT ROME, de Harry J. Leon

THE FEDERAL RESERVE CONSPIRACY, par Eustace Mullins

AUTRES TITRES

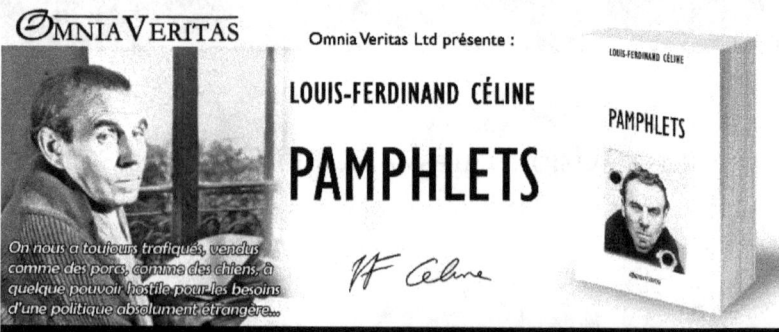

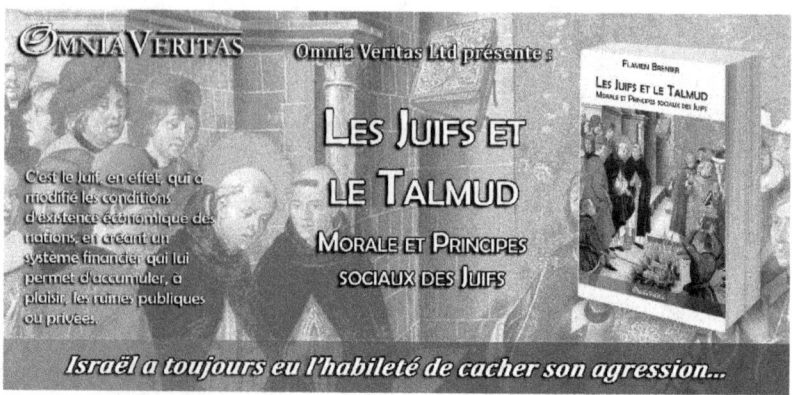

 Omnia Veritas Ltd présente :

LE DIABLE POUR PÈRE

INTRODUCTION À LA QUESTION JUIVE

LA TRADITION CATHOLIQUE se fonde sur l'être, sur ce qui est immuable, sur l'acte. La FAUSSE CABALE au contraire, se fonde sur le devenir, sur le changement, sur l'évolution et sur le mythe du progrès à l'infini : Dieu n'est donc pas, mais Il devient ou se fait.

À quelle Tradition voulons-nous adhérer, à la luciférienne ou à la chrétienne ?

 Omnia Veritas Ltd présente :

LE JUIF SECTAIRE
ou la
TOLÉRANCE TALMUDIQUE
PAR
LÉON-MARIE VIAL

Ce volume est l'esquisse, à grands traits, de la tolérance des juifs, à travers dix-neuf siècles, à l'égard des chrétiens, spécialement des chrétiens français.

La France est perdue si elle ne brise à bref délai le réseau des tyrannies cosmopolites...

 Omnia Veritas Ltd présente :

LE PASSÉ,
LES TEMPS PRÉSENTS
ET LA QUESTION JUIVE

Quel est le peuple, quelle est la nation qui devrait être la première du monde par ses vertus, par son passé, par ses exploits, par ses croyances ?

Que s'est-il passé pour ce qui devrait être ne soit pas ?

Lucien Rebatet

Omnia Veritas Ltd présente :

Les décombres

La France est gravement malade, de lésions profondes et purulentes. Ceux qui cherchent à les dissimuler, pour quelque raison que ce soit, sont des criminels.

Mais que vienne donc enfin le temps de l'action !

Omnia Veritas Ltd présente :

2000 ans de complots contre l'Église

de **MAURICE PINAY**

Aucun autre livre au cours de ce siècle n'a été l'objet d'autant de commentaires dans la presse mondiale.

*Une compilation de documents d'Histoire et de sources d'indiscutable **importance et authenticité***

Omnia Veritas Ltd présente :

JÉSUS-CHRIST,
sa vie, sa passion, son triomphe
par **AUGUSTIN BERTHE**

Par sa doctrine, il éclipsa tous les sages ; par ses prodiges, tous les thaumaturges ; par ses prédictions, tous les prophètes...

*Il fit du monde entier son **royaume**, et courba sous son joug les peuples et les rois*

www.omnia-veritas.com

www.ingramcontent.com/pod-product-compliance
Lightning Source LLC
Chambersburg PA
CBHW050129170426
43197CB00011B/1773